幸福をめぐる哲学

「大切に思う」ことへと向かって

成田和信

勁草書房

はじめに

いったい、どのようなことが、幸福なのであろうか。快楽を享受することが、幸福なのであろうか。それとも、欲しいものが手に入ることが、幸福なのであろうか。あるいは、才能を伸ばして発揮することが、幸福なのであろうか。私は「人には、たいてい、大切に思っていることがあるが、それが実現することこそが、幸福である」と考える。この本の一番の目的は、この考えを推奨することにある。ただ、この考えをきちんと推奨するためには、この考えの意味することを正しく伝えなければならない。そのためには、少なくとも、次の二つの問いに答えなければならない。

(1)ここで言われている「幸福」とは、どのようなことを意味するのか。
(2)「大切に思う」とは、どのようなことであるのか。

さらに、この考えを推奨するかぎり、なぜこの考えが推奨するに値するのか、その理由を説明する必要があろう。すなわち、次の問いにも答えなければならない。

(3)この考えの魅力は、どこにあるのか。

この本は、二つの部からなる。(1)の問いには、第Ⅰ部で答える。(3)の問いには、第Ⅱ部で答える。そして、(3)の問いに答える過程で、(2)の問いにも答える。

今述べたように、第Ⅰ部では、(1)の問いを扱うわけであるが、この問いは、「幸福」という概念の意味に関する問いである。「幸福」という言葉は、語り手によって、また、文脈によって様ざまな意味が与えられている。私の見るところ、「幸福」という言葉は「幸福感」とか「幸福な気持ち」を意味すると思っている人が、けっこう多くいる。たしかに、そのような意味で「幸福」という言葉が使われることはある。しかし、私がここで問題にする「幸福」とは、そのような意味での「幸福」ではない。では、どのような意味での「幸福」であるのか。それは、「〈当人にとって良いことが生じている〉という事態」を意味する「幸福」である。私は、介護を必要とする九十歳になる母親と同居している。ときとして私は、何が母親にとって良いことであるのか、迷うことがある。母親は重い心臓病を抱えているので、食事の制限がある。たとえば、塩分はなるべく控えなければならない。しかし母親は、塩分を多く含む食べ物がとても好きである。母親は、気力も衰えているし、体も弱っているので、何もしないで家の中でじっとしている。ただ、食べる意欲はある。それに、楽しみと言えば、好きなものを食べることくらいしかない。だから、あまりやかましく言わずに、好きなものを食べさせてあげた方が、母親にとっては良いのかもしれない。しかし、塩分を多く摂ると、それだけ寿命が縮まるかもしれない。したがって、やはり塩分を多く含むものは食べさせない方が、母親にとっては良いのかもしれない。そこで私は、どうすることが母親にとって良いことであるのか、迷うわけである。ところで、このように迷っているとき私は、母親の幸福を考えているのではないか。すなわち、食べ物に関してどのようにしてあげることが、母親の幸福に寄与するのかを考えているのではないか。そして、その「幸福」とは、「当人にとって良いことが生じている」という事態を意味するのではないか。第Ⅰ部では、私がこの本で問題にする「幸福」とは、このような意味での「幸福」であることを明らかにする。

しかし、「幸福」とは、「当人にとって良いことが生じている」という事態を意味する、と言うだけでは、「幸福」という概念の意味の説明としては、不十分である。というのは、ここで言われている「〜にとって良い」とは、どのようなことを意味するのか、よくわからないからである。「〜にとって良い」という言葉も、使われる文脈によって様ざまなことを意味する。だから、この本で問題にする「幸福」の意味を明確にするためには、ここで言われている「〜にとって良い」とは、どのようなことを意味するのかを説明する必要がある。第Ⅰ部のかなりの部分は、この説明に費やすことになる。

第Ⅱ部では、「どのようなことが、幸福であるのか」という問いを考える。この問いで問われているのは、「幸福」という概念の意味ではない。この問いで問われているのは、世の中には様ざまなことがあるが、その中のどれが幸福を構成する実質的な中身となるのか、ということである。冒頭で述べたように、この問いに対する私の答えは、簡単に言えば、「当人が大切に思っていることの実現が、幸福である」というものである。そして私は、この考えを「ケア型評価説」と名づける。ここで「大切に思う」と呼んでいる心的態度は、英語で言えば「care about」である。英語の「care」のカタカナ表記が「ケア」であり、また、後に述べるように、ある対象を大切に思うことは、その対象を大切なものとして評価することでもあるので、「大切に思う」という心的態度を「ケア型評価」と呼ぶことにする。日本語として使われる「ケア」という言葉には、いろいろな意味が付与されているので、本当は「ケア」という言葉は使いたくないのであるが、「大切に思う」という心的態度を表す適当な日本語の名詞が他に見つからないので、やむをえず「ケア」という言葉を使うことにする。

さて、先に述べたように私は、ケア型評価説を推奨したい。そのためには、ケア型評価説のどこに魅力があるのかを説明する必要があろう。つまり、(3)の問いに答えなければならない。ところで、「どのようなことが、幸福であるのか」に関しては、今日まで、様ざまな説が提唱されてきた。第Ⅱ部では、それらの説のうちでもとくに、五つの代表的な説を取りあげて批判的に検討したい。その五つの説とは、「快楽の享受が、幸福である」と説く快楽説、「人間の本性の発達と発揮が、幸福である」と唱える完成主義、「知識、快楽、友愛関係、自律、徳といった複数の要素の獲得が、幸福である」と考える客観リスト説、「欲求の充足が、幸福である」と主張する欲求充足説、そして、「〈ある事態を喜んだり嬉しく思ったりしていて、かつ、その事態が実際に生じていること〉が、幸福である」と唱える情動型評価説である。これらの説はいずれも、それなりに説得力がある。しかし同時に、難点も抱えている。第Ⅱ部では、まず、これらの説それぞれがどのような説であるのかを詳しく説明し、あわせて、これらの説のそれぞれが抱えている難点を指摘したい。その後で、今挙げた五つの説とは異なる、もうひとつの説として、ケア型評価説を提案する。そして、ケア型評価説の立場から今挙げた五つの説を改めて批判的に吟味し、さらに、ケア型評価説の利点を示すことで、ケア型評価説の魅力を浮き彫りにすることを試みる。しかしケア型評価説も、いくつかの課題を抱えている。第Ⅱ部の最後では、それらの課題についても触れる。

この本では、以上のような作業を行うわけであるが、その過程で、次のような問題についても論じることになる。

(4)「〜にとっての良さ」とは、どのような価値か。
(5)快楽とは何か。
(6)人間の本性とは何か。
(7)欲求の充足とは何か。

私は、単なる「良さ」とは異なる、「〜にとっての良さ」という価値が存在する、と考える。先に述べたように、第Ⅰ部では、「〜にとって良い」という概念の意味を説明するわけであるが、その説明は同時に、「〜にとっての良さ」という価値がどのような価値であるのか、その輪郭を描く作業にもなる。すわわち、(4)の問いに答えることになる。

(5)の問いに関しては、快楽説を検討するときに論じる。この問いに対しては、少なくとも、三つの異なる答えが提示されている。それらの三つの答えを紹介するとともに、それらの答えのそれぞれにもとづいて構築される、三つの異なる快楽説を検討する。(6)の問いに関しては、完成主義を検討するさいに考察する。そして、完成主義は、この問いに答えることの難しさのために、困難を抱えることを指摘する。さらに、(7)の問いについては、欲求充足説を検討するときに問題にする。そこでは、「欲求の充足」は、単なる「欲求の対象（欲求されていること）の実現」とは異なることが示される。

以上のように、この本では、(4)から(7)の問いも考察の対象とする。それに加えて、ケア型評価説を詳しく説明するさいに、先に示した(2)の問いにも答える。すなわち、「大切に思う」とはどのようなことであるのかを説明する。「大切に思う」という思いは、（秩序だった）情動や欲求や注意への性向と、「大切さ」という価値の（知覚的な）認識によって構成される、複雑な心的態度である。ところで、我われがある対象を大切に思うとき、それによって、その対象は「大切さ」という価値を備える。すなわち、我われがその対象を大切に思うことによって、その対象は我われにとって大切なものになるのである。そして、その対象が「大切さ」という価値を備えると、我われはその価値を認識し、それによって、その対象を大切に思うという我われの気持ちは、さらに維持され、ときには、より深いものなる。このように、「大切に思う」という気持ちは、「大切さ」という価値を生むと同時に、その価値の認識によって維持され強化されるのである。そしてさらに、このような特性をもつ「大切に思う」という気持ちは、我われの情動や欲求や注意や意図や行為を左右し、その意味で、我われの生き方を形作るのである。このことは、ケア型評価説を説明するさいに、詳しく語る。

この本では、以上で述べたように、「「幸福」とは、どのようなことを意味するか」という問題と「どのようなことが、幸福であるのか」という問題を中心に論じるのであるが、その過程で、(2)の問いや、(4)から(7)の問いといった、幸福を論じるさいに浮かびあがる哲学的な問いについても考察を加えることになる。

幸福をめぐる哲学

「大切に思う」ことへと向かって

目次

はじめに

Ⅱ　どのようなことが、幸福であるのか

I 「幸福」とは、どのようなことを意味するのか

幸福に関して異なる二つの問いがある。ひとつは、「「幸福」とは、どのようなことを意味するのか」という問いである。そして、もうひとつは、「どのようなことが、幸福であるのか」という問いである。前者は、「幸福」という概念の意味は何か、という問いである。後者は、世の中には様ざまなことがあるが、その中のどれが幸福を構成する実質的な中身となるのか、という問いである。この後者の問い、すなわち、「どのようなことが、幸福であるのか」という問いに対しては、たとえば、「快楽を享受することが、幸福である」とか「欲しいものが手に入ることが、幸福である」とか、あるいは、「才能を伸ばして発揮することが、幸福である」といった答えが返ってくるかもしれない。そして、それぞれの答えを出した人びとの間で、どの答えが最も妥当であるかについて論争が起きるかもしれない。ところで、それらの答えが、同じ問いへの答えであるためには、そして、妥当な答えをめぐるそれらの人びとの論争がかみ合った論争であるためには、それらの人びとの間に「「幸福」とは、どのようなことを意味するのか」についての共通の了解がなければならない。すなわち、それらの人びとが「幸福」という概念の意味として心に描いているものが同じでなければならない。それらの人びとが「幸福」という概念に異なる意味を込めているとすれば、そもそも、それらの答えは、同じ問いに対する答えではなくなるし、それらの人びとの間の論争も共通の争点に関するもの

ではなくなる。

このように、「「幸福」とは、どのようなことを意味するのか」という問いと「どのようなことが、幸福であるのか」という問いは異なる。そして、後者の問いに関する話がかみ合うためには、前者の問いへの答えに関する共通の了解がなければならない。この本の最終的な目的は、「どのようなことが、幸福であるのか」という問いに対する私なりの答えを提示することにある。読者の中には、私が提示する答えに賛同する人もいるであろうし、異議を唱える人もいるであろう。だが、今述べたように、私とそれらの人びとの話がかみ合うためには、私とそれらの人びとの間で「「幸福」とは、どのようなことを意味するのか」ということに関する共通の了解がなければならない。「幸福」という言葉は、語り手によって、また、文脈によって様ざまな意味が与えられているように思われる。そこで第Ⅰ部では、私がこの本でどのような意味の「幸福」を問題にするのかを明らかにしておきたい。とは言っても、私が「幸福」という言葉に恣意的に与えた意味を示そうというのではない。私が「幸福」の意味として説明することは、人びとが「幸福」という言葉で実際に意味していることのひとつであり、しかも、その中で最も重要なことである、と私は考える。

第一章　「幸福」の意味と「〜にとっての良さ」

1　「〜にとっての良いこと」としての「幸福」

ここでは人の幸福を問題にする。動物についても幸福を語ることができるかもしれないが、ここでは人の幸福に話を限定する。「人の幸福」と言っても、私がここで問題にする人の幸福とは、次のような意味の「幸福」である。子供が誕生したときに、親はその子供の幸福を願う。そしてそのとき親は、子供の生涯を通じて、子供にとって良いことがなるべく多く生じることを願うのではないか。私は十年前に親友を亡くした。彼は苦労の多い人生を送っていたように思えたので、今でも私は、彼のために何もできなかった自分の不甲斐なさを感じながら、ふと「あいつの人生は幸福だったのかな」と考えることがある。そのとき私は、彼の人生に起きた様ざまなことを思い出して、それらのことが彼にとって良いことであったのかどうか考えているような気がする。これらの例が示すように、人の幸福を考える場合に我われは、その人にとって良いことが生じている、という事態を思い浮かべることがある。私が問題にする「幸福」とは、このような意味での幸福である。すなわち、次のように定式化できる幸福である。

（H）ある人Pの幸福とは、Pにとって良いことが生じている、という事態から成る。

この定式の「〜にとって良い」という言葉は「〜にとっての良さ」を表している。そして、その良さは、この章の第4節で改めて述べるように、「良い」と言い切れるような良さ、つまり「端的な良さ」とは区別される。世の中には、困っている人びとのために自分を犠牲にして献身的に尽くす人がいる。そして、その人がそうすることは、それ自体、端的に良いことであるかもしれない。しかしそうであるとしても、「その人がそうすることは、その人にとって良いことであるのか」と問うことはできるし、その問いは、おかしな問いでもないし、「良いことは良いことであるのか」という空疎な問いでもない。あるいは、自然環境が保護されることは、それ自体、端的に良いことであるのかもしれない。しかしそうであるとしても、「自然環境が保護されることは、自然環境の保護にまったく関心のない人びとにとって良いことであるのか」と問うことはできるし、その問いは、おかしくもないし空疎でもない。また同じように、私が快楽を享受したり、私の望みがかなったり、私が能力を伸ばしたりすることは、それ自体、端的に良いことであるのかもしれない。しかしそうであるとしても、「それらのことは、私にとって良いことであるのか」と問うことはできるし、その問いは、おかしくもないし空疎でもない。こう考えると、「端的な良さ」とは（概念的に）区別される「〜にとっての良さ」という良さがあるように思われる。そして幸福とは、その「〜にとっての良さ」を備えていることが生じている、という事態から成り立っている、と（H）は言っているのである。だから（H）によれば、端的に良いことが生じているだけでは、幸福は生まれない。端的に良いことであっても、そのことが人の幸福に資するためには、そのことがその人にとって良いことでなければならないし、あるいは、端的に良くはないことであっても、そのことがその人にとって良いことであれば、そのことはその人の幸福に資することになる。

この意味での「幸福」は、英語で言うと「happiness」より「well-being」の方が近いのかもしれない。「well-being」は「福利」と訳されることが多いが、その文字どおりの意味は「良く well ある being」ということである。そして私は、ここでの「良く」を「当人にとって良く」という意味に解釈する。この解釈によれば、福利とは「当人にとって良くある」ということを意味することになる。そして、「当人にとって良くある」とは「当人にとって良いことが生じている」という事態である、と言えるかもしれない。こう考えると、私がこの本で問題にすることは日本語で言えば「福利」である、と言った方がよいのかもしれない。ただ、日本語の「幸福」という言葉も、当人にとって良いことが生じている、という事態を指すことがある。この節の冒頭で述べたように、自分にとって大切な人、たとえば、家族や親友の幸福を思うとき、我われは、その人にとって良いことが多く生じている状態を思い浮かべるのではないか。「幸福」という言葉には、このような用法もあるし、「福利」よりも「幸福」という言葉の方が日本語としてなじみ深いので、ここでは「幸福」という言葉を使うことにする。

2　人の幸福を構成する「〜にとっての良さ」の意味

今述べたように、私が問題にする「幸福」とは、（H）で示されている意味での幸福、すなわち、当人にとって良いことが生じている、という事態から成る幸福である。ところが、「〜にとって良い」という表現は、使われる文脈によって様ざまなことを意味する。だから、私が（H）で言いたいことをきちんと理解してもらうためには、そこで言われている「〜にとって良い」という表現がどのようなことを意味しているのかを示す必要がある。そのためにまずは、「〜にとって良い」という表現が意味する様ざまな事柄のうちで、（H）で言われている「〜にとって良い」が意味していることではないものをいくつか挙げることにしよう。

「〜にとって良い」という表現は「〜という目的の有効な手段である」ということを意味する場合がある。我われは「適度な運動は、健康という目的の有効な手段である」ということを相手に伝えるために「適度な運動は、健康にとって良い」と言うことがある。あるいは、「～にとって良い」という表現が「～に備わっている機能や能力を向上させる」ということを意味することもある。医者が「適度な運動は、心臓にとって良い」と患者に言うときは、「適度な運動は、心臓に備わっている（血液を循環させるという）機能を向上させる」ということを意味していると解釈するのが自然であろう。(1) このように、「～にとって良い」という表現が「～という目的の有効な手段である」とか「～に備わっている能力や機能を向上させる」ということを意味することがあるが、（H）の中の「～にとって良い」という表現が意味していることは、これら二つのどちらでもない。

「～にとって良い」という表現は、「～」に人が入ると、「～の考えによると良い」とか「～の観点からすると良い」ということを意味することがある。たとえば、ワインの良さに関する異なる見解をもっている二人が、あるワインが良いワインであるかどうかについて言い争っているときに、一方が「このワインは、君にとっては良いかもしれないが、私にとって良いわけではない」という発言をすることがあるが、この発言は「このワインは、君の考えによると良いかもしれないが、私の考えによると良いとは言えない」、あるいは「このワインは、君の観点からすると良いかもしれないが、私の観点からすると良いとは言えない」という意味にとれる場合がある。（H）の中の「～にとって良い」という表現は、このようなことを意味するのでもない。

さらに、「～にとって良い」という表現は、次のようなことを意味する場合がある。何か良いことがあれば、それが実現するように振る舞うか、あるいは、少なくともその実現を欲するべきであろう。(2) 健康が良いことであれば、それが実現するように振る舞うか、あるいは、少なくともその実現を欲するべきであろう。だが、そのような要請が誰に課されるかが問題となる。「～にとって良い」という表現は、そのような要請が「～」に入る人に課される、ということを伝えるために使われることがある。たとえば、「あなたの健康は、あなたにとっては良いが、私にとって良いわけではない」という発言によって、「あなたの健康を実現したり、その実現を欲したりすべきなのは、あなたであって、私ではない」ということを相手に伝えようとすることがある。このように「〜にとって良い」という表現が「良さから生じる要請が課されるのは「〜」に入る人である」ということを意味する場合があるが、(H)の中の「〜にとって良い」は、このような意味での「〜にとって良い」でもない(3)。

(H)で言われている「〜にとって良い」が意味することは、ここまで挙げたことのうちのいずれでもない。では、それはどのようなことを意味するのであろうか。それは、次のように定式化できることを意味する(4)。

(GF) XはPにとって良い＝Pが人としての価値を備えているからこそ、我われは、Pのために、Xが実現するように振る舞うか、それが無理であれば、Xの実現を欲するべきである。

この定式で言われている内容については、後で詳しく説明するが、その前に、この定式で使われている表現について解説しておこう。

「＝」という記号は、「その記号の前で言われていることは、その記号の後で言われていることを意味する」ということを表す。「X」は任意の事態を示す。ここで言う「事態」とは、「〜は〜である」とか「〜は〜する」といった平叙文で表される事柄であり、だから当然、個々の物や場所や人物といった「個物」でもないし、それらの個物が備えている性質でもない。「事態」という言葉は、これからも頻繁に出てくるが、すべて今述べた意味で使用する。

「P」は任意の人を表す。「人としての価値」とは、第二章の第2節で説明するように、「人が人であるかぎり備えている価値」のことである。また、「Pのために」という語は、「振る舞う」と「欲する」にかかっているのであって、「べきである」にかかっているのではない。すなわち、「＝」の後で言われていることは、「〈Pのために、Xが実現するように振る舞う〉ことや〈Pのために、Xの実現を欲する〉ことが、要請されている」ということであって、「〈Xが実現するように振る舞う〉ことや〈Xの実現を欲する〉ことが、Pのために要請されている」ということではない。

それから、「我われ」とは、すべての人のことを指す。[5] さらに、「～を実現する」と書かずに「～が実現するように振る舞う」と書いたのは、Xを直接に実現することばかりでなく、その実現に間接的に役だつように振る舞うことも含めておきたいからである。場合によっては、何もしない方が、Xの実現に役だつかもしれない。その場合には、何もしないことが「Xが実現するように振る舞う」ことになる。さらに、「それが無理であれば、Xの実現を欲する」という部分をつけ加えたのは、Xを直接に実現することもできないし、その実現に間接的に役だつことさえもできない場合には、その実現を欲することが要請される、ということを言いたいからである。[6] また、「Pが人としての価値を備えているからこそ」という部分の「からこそ」という表現は、その後に続く「我われは、Pのために、Xが実現するように振る舞うか、それが無理であれば、Xの実現を欲するべきである」という要請が、Pの人としての価値に由来する、ということを意味する。

また、（GF）では「べし」という言葉が使われ、それを今「要請」と言い換えたが、「べし」とか「要請」といった言葉は、義務とか責務を連想させるので、少し強すぎるかもしれない。ここで言われている「べし」や「要請」は、必ずしも義務とか責務を表すわけではない。むしろ、もっと弱い事柄、すなわち、「適切である」とか「理に適っている」とか「すべき理由がある」という事柄を意味する。だから、（GF）の「するべきである」という箇所は、「することが適切である」、「することが理に適っている」、あるいは「するべき理由がある」といったことを意味する。ただ、ここでは「べし」とか「要請」という言葉の方が使い勝手が良いので、これらの言葉を使うことにする。

さて私は、（H）で表されている意味での「幸福」を念頭におきながら、そこで言われている「～にとって良い」の意味を探っていくと、やがて（GF）に行きつく、と考える。そこで次の節から、どのようにして（GF）に行きつくのか、その道筋を説明することにしよう。そしてそうすることで、（GF）が人の幸福を構成する「～にとっての良さ」の意味を表す定式として妥当であることを示したい。そして、それと同時に、（GF）の「＝」の後の部分で何が言われているのかを詳しく説明したい。そうすることによって、この本で問題にする「幸福」がどのような意味での幸福であるのかをさらにはっきりさせたい。もちろん、人の幸福を構成する「〜にとっての良さ」の意味として（ＧＦ）以外のことも考えることができるかもしれない。しかしそうであるとしても、（ＧＦ）で表されていることは、人の幸福を構成する「〜にとっての良さ」の意味として我われが受け入れていることのひとつである、と私は考える。

それでは、今述べた二つの作業、すなわち、(1)人の幸福を構成する「〜にとっての良さ」の意味の探究が（ＧＦ）に行きつく、その道筋を説明するという作業、ならびに、(2)（ＧＦ）の「＝」の後で何が言われているのかを詳しく説明する、という作業を始めることにしよう。

これ以降は、「人の幸福」とは書かずに、単に「幸福」と書くことにする。また、「〜にとって良い」とか「〜にとっての良さ」という言葉で人の幸福について語るときも、「人の幸福を構成する」といった但し書きなしで、それらの言葉を使うことにする。

3 「端的な良さ」と要請

今述べた二つの作業を行うために、まずは「端的な良さ good *simpliciter*」について話しておきたい。端的な良さは、「〜にとっての良さ」とは異なり、「〜にとって」という要素を含んでいない。だから、ある対象Ｘが端的な良さを備えていることを表すときには、Ｘだけに言及して「Ｘは良い」と言い切ることができる。一方、Ｘが「〜にとっての良さ」を備えていることを表すときには、「Ｘは良い」と言い切ることができない。必ず「〜」を埋めるものへの言及が必要になる。すなわち、「ＸはＰにとって良い」というように、Ｘの他に、もうひとつの対象Ｐへの言及が必要になる。その意味で、「〜にとっての良さ」は、二つの対象の間に成り立つある種の関係を表している。(7) 一方、端的な良さは、そのような関係を表しているわけではない。(8)

さて私は、人びとが幸福になることは端的に良い、と思っている。そして私は、だからこそ、我われは、人びとが幸福になるように振る舞うか、それが無理であれば、人びとが幸福になることを欲するべきである、とも思っている。しかし仮に私が、次のように思っているとしよう。

（P）人びとが幸福になることは端的に良いけれど、我われは、人びとが幸福になるように振る舞う必要もないし、人びとが幸福になることを欲する必要もない。(9)

仮に私が（P）のように思っているとすれば、私はどこか間違っているのではないか。だが、間違っているとすれば、どこが間違っているのであろうか。

次のように考えることができるのではないか。「端的な良さ」という概念は、その意味のうちに、「我われは、その良さを備えていることが実現するように振る舞うか、それが無理であれば、その実現を欲するべきである」という要請を含んでいる。だから、私が（P）のように思っているときには、「端的な良さ」という概念の意味に反した思いを抱いていることになる。それはちょうど、ある図形について「それは三角形であるが、平面図形ではない」と思っているようなものである。「三角形」という概念は、その意味のうちに、「平面図形である」ということを含んでいる。だから、このように思うことは「三角形」という概念の意味に反している。これは、論理的な間違いである。私が（P）のように思っているときにも、これと同じように、論理的な間違いをおかしているのではないか。(10)この考えを定式の形で表すと次のようになる。

（GS）「Xは端的に良い」という文は、その意味のうちに、「我われは、Xが実現するように振る舞うか、それが無理であれば、Xの実現を欲するべきである」という要請を含んでいる。

さて、この考えに対して次のような反論が出されるかもしれない。あることが端的に良いことであるとしても、だからと言って、そのことが実現するように我われが振る舞ったり、その実現を欲したりするべきである、とは必ずしも言えないのではないか。たとえば、〈人が幸福になること〉が端的に良いことであるとしても、その実現のために我われが多くの負担を負わなければならない場合には、それが実現するように振る舞うことが我われに要請される、とは思えない。あるいは、〈人が幸福になること〉が端的に良いことであるとしても、その実現のためには道徳的に悪い行為をしなければならない場合には、それが実現するように振る舞ったり、その実現を欲したりすることが我われに要請される、とは思えない。このように、あることが端的に良いことであるとしても、それが実現するように振る舞ったり、その実現を欲したりすることが我われに要請される、とは言えない場合がある。だから、（GS）は誤りである。

この反論に対しては、次のように応じることができる。要請には、「すべてを考慮に入れたうえでの要請」と「限定的な *pro tanto* 要請」がある。すべてを考慮に入れたうえでの要請とは、文字どおり、あらゆることを考慮に入れたうえで最終的に行うべきことである。要請には様ざまなものがあり、それらが対立する場合がある。たとえば、自己利益にもとづく要請と道徳の要請が対立することがある。その場合には、どちらかの要請が優先されるかもしれない。あるいは、特定の要請から我われを免除するように働く考慮事項が存在するかもしれない。たとえば、特定の要請に従うためには、あまりに多くの自己負担を負わなければならない場合には、その要請に従わなくてもよいのかもしれない。このような事柄をすべて考慮したうえで最終的に行うべきことが、すべてを考慮に入れたうえでの要請である。すなわち、「すべてを考慮に入れたうえでの要請」とは、それと対立するあらゆる要請や考慮事項よりも優先される要請である。

一方、「限定的な要請」とは、すべてを考慮に入れたうえでの要請は何か、ということを考えるときに考慮に入れられる要請である。限定的な要請は、それよりも優先される、それに対立する要請や考慮事項がない場合には、すべてを考慮に入れたうえでの要請になる。しかし限定的な要請は、それと対立する要請や考慮事項の方が優先されることがあり、その場合には、すべてを考慮に入れたうえでの要請にはならない。だが、その場合にも、限定的な要請が要請でなくなるわけではない。つまり、要請として効力をもち続けるのである。

さて、（GS）で言われている要請が、すべてを考慮に入れたうえでの要請であるとすれば、先の反論は妥当であろう。あることが端的に良いことであるとしても、それが実現するように振る舞ったり、その実現を欲したりすることが常に、すべてを考慮に入れたうえでの要請になるとはかぎらない。（GS）で言われている要請があまりに多くの自己負担をともなうときには、その要請から免除されるのかもしれない。そして、免除されるとすれば、その要請は、すべてを考慮に入れたうえでの要請にはならない。また、（GS）で言われている要請よりも、道徳の要請の方に優先権があるのかもしれない。そうであるとすれば、（GS）で言われている要請が道徳の規則に反する場合には、その要請は、すべてを考慮に入れたうえでの要請にはならない。したがって、あることが端的に良いことであるとしても、すべてを考慮に入れたうえでの要請という意味では、「我われは、そのことが実現するように振る舞うか、それが無理であれば、その実現を欲したりするべきである」とは必ずしも言えない。しかし、（GS）で言われている要請が限定的な要請であるとすれば、先の反論はあたらない。その要請が、限定的な要請であるとすれば、それに対立する要請や考慮事項の方が優先される場合でも、その要請は、限定的な要請として存在し続ける。したがって、端的に良いことが実現するように振る舞ったり、その実現を欲したりすることが、道徳の規則に反したり、過度の自己負担をともなうような場合にも、限定的な要請という意味では、「我われは、そのことを実現するように振る舞うか、それが無理であれば、その実現を欲したりするべきである」と言えるのである。[11]

以上のように、（GS）で言われている要請が限定的な要請であれば、（GS）は正しい。だから、（GS）で言われている要請は限定的な要請であるとみなすことにしよう。[12] ただ、ここで注意してほしいのであるが、（GS）の「X」は、先に述べたように、事態である。第二章の第1節で改めて述べるように、端的な良さを備えているものには、実現したり促進したりするにふさわしいものと、そうでないものがある。たとえば、「人が幸福になる」といった事態は、前者に属するが、人それ自体は後者に属する。だから、仮に（GS）の「X」が人をも含むのであれば、（GS）が正しい、とは言えなくなる。しかし、（GS）の「X」が事態であるかぎり（GS）は正しい、と私は考える。これ以降、「要請」という表現や、要請を表す「べし」という表現が頻繁に出てくるが、それらはすべて限定的な要請を表す。

4 「〜にとっての良さ」と要請

ここで「〜にとっての良さ」に話をもどそう。前節で述べたように、「端的な良さ」は、その意味のうちに、「端的に良い」と言われているものを実現すること、ないしは、その実現を欲することへの要請を含んでいる、と私は考える。さらに私は、「〜にとっての良さ」も、その意味のうちに、同じような要請を含んでいる、と考える。しかし、「〜にとっての良さ」がその意味のうちに含んでいる要請には、「端的な良さ」がその意味のうちに含んでいる要請にはない要素がともなっている。その要素とは、「〜のために」という要素である。

次の例を考えてみよう。私は大学で倫理学の授業を担当している。私は、倫理学という哲学的な営みが存続することは、端的に良い（すなわち、前節で述べた、端的な良さを備えている）、と思っている。だから私は、我われは倫理学が存続するように振る舞うか、それが無理であれば、倫理学が存続することを欲するべきである、と思っている。たとえば、大学が倫理学の授業を廃止しようとしたり、倫理学の研究者の育成や採用をやめようとしたりすれば、我われはそれに反対すべきである、と思っている。そして、このような思いを私がもつのは、前節で示したように、あることが端的に良いときには、「端的に良い」という概念の意味からして、そのことが実現するように振る舞うか、それが無理であれば、その実現を欲することが、我われに要請されるからであろう。

今述べたように、倫理学の存続は端的に良いことである、と私は思っている。では、倫理学の存続は（幸福を構成するという意味で）学生にとって良いことであろうか。この問いに対する私の考えは、以下のようなものである。

倫理学の存続にまったく関心がなく、したがって、倫理学が存続しても、まったく嬉しく思わない、春彦という学生がいたとしよう。この場合に私は、「倫理学の存続は春彦にとって良い、とは言えない」と考える。[13] 次に、倫理学の存続を大切に思っていて、だから、倫理学が存続すれば、とても嬉しく思う、夏子という学生がいたとしよう。この場合には、私は「倫理学の存続は夏子にとって良い」と考える。

このように私は、「倫理学の存続は学生にとって良いことであるのか」という問いに対しては、「春彦のような学生にとっては良いとは言えないが、夏子のような学生にとっては良い」と答える。ところで、先に述べたように私は、「倫理学の存続は端的に良いことなので、そのかぎりにおいては、我われは、倫理学が存続するように振る舞うか、それが無理であれば、倫理学が存続することを欲するべきである」と思っている。だが、「春彦のためにそうするべきであると思っているのか」と問われれば、私は「そうではない」と答えざるをえない。〈春彦のために、倫理学が存続するように振る舞うか、それが無理であれば、倫理学が存続することを欲する〉ことが我われに要請されている、とは思えないのである。だが、なぜそう思えないのか。それは私が今述べたように、「倫理学の存続は春彦にとって良い、とは言えない」と思っているからである。しかしなぜ、このように思っていると、「〈春彦のために、倫理学が存続するように振る舞うか、それが無理であれば、倫理学が存続することを欲する〉ことが我われに要請されている」とは思えないのか。それは私が、次のように一般化できるような考えを抱いているからであろう。

（F1）「我われは、Pのために、Xが実現するように振る舞うか、それが無理であれば、Xの実現を欲するべきである」と言えるためには、XがPにとって良くなければならない。[14]

では、夏子の場合はどうであろうか。私は、夏子の場合には春彦の場合とは反対に、「我われは、夏子のために、倫理学が存続するように振る舞うか、それが無理であれば、倫理学が存続することを欲するべきである」と思う。すなわち、〈夏子のために、倫理学が存続するように振る舞うか、それが無理であれば、倫理学が存続することを欲する〉ことが我われに要請されている、と思うわけである。そして、そう思うことは、たとえ仮に私が「倫理学の存続はそれ自体で端的に良い」と思っていなくとも、変わらない。だが、なぜそう思うのか。それは、先に述べたように、私が「倫理学の存続は夏子にとって良い」と思っているからである。しかしなぜ、このように思っていると、〈夏子のために、倫理学が存続するように振る舞うか、それが無理であれば、倫理学が存続することを欲する〉ことが我われに要請されている、と思うのであろうか。それは私が、次のように一般化できるような考えを抱いているからであろう。

（F2）XがPにとって良ければ、我われは、Pのために、Xが実現するように振る舞うか、それが無理であれば、Xの実現を欲するべきである。

さて、（F1）と（F2）が正しければ、⑴「XはPにとって良い」ということと⑵「我われは、Pのために、Xが実現するように振る舞うか、それが無理であれば、Xの実現を欲するべきである」ということは、必要十分の関係にある。もちろん、⑴と⑵の二つのことが必要十分の関係にあるからといって、必ずしもそれら二つのことが同じことを意味するとはかぎらない。だが、（F1）や（F2）で言われていることは、「〜にとって良い」とか「〜のために」といった言葉の意味に関する直観を反映しているように思えるので、「⑴と⑵の二つのことは、必要十分の関係にある」ということから「それら二つのことは、同じことを意味する」と推論できるのではないか。すなわち、次のように言えるのではないか。

（GF＊） XはPにとって良い＝我われは、Pのために、Xが実現するように振る舞うか、それが無理であれば、Xの実現を欲するべきである。

先に述べたように、「＝」という記号は、「その記号の前で言われていることは、その記号の後で言われていることを意味する」ということを表す。

（GF＊）によれば、次の二つのことが言える。

(1)「～にとって良い」という概念は、その意味のうちに、「～にとって良いこと」が実現するように振る舞うこと、ないしは、その実現を欲することへの要請を含んでいる。

(2)「～にとって良い」という概念がその意味のうちに含んでいる要請には、「～のために」という要素がともなっている。

私は、これら二つのことはどちらも正しい、と考える。「～にとっての良さ」は、その意味のうちに、その良さを備えているものの実現やその実現への欲求に対する要請を含む、という点では「端的な良さ」と似ている。しかし、その要請には「～のために」という要素がともなう、という点では「端的な良さ」とは異なるのである。

では、（GF＊）は、「～にとって良い」という概念の意味を語りつくしているであろうか。私は、語りつくしてはいないと思う。では、何が欠けているのか。私の考えでは、「（GF＊）で言われている要請がPの人としての価値に由来する」という要素が欠けている。「～にとっての良さ」の意味を語りつくすには、この要素が必要である、と私は考える。だがなぜ、この要素が必要なのであろうか。その理由は、次の章で示すことにしたい。

第二章　人としての価値と「幸福」の意味

1　「〜のために」の意味

第一章の最後の節で述べた春彦や夏子のケースでも、そして、そこから導き出された（ＧＦ＊）でも、さらに、「〜にとって良い」の意味を表す定式として第一章の第2節で提示した（ＧＦ）においても、「〜のために」という言葉が重要な要素になっている。そこでまずこの節で、その「〜のために」という言葉の意味として私がどのようなことを念頭においているのか示しておきたい(1)。そしてそのうえで、次の節で、人としての価値が「幸福」という概念の意味にどうかかわるかを検討しよう。さらに、その検討によって、幸福を構成する「〜にとっての良さ」という概念の意味を語りつくすためには、その概念が含んでいる要請が「〜」の部分に入る人の「人としての価値」に由来する、ということを付け加えなければならないことを示したい。

「〜のために」という言葉は、様ざまな文脈で使われ、また、その文脈によって様ざまなことを意味する。ここで問題となっている「〜のために」は、「〜のために行為を行う」とか「〜のために（意図、欲求、願いなどの）心的態度を抱く」といった文脈に現れる「〜のために」である。たとえば、「Pは〜のためにXを行う」とか「Pは〜のためにYを欲する」といった文脈に現れる「〜のために」である。もちろん、このような文脈に現れる「〜のために」もいろいろなことを意味するが、ここで問題となっている「〜のために」は、「〜が、主体の関心の的になっていて、その関心に導かれて」ということを意味する。「Pは〜のために」であれば、前者の文は「〜が、Pの関心の的になっていて、という文の「〜のために」がこの意味での「〜のために」であれば、前者の文は「〜が、Pの関心の的になっていて、その関心に導かれて、PはXを行う」ということを意味し、後者の文は「〜が、Pの関心の的になっていて、その関心に導かれて、PはYを欲する」ということを意味する。

（GF＊）や（GF）で言われている「〜のために」の「〜」に入る対象は人に限定されているが、この限定をはずして広く考えた場合、前段落で述べた意味での「〜のために」には、「〜」に入る対象がどのようなものとして関心の的になっているかに応じて、少なくとも二つのタイプがある。第一のタイプは、「〜」に入る対象が、実現すべき、あるいは、促進すべき目的として、関心の的になっているタイプである。PがEを目的としていて、その目的の実現や促進の手段としてXを行ったり、Yを欲したりすることを表すために、「PはEのためにXを行う」とか「PはEのためにYを欲する」と言うことがあるが、そのさいに言われている「〜のために」は、第一のタイプである。私は、国境なき医師団に自分の小遣いからわずかながら定期的に寄付をしている。そのさいに私は、「病気や飢餓で苦しんでいる人びとの状況の改善」を目的にして、その目的を実現する手段として、寄付をしているのである。そしてこの場合、「病気や飢餓で苦しんでいる人びとの状況の改善」は、実現すべき目的として、私の関心の的になっている。さて、このような事態を表すために、「私は、病気や飢餓で苦しんでいる人びとの状況の改善のために寄付をしている」と言うことができる。ここで言われている「〜のために」は、「病気や飢餓で苦しんでいる人びとの状況の改善」が実現すべき目的として私の関心の的になっていて、その関心に導かれて、私は寄付をしている、ということを示している。このように「〜が、実現すべき、あるいは、促進すべき目的として関心の的になっていて、その関心に導かれて」ということを意味する「〜のために」がある。これが、第一のタイプの「〜のために」である。

次に第二のタイプを見てみよう。私が国境なき医師団に寄付をするとき、たしかに私は、病気や飢餓で苦しんでいる人びとの状況の改善のためにそうするのであるが、しかし、「誰のためにそうするのか」と問われれば、私は「病気や飢餓で苦しんでいる人びとのためにそうするのだ」と答えるであろう。つまり私は、国境なき医師団に寄付をするとき、病気や飢餓で苦しんでいる人びとのためにもそうしているのである。ここで言われている「〜のために」は、病気や飢餓で苦しんでいる人びとも私の関心の的になっていて、その関心にも導かれて、私は寄付をしている、ということを示している。ところが、この「〜のために」は、第一のタイプではない。（病気や飢餓で苦しんでいる）人びと（一人ひとりの人物）は、実現すべきものではない。「人びとを実現する」ということは意味をなさない。人びとは実現の対象にはなりえない。また、人びとは促進すべきものでもない。「人びとを促進する」ということも意味をなさない。事態は促進の対象になりうるが、人びとは促進の対象にはなりえない。したがって、「病気や飢餓で苦しんでいる人びとのために」の「〜のために」は、実現すべき、あるいは、促進すべき目的として、そのような人びとが関心の的になっている、ということを示しているのではない。たしかに、「病気や飢餓で苦しんでいる人びとのために」と言うときの「人びと」は、ある意味で目的とみなされているのかもしれない。しかし、その目的は、実現すべき、あるいは、促進すべき目的ではない。だから、「病気や飢餓で苦しんでいる人びとのために」の「〜のために」は、第一のタイプではない。

では、私が病気や飢餓で苦しんでいる人びとのために寄付をするとき、それらの人びとは、どのような対象として私の関心の的になっているのであろうか。この問いはとても難しいので、私には明確に答えることはできないが、あえて答えるとすれば、次のようになる。

私が国境なき医師団に寄付をしているのは、私が「病気や飢餓で苦しんでいる人びとも、自分と同じようにひとりの人であり、したがって、人としての価値を備えている」という認識をもち、その認識にもとづいて、それらの人びとのために、それらの人びとにとって良いことが実現してほしいと願っているからでもある。(2) もちろん、私が行った寄付が、それらの人びとにとって良いことが実現するのに直接に役だつわけではないかもしれないが、それらの人びとのおかれた状況の改善にはわずかでも役だつであろうから、間接的には、それらの人びとにとって良いことが実現することに資するのではないか、と私は思っている。このようなこと、すなわち、相手も自分と同じように人としての価値を備えている、という認識をもち、その認識にもとづいて、相手のために、相手にとって良いことが実現してほしいと願う、ということは、我われがしばしば経験することであろう。たとえば、街角で困っている人を見て、できるかぎり助けようとする場合、「その困っている人も自分と同じように人としての価値を備えている」という認識が背後にあり、その認識にもとづいて、その人のために、その人にとって少しでも状況が良くなってほしいと願って、そうすることがあるのではないか。もちろん、街角で困っている人を助けようとする動機には、様ざまなものがあろう。ただの習慣としてそうしている人もいるかもしれないし、「人から親切な人であると思われたい」ということが主な動機となっている人もいるかもしれない。だが、今述べたような心的事象をへて、困っている人を助けようと思うこともあるのではないか。このような心的事象を何と呼んだらよいかわからないが、とりあえず、「気遣い」と呼ぶことにしよう。気遣いにも様ざま種類があると思われるが、ここで問題となっている気遣いは、今挙げた例からもわかるように、次のような要素からなる。

(a) 相手が人としての価値を備えている、という認識がある。
(b) この認識にもとづいて、相手のために、相手にとって良いことが実現することを欲する。

私は、このような要素からなる気遣いは存在するし、ときに我われがそのような気遣いを人に向けることがある、と

考える。(3)

さて、我われが相手を気遣っているときに相手にとって良いことが実現するのを願うのは、あくまで、相手のためである。そのとき相手は、気遣いにふわさしい対象として我われの関心の的になっていて、その関心に導かれて、我われは相手にとって良いことが実現することを願うのである。ところで、このような関心こそ、私が国境なき医師団に寄付をしているときに、病気や飢餓で苦しんでいる人びとに向けている関心であると思われる。私が国境なき医師団に寄付をしているとき、病気や飢餓で苦しんでいる人びとは、気遣いにふさわしい対象として、私の関心の的になっている。「病気や飢餓で苦しんでいる人びとのために」という言葉は、私がこのような関心をそれらの人びとに寄せていて、その関心に導かれて寄付をする、という事態を表している。そして、このような「~のために」が、第二のタイプの「~のために」である。

以上のように、「~が、主体の関心の的になっていて、その関心に導かれて」という意味での「~のために」には、二つのタイプがあって、第一のタイプは、「~」に入るものが、実現すべき、あるいは、促進すべき目的として、関心の的になっているタイプであり、第二のタイプは、「~」に入るものが、気遣いといった態度を向けるにふさわしい対象として、関心の的になっているタイプである。そして、ここで問題となっている「~のために」は、すなわち、(GF＊)や(GF)で言われている「~のために」は、この第二のタイプの「~のために」である。

2　人としての価値と「~にとっての良さ」

それでは、(GF＊)に話をもどそう。(GF＊)は次のような定式であった。

(GF＊)Xは P にとって良い＝我われは、Pのために、Xが実現するように振る舞うか、それが無理であれば、

Xの実現を欲するべきである。

繰り返しになるが、（GF＊）に対する私の評価は次のようなものである。（GF＊）は、「我われは、Pのために、Xが実現するように振る舞うか、それが無理であれば、Xの実現を欲するべきである」という要請が、幸福を構成する「〜にとっての良さ」の意味の一部をなす、ということを言いあてている点では評価できる。しかし（GF＊）は、「その要請がPの人としての価値に由来する」という要素が書かれていない点では不十分である。これが私の評価である。だがどうして、「〜にとっての良さ」の意味を語りつくすには、「その要請がPの人としての価値に由来する」という要素が必要なのであろうか。この節では、この疑問に答えることにしよう。

我われが自己嫌悪に陥っているときのことを考えてみよう。(4) 自己嫌悪には、様ざまなタイプがあるが、何らかの仕方で自分の価値を否定している点では共通しているのではないか。そして、この否定から、自分への嫌悪が生まれるのであろう。ただ自己嫌悪は、その否定の強さや仕方に応じて、様ざまなタイプに分かれる。そして、ひどい場合には、「私には価値がないから、私のために、私が幸福になるように振る舞ったり、私の幸福を欲したりする必要は、（私自身を含めて）いかなる人にもない」とまで思いこんでしまうこともあろう。ところで、このようにひどい自己嫌悪に陥っているときに否定している自分の価値とは、どのような価値なのであろうか。ここまでひどい自己嫌悪になると、「私には人としての価値がない」という仕方で、自分の人としての価値を否定してしまっているのではないか。このようなひどい自己嫌悪に陥る仕方は様ざまであろう。たとえば、銀行員として、教師として、親として、自分は失格である、という思いが高じて、自分の人としての価値の否定へと転化してしまうことがあるかもしれない。後で述べるように、人は人であるかぎり人としての価値をもっているので、銀行員として、教師として、親として失格であるとしても、人としての価値を失うわけではない。にもかかわらず、人としての価値がない、と誤って思いこんでしまうところに、このようなひどい自己嫌悪のひどさがある。

このようなひどい自己嫌悪に陥っているときに我われが抱く思いを書きだすと、「私には人としての価値がないから、私のために、私が幸福になるように振る舞ったり、私の幸福を欲したりする必要は、（私自身を含めて）いかなる人にもない」ということになろう。そして、この文の「幸福」という部分を「～にとって良いこと」という表現を使って書き直すと、次のようになる。

（SL1）私には人としての価値がない。だから、私のために、私にとって良いことが実現するように振る舞ったり、その実現を欲したりする必要は、（私自身を含めて）いかなる人にもない。[5]

我われがひどい自己嫌悪に陥っているときには、（SL1）のように考えているのではないか。（SL1）には「私のために」という言葉が入っているが、そこで言われている「～のために」は、前節で説明した第二のタイプの「～のために」である。また、この意味での「私のために」という要素は、自己嫌悪に陥っているときの気持ちを正しく表すためには欠かせない。というのは、ひどい自己嫌悪に陥っているときでも我われは、私以外の人や物事のためであれば、「私にとって良いことが実現するように振る舞ったり、その実現を欲したりすることが、人びとに要請される」と考えるかもしれないからである。「私にとって良いことが生じることは、私の両親にとっては良いことである」と思っていれば、「私の両親のためには、人びとは、私にとって良いことが実現するように振る舞ったり、その実現を欲したりすべきである」と考えるかもしれない。あるいは、「私にとって良いことの実現は、それ自体で端的に良い」と思っていれば、「その良さの実現のためには、いかなる人も、私にとって良いことが実現するように振る舞ったり、その実現を欲したりするべきである」と考えるかもしれない。このように、ひどい自己嫌悪に陥っているときにも我われは、私以外の人や物事のためであれば、「私にとって良いことが実現するように振る舞ったり、その実現を欲したりすることが、人びとに要請される」と思うことがあるもしれないが、「私のためにそのようにすることが、人びとに要請される」とは思っていないであろう。

ところで（ＳＬ１）では、「私には人としての価値がない」ということが理由になって、「私のために、私にとって良いことが実現するように振る舞ったり、その実現を欲したりする必要は、いかなる人にもない」という結論が導き出されている。だが、どうして我われは、このように推論するのであろうか。それは、おそらく我われが、（ＧＦ＊）で言われていること（すなわち、「ＸはＰにとって良い」ということは「我われは、Ｐのために、Ｘを実現するように振る舞うか、それが無理であれば、その実現を欲すべきである」という要請を含意する、ということ）を認めつつ、そこで言われている要請に関して、次のように考えているからではないか。

（ＳＬ２）（ＧＦ＊）で言われている「我われは、Ｐのために、Ｘが実現するように振る舞うか、それが無理であれば、その実現を欲するべきである」という要請は、Ｐの人としての価値を源泉として、そこから生じる。

我われがひどい自己嫌悪に陥っているときには、このような考えを自分にあてはめて、「私には人としての価値がない。だから、〈人びとは、私のために、私にとって良いことが実現するように振る舞ったり、その実現を欲したりするべきである〉という要請がそこから生じる源泉も存在しない。したがって、そのような要請はいかなる人にも課されない」と思いこんでしまうのではないか。

（ＳＬ２）で言われていることは、なにも自己嫌悪に陥ったときだけに思い抱くわけではない。普段から我われは、（ＳＬ２）で言われていることを暗黙のうちに受け入れているのではないか。前節で述べた「気遣い」を思い出してほしい。我われが相手を気遣っているときには、「相手には人としての価値がある」という認識があり、その認識にもとづいて、相手にとって良いことが実現することを相手のために欲するのである。ところで、我われが相手を気遣っているときにこのような仕方でこのような欲求をもつのは、我われが原則（ＳＬ２）を暗黙のうちに受け入れているからではないか。たとえば、我われが街角で困っている人を、その人に対する気遣いから助けようとするときには、「相手には人としての価値がある」という認識をもち、その認識にもとづいて、状況が少しでも相手にとって良くなってほしいと願うわけであるが、そう願う背後には、「相手にとって良いことが実現してほしいと欲するべきである」という判断があり、そして、その判断は、（ＳＬ２）を受け入れているから生じるのではないか。

あるいは、過去において、そして現在においてもなお、多くの人びとが、差別や迫害によって辱められている。そのようなさいに、差別し迫害する側が「相手には人としての価値がない」と思っている場合もあるにちがいない。そして、そのような場合には、差別し迫害する側は、「相手には人としての価値がないから、相手のために、相手にとって良いことが実現するように振る舞う必要もないし、また、その実現を欲する必要もない」と思ってしまい、そして、そう思っているからこそ、あのようなひどい差別や迫害を、かくもやすやすと行うことができるのではないか。もちろん、すべての差別や迫害がこのような心理的プロセスによって説明できるわけではないかもしれない。しかし差別や迫害が、このような心理的プロセスをへてなされているケースもあるように思われる。そして、そうであるとすれば、そのことは、そのような差別や迫害を行う人でさえ、（ＳＬ２）を受け入れている証拠になるであろう。

以上のように、自己嫌悪に陥っているときの心理状態、相手への気遣いから相手を助けたいと思うときの心理的背景、あるいは、相手を差別したり迫害したりするにいたる心理的プロセスを見てみると、我われは暗黙のうちに（ＳＬ２）を受け入れている、と考えてもよいように思われる。

だが、我われが（ＳＬ２）を受け入れているとして、それはなぜなのであろうか。おそらくそれは、「〜にとって良い」、「人としての価値」、「〜のために」といった（ＳＬ２）を構成する概念の意味からして、（ＳＬ２）が正しいからではないか。つまり、（ＳＬ２）が、それらの概念の論理的な関係を正しく表しているからではないか。このような考えにもとづいて私は、（ＳＬ２）は（概念的に）正しい、と主張したい。

さてここで、（ＧＦ＊）を見てみよう。そこには（ＳＬ２）で言われていることが書かれていない。その点で（Ｇ

F＊）は不十分なのである。その不十分な点を（GF＊）に書き込むと、第一章の第2節で提示した（GF）になる。

（GF）XはPにとって良い＝Pが人としての価値を備えているからこそ、我われは、Pのために、Xが実現するように振る舞うか、それが無理であれば、Xの実現を欲するべきである。

この定式の「Pが人としての価値を備えているからこそ」という部分は、それに続く「我われは、Pのために、Xが実現するように振る舞うか、それが無理であれば、Xの実現を欲するべきである」という要請が、Pの人としての価値を源泉にして、そこから生じている、ということを意味する。

　以上のように考えて私は、（H）で言われている「〜とっての良さ」、すなわち幸福を構成する「〜にとっての良さ」の意味は（GF）によって表される、と結論する。(6)

　ところで、（GF）で問題となっているのは、あくまでPの「人としての価値」である。このことは重要である。（GF）の「P」は任意の人を指すが、Pは人であると同時に、生物でもあるし、可感的（すなわち、感覚をもつ）存在者でもある。だからPは、生物としての価値も備えているし、可感的存在者としての価値も備えている。そして、仮に（GF）において、生物としてのPの価値が問題となっているとすれば、（GF）は生物の「幸福」に関するものとなるであろうし、可感的存在者としてのPの価値が問題となっているとすれば、（GF）は可感的存在者の「幸福」に関するものになるであろう。だから、（GF）が人の幸福を構成する「〜にとっての良さ」の分析であるためには、そこで問題となっている価値は、Pの人としての価値に限定されなければならない。

　だが、（GF）で言われている「人としての価値」とは、どのような価値なのであろうか。この問いに対して私は「人が人であるかぎり備えている価値である」と答えておきたい。この意味での「人としての価値」を念頭におけば、人としての価値を備えていない人はいないことになる。この考えに従えば、先に述べた、ひどい自己嫌悪に陥っている人は、実際には人としての価値があるのに、誤って「私には人としての価値がない」と信じ込んでいることになる。また、「相手には人としての価値がない」と思って、相手を差別したり迫害したりする人は、相手のことを人であるとは思っていないか、あるいは、人であると思っているけれど「相手には人としての価値がない」と誤って思い込んでいることになる。

しかし、ここで言われている「人」とは、どのような存在者なのであろうか。人であるためには、どのような性質を備えていなければならないのであろうか。そのような性質としては、たとえば、ある程度高度な認識能力や判断能力や推論能力を備えていること、自分が時間を通して存在し続けているという意識をもっていること、自分の欲求を反省的に把握して自らの価値基準に従ってそれらを統制できること、自分の意志によって自分の行為を選ぶ能力をもちあわせていること、……などが挙げられるかもしれない。このように、人であるためにはどのような性質を備えていなければならないか、ということに関しては様ざまな見解があろう。だが我われは、人であるために必要な性質に関していかなる見解をとろうとも、その見解にもとづいて、ある対象を人とみなせば、その対象に対してその特定の態度をとるべきである、と考えるであろうし、また、その対象を人ではないとみなせば、その対象に対してその特定の態度をとる必要はない、と考えるであろう。そのような特定の態度をすべて列挙するのは難しいが、その代表的なものとしては、前節で述べた気遣いなどが挙げられる。我われが、たとえば、植物状態にある患者を人であるとみなせば、前節で述べたような気遣いをその患者に向けるべきである、と考えるであろう。一方、我われが、植物状態にある患者は人ではないとみなせば、前節で述べたような気遣いをその患者に向けなくともよい、と考えるであろう。もちろん、この場合にも我われは、その患者に、ある種の気遣いを向けるべきであると考えるであろうが、その気遣いは、人とみなした対象に対する気遣いとは異なるにちがいない。このように我われは、人を人ならしめている性質に関しては異なる見解をもつかもしれないが、その見解にもとづいて、ある対象を人とみなせば、その対象に対して特定の態度をとるべきである、と考える。そして、そのように我われが考えるのは、その対象には人としての価値がある、と認識しているからであろう。（GF）で言われている「人としての価値」とは、このような価値である。

人としての価値について今述べたことは、芸術的価値との類比で考えるとわかりやすいかもしれない。[7] ここで言う「芸術的価値」とは、芸術作品が芸術作品であるかぎり備えている価値である。我われは実際に、このような意味で「芸術的価値」という言葉を使うことがある。さて、この意味での「芸術的価値」を念頭におけば、芸術的価値を備えていない芸術作品はないことになる。だが、ある作品が芸術作品と言えるためには、その作品はどのような性質を備えていなければならないのであろうか。この点に関しては、人によって見解が分かれるであろう。そして美学や芸術学という学問においても、この点をめぐって長年にわたり論争が繰り広げられてきたにちがいない。しかし我われは、この点に関していかなる見解をとろうとも、その見解にもとづいて、ある作品を芸術作品とみなせば、その作品に対して特定の態度をとるべきである、と考えるであろう。たとえば、絵画であれば、湿気や強い光から保護するとか、彫刻であれば、傷がつかないようにするとか、そういった態度をとるべきである、と考えるであろう。そして我われが、その作品に対してこのような態度をとるべきであると考えるのは、その作品が芸術的価値を備えている、と思っているからではないか。これと同じように我われは、人であるために備えていなければならない性質に関していかなる見解をとろうとも、ある対象を人とみなすかぎり、その対象に対しては、前節で述べた気遣いに代表されるような態度をとるべきである、と考える。そして、そのように考えるのは、その対象が人としての価値を備えている、と思っているからではないか。ここで問題となっている「人としての価値」とは、このような価値なのである。

「人としての価値」を以上のように説明すると、次のように批判する人がいるかもしれない。この説明では、人としての価値に関して実質的なことは何も解明されていない。そこではただ、「人としての価値」とは、前節で述べた気遣いに代表されるような特定の態度をとることへの要請を生み出すような価値である、と言っているだけである。そして、このように言うことは、ある意味で（GF）の「＝」の後で言われていることを繰り返しているにすぎない。というのは、ここで言われている「気遣い」とは、前節での説明によれば、相手が人としての価値をもっている、という認識にもとづいて、相手のために、相手にとって良いことが実現することを欲することだからである。

私としては、このような批判は、甘んじて受け入れるしかない。だが一方で、人としての価値が、それとは異なる特定の性質や状態に還元できないとすれば、私が先に示したような説明しかできないのではないか、とも思う。そして私は、人としての価値はそれとは異なる性質や状態に還元できるようなものではない、と考える。この私の考えが正しければ、「実質的」な説明を求められても、それは無理ということになる。だが、私のこの考えは誤りであって、人としての価値は、それとは異なる特定の性質や状態に還元できるのかもしれない。しかし、そうであるとしても、人としての価値に関して先に私が述べたことはあてはまる。すなわち、人としての価値は、前節で述べた気遣いに代表されるような態度を我われに要請するような価値であることに変わりはない。

さらに、私が念頭においている「人としての価値」がもっている次のような特徴を指摘することで、その価値の輪郭がもう少しはっきりするかもしれない。人びとが一人ひとり備えている人としての価値は、それらの量を比較したり優劣を語ったりすることが意味をなさないような価値である。だから、「春彦は夏子よりも、人としての価値を多く備えている」とか「春彦の人としての価値は、夏子の人としての価値よりも少ない」といった発言は意味をなさない。また、「春彦は、人としての価値の点で、夏子よりも優れている」とか「春彦は、人としての価値の点で、夏子よりも劣っている」といった発言も意味をなさない。もちろん、人びとが備えている価値の中には、それぞれの量を比較したり優劣を語ったりすることが意味をなすような価値もある。たとえば、我われが「夏子は春彦よりも、教師として優れている」と言うときには、夏子と春彦の教師としての価値に関して、その量や優劣を比べているのであろう。しかし、夏子が春彦よりも教師として優れていようと、春彦も夏子も人であるかぎり、人としての価値をもつのであり、その価値は、その量や優劣の差を語ることを拒むような価値なのである(8)。

(GF)で言われている「人としての価値」とは、以上のような価値である。そして、(GF)で言われている要請は、このような価値から派生する要請なのである。

3 「〜にとっての良さ」の行為者中立性

さて、（GF）に対して、次のような反論が出されるかもしれない。（GF）によれば、〈Pにとって良いこと（すなわちX）が実現するように振る舞ったり、その実現を欲したりするべきである〉という要請が課されるのは、Pだけではなく、我われ（すなわち、Pを含むすべての人）であるが、これはおかしい。その要請が課されるのは、我われではなく、当人であるPだけではないか。というのは、Pにとって良いこと（すなわちX）は、必ずしも他の人にとって良いことであるとはかぎらないからである。そのようなことを、Pばかりでなく、どうして他の人までもが、実現するように振る舞ったり、その実現を欲したりするべきであるのか。そうするべきなのは、Pだけではないか(9)。

この節では、この反論に対する私の応えを述べることによって、（GF）で言われていることをさらに説明することにしよう。まず、次のような見解を考えてみよう。

〈見解1〉

健康であることは良いことである。だから、春彦の健康も良いことであり、夏子の健康も良いことであり、秋彦の健康も良いことであり、冬子の健康も良いことであり、……という具合になり、同じことはすべての人にあてはまる。そして、それぞれの人の健康が備えているこの良さから、それぞれの人の健康を促進すべきであるという要請が生じる。ただし、この要請は、それぞれの人自身だけに課される。すなわち、春彦の健康が備えている良さから、「春彦の健康を促進すべきである」という要請が生じるが、その要請は春彦だけに課され（すなわち、春彦は自分の健康を促進すべきである、ということになり）、夏子の健康が備えている良さから、「夏子の健康を促進すべきである」という要請が生じるが、その要請は夏子だけに課され、秋彦の健康が備えている良さから、

「秋彦の健康を促進すべきである」という要請が生じるが、その要請は秋彦だけに課され、……という具合になり、同じことはすべての人にあてはまる。

この見解によれば、それぞれの人の健康が備えている良さから、その健康を促進すべきであるという要請が生じるのであるが、その要請が課されるのは、それぞれの人自身だけであり、そして、同じことはすべての人について言えることになる。だから、この見解で言われている要請を一般的な定式で表すと、次のようになる。

（AR）すべての人は、自分の健康を促進すべきである。

さて、この定式によれば、春彦は、自分の健康を促進すべきなのであるが、その「自分」とは春彦のことであり、そして、その春彦とは、そこで要請されている行為（春彦の健康を促進するという行為）を行う当人（行為者）である。そして、このことは、夏子にも、秋彦にも、冬子にも、……という具合に、すべての人にあてはまる。つまり、この定式では、要請されている行為を述べた部分（「自分の健康を促進するべきである」という部分）に、その行為を行う当人（行為者）への言及が含まれている。このように、その内容を一般的な定式で表した場合、要請されている行為を述べるために、その行為を行う当人（行為者）に言及する必要があるような要請がある。このような要請を「行為者相対的な agent-relative 要請」と呼ぼう。[10] そして、行為者相対的な要請を生むような価値を「行為者相対的な価値」と呼ぼう。〈見解1〉で言われている「健康の良さ」は、行為者相対的な価値である。

今度は、次のような見解を考えてみよう。

〈見解2〉

健康であることは良いことである。だから、春彦の健康も良いことであり、夏子の健康も良いことであり、秋彦の健康も良いことであり、冬子の健康も良いことであり、……という具合になり、同じことはすべての人にあてはまる。そして、それぞれの人の健康が備えているこの良さから、それぞれの人の健康を促進すべきであるという要請が生じる。この要請は、それぞれの人自身だけでなく他のすべての人にも課される。すなわち、春彦の健康が備えている良さから、「春彦の健康を促進すべきである」という要請が生じるが、その要請は、春彦だけでなく、夏子にも、秋彦にも、冬子にも、……という具合に他のすべての人にも課され（すなわち、春彦だけなく、夏子も、秋彦も、冬子も、……春彦の健康を促進するべきである、ということになり）、夏子の健康が備えている良さから、「夏子の健康を促進すべきである」という要請が生じるが、その要請は、夏子だけでなく他のすべての人にも課され、秋彦の健康が備えている良さから、「秋彦の健康を促進すべきである」という要請が生じるが、その要請は、秋彦だけでなく他のすべての人にも課され、……という具合になり、同じことはすべての人にあてはまる。

この見解によれば、それぞれの人の健康が備えている良さから、その健康を促進すべきであるという要請が生じるのであるが、その要請が課されるのは、それぞれの人自身だけでなく、すべての人であり、そして、同じことはいかなる人の健康についても言えることになる。だから、この見解で言われている要請を一般的な定式で表すと、次のようになる。

（AN）すべての人は、いかなる人の健康であろうと、それを促進すべきである。

この定式によれば、例えば春彦は、いかなる人の健康であろうと、それを促進するべきである、ということになる。だから春彦は、夏子の健康も促進すべきであり、秋彦の健康も促進すべきであり、冬子の健康も促進すべきであり、……という具合になる。もちろん、その「いかなる人の健康」の中には春彦の健康も含まれているから、春彦は春彦自身の健康も促進するべきであることになるが、促進されるべき健康はあらゆる人の健康であるから、春彦の健康に限定されない。したがって、この定式で要請されている行為を述べるために、その行為を行う当人（行為者）に言及する必要はない。このように、その内容を一般的な定式で表した場合、要請されている行為を述べるために、行為を行う当人（行為者）に言及する必要がないような要請がある。このような要請を「行為者中立的な要請」と呼ぼう(11)。そして、行為者中立的な要請を生むような価値を「行為者中立的な価値」と呼ぼう。〈見解2〉で言われている健康の良さは、行為者中立的な価値である。

さて、人としての価値は、行為者相対的な価値であろうか、それとも、行為者中立的な価値であろうか。先に述べたように、（ここで言われている）人としての価値は、人が人であるかぎり備えている価値である。だから、すべての人がその価値を備えていることになる。そしてその価値は、前節で述べたように、〈その価値を備えている対象に対して、気遣いに代表されるような特定の態度をとるべきである〉という要請を生み出す。だが、この要請は、誰に課されるのであろうか。その価値を備えている当人だけに課されるのであろうか。たとえば、春彦の人としての価値から生じる（「春彦を気遣うべきである」といった）要請は春彦だけに課され、夏子の人としての価値から生じる要請は夏子だけに課され、秋彦の人として価値から生じる要請は秋彦だけに課され、……という具合になるのであろうか。つまり、人としての価値から生じる要請は、「すべての人は、自分を気遣うべきである」といった行為者相対的な要請なのであろうか。私には、そうは思えない。春彦の人としての価値から生じる要請は、春彦だけでなく、夏子にも、秋彦にも、冬子にも、……という具合に、他のすべて人にも課されるのではないか。そして同じことは、春彦だけでなく、他のすべての人にあてはまるのではないか。すなわち、夏子の人としての価値から生じる要請は、夏子だけでなく他のすべての人にも課され、秋彦の人としての価値から生じる要請は、秋彦だけでなく他のすべての人にも課され、……という具合になるのではないか。つまり、人としての価値から生じる要請は、「すべての人は、いかなる人も気遣うべきである」といった行為者中立的な要請なのではないか。だから、人としての価値は、行為者中立的な価値なのではないか。もし人としての価値が、行為者中立的な価値でないとすれば、この章の第1節で述べたような気遣い（すなわち、相手の人としての価値の認識にもとづいて、相手のために、相手にとって良いことが実現することを欲すること）は、的はずれになってしまう。しかし、そのような気遣いが的外れであるとはどうしても思えない。このように考えて私は、人としての価値は行為者中立的な価値である、と主張したい。

ここで、この節の冒頭で述べた反論にもどろう。その反論とは、「（ＧＦ）によれば、〈Ｐにとって良いこと（すなわちＸ）が実現するように振る舞ったり、その実現を欲したりするべきである〉という要請が課されるのは、Ｐだけではなく、我われ（すなわち、Ｐを含むすべての人）であるが、これはおかしい。その要請が課されるのは、当人であるＰだけではないか」というものであった。私はこの反論に次のように応えたい。この反論が正しければ、「～にとっての良さ」という概念がその意味のうちに含んでいる要請は、〈すべての人は、自分にとって良いことが実現するように振る舞うか、それが無理であれば、その実現を欲するべきである〉という行為者相対的な要請になる。しかし、（ＧＦ）で言われている要請の源泉である、人としての価値は、今述べたように、行為者中立的な価値である。だから、その価値から生じる要請も、〈すべての人は、いかなる人にとっての良いことであっても、そのことが実現するように振る舞うか、それが無理であれば、その実現を欲するべきである〉という行為者中立的な要請になる。すなわち、（ＧＦ）で言われている要請は、Ｐだけに課されるのではなく、我われ（すなわち、Ｐを含むすべての人）に課されるわけである。それゆえ、（ＧＦ）で言われている要請が課されるのは、「Ｐ」ではなく、「我われ」でよいのである。

以上が、この節の冒頭に示した反論に対する私の応えである。さて、この応えとの関連で、二つのことを言い添えておきたい。ひとつめは、次のようなことである。二十世紀のイギリスを代表する哲学者G・E・ムアGeorge Edward Mooreは、「あるものが私にとって良い」という文は「そのものは良く、かつ、私がそのものを所有している」ということを意味する、と述べている（Moore 1903, 98）[12]。そして、ムアがここで言っている「良さ」は、第一章の第3節で説明した、端的な良さである（Moore 1903, 99）。ドナルド・リーガンDonald Reganは、このムアの考え方を受け継いで、次のように主張する（Regan 2004, 208-213）。我われは、人の幸福を語るときに「XはPにとって良い」という言葉を使うことがあるが、「〜にとって良い」という言葉は、「〜にとって」という要素を含むから、行為者相対的な価値を表している。だから、「〜にとって良い」という言葉を使って幸福を語るかぎり我われは、幸福のことを、行為者相対的な価値をもつものとみなすことになる。しかし一方で、我われは幸福のことを、行為者中立的な価値をもつものとして受けとめている。したがって、我われが「〜にとって良い」という言葉を使って幸福を語るかぎり、行為者中立的な価値をもつとみなしているものを行為者相対的な価値をもつものとして語ってしまう、というおかしなことになる。しかも、そもそも「〜にとっての良さ」という（端的な良さとは区別される）独特の良さなど存在しない。では、どうしたらよいのか。幸福を語るさいに使われる「〜にとって良い」という言葉を文字どおりの意味にとるのをやめればよい。そして、その言葉は「端的に良いことが〜の人生の中に生じている」という（端的な良さから構成される）事態を表している、と考えればよい。すなわち、「XはPにとって良い」という表現が表しているのは「Xは端的に良く、かつ、XはPの人生の中に生じている」という事態である、と考えればよいのである[13]。というのは、端的な良さは行為者中立的であり、そしてそれゆえ、「端的に良いことがPの人生の中に生じている」という事態は行為者中立的な価値をもつわけであり、したがって、そのように考えれば、「XはPにとって良い」という表現は、行為者中立的な価値を表すことになるからである。リーガンは以上のように説いて、幸福を語るさいに使われる「XはPにとって良い」という言葉は「Xは端的に良く、かつ、XはPの人生の中に生じている」という事態を表す表現として理解するべきである、と主張する[14]。

このリーガンの主張に対して、私は次のように応じたい。リーガンは、「〜にとっての良さ」は、「〜にとって」という要素を含むから、行為者相対的であらざるをえないと主張するが、一概にそうは言えない。たしかに、「〜にとって良い」という言葉が行為者相対的な価値を表すこともある。だが、幸福を語るときに使われる「〜にとって良い」は、そのような「〜にとって良い」ではない。先に論じたように、幸福を語るときに使われる「〜にとって良い」は、（GF）で示されるような意味をもつ。そして、この節で示したように、（GF）で言われている「〜にとっての良さ」は、行為者中立的な良さである。だから、（GF）によれば、幸福は行為者中立的な価値をもつのである。したがって、幸福を構成する「〜にとっての良さ」を（GF）のように理解すれば、幸福が行為者中立的な価値をもつからといって、その「〜にとっての良さ」を端的な良さから成る事態として読みかえる必要はない[15]。幸福を語るさいに使われる「〜にとって良い」という言葉は、端的な良さとは区別された「〜にとっての良さ」という（GF）で示されるような）独特の良さを表すのであり、しかもその良さは、行為者中立的なのである。

言い添えておきたい二つめのこととは、次のようなことである。今述べたように、（GF）で言われている「〜にとっての良さ」は行為者中立的であり、その良さは幸福を構成するわけであるから、幸福は行為者中立的な価値をもつことになる。すなわち、幸福を享受する当人だけでなく、他のすべての人も、その当人の幸福が実現するように振る舞ったり、その実現を欲したりするべきである、ということになる。これに対して、この節の冒頭で示したのと同様の次のような反発を示す人がいるかもしれない。どうして、自分や親しい人の幸福であればともかく、見ず知らずの赤の他人の幸福まで気にして、それが実現するように振る舞ったり、その実現を欲したりする必要があるのか。そのような要請が我われに課されているとはとうてい考えられない。

この反発に対しては、私としては「この節で示したように、幸福は行為者中立的な要請を課すのである」と繰り返し言うしかない。だが、次の三つのことを補足することで、この反発を和らげることができるかもしれない。第一に、第一章の第2節でも述べたように、ここでは「〜が実現するように振る舞う」という表現を、何もしない方が〜の実現に役だつのであれば、何もしないことが「〜が実現するように振る舞う」ことになる、という意味で使っている。だから、何もしないことがある人の幸福の実現に役だつのであれば、何もしないことが「その人の幸福が実現するように振る舞う」ことになる。そして、よく知らない人に関しては、我われが直接に手を差し伸べたり干渉したりするよりは、その人の自由にまかせておいた方が、その人の幸福の実現に役だつことが多いであろう。もちろん、幸福になるためにたいていの人がどうしても必要とするものがある。たとえば、生命の危険からの回避、最低限の体力や健康の維持、ひどい苦痛の不在、身体や思考の自由などがそうであろう。これらのものを失った人がいる場合には、たとえその人が見知らぬ人であっても、その人がこれらのものを取り戻すように我われが何らかのことをするべきである、ということは多くの人びとが認めるであろう。しかし、これらのものが確保されていると思われる人の場合には、そしてとくにその人のことを良く知らない（あるいは、知ることができない）場合には、何もしないでその人の自由にまかせておいた方が、その人が幸福になる可能性が高いようにも思われる。第二に、我われの能力には限界がある。だから、すべての人の幸福にまんべんなく貢献することはできない。だから、とりあえずは、それぞれの人が自分と親しい人の幸福に貢献するように心がけることから始めるしかないであろう。したがって、たしかに原則的には、我われは見ず知らずの赤の他人の幸福の場合にも、それが実現するように振る舞うべきであるとしても、現実的には、自分のできる範囲で自分と親しい人の幸福に配慮すればよい、ということになるのではないか。第三に、ここで問題になっている要請は、あくまで限定的な *pro tanto* 要請である。だから、相手の幸福が実現するように振る舞うために過度の自己負担を負わなければならない場合には、その要請は、すべてを考慮に入れたうえでの要請にはならないであろう。つまり、どんな犠牲を払っても相手が幸福になるように振る舞うべきである、と言っているわけではないのである。

4 「〜にとっての良さ」と「気遣い」と「〜のために」の間の循環

ここで、第一章と第二章で述べてきたことを簡単に振り返ってみよう。まず、この本で問題にする「幸福」とは、次のように定式化できるような意味での幸福であることを示した。

（Ｈ）ある人Ｐの幸福とは、Ｐにとって良いことが生じている、という事態から成る。

この定式によれば、ある人にとって良いことが、その人の幸福を構成することになる。だから、この定式で言われている「〜にとっての良さ」は、幸福を構成する「〜にとっての良さ」である。次に、幸福を構成する「〜にとっての良さ」の意味は、次のように定式化できる、と論じた。

（ＧＦ）ＸはＰにとって良い＝Ｐが人としての価値を備えているからこそ、我われは、Ｐのために、Ｘが実現するように振る舞うか、それが無理であれば、Ｘの実現を欲するべきである。

そしてその過程で、（ＧＦ）で言われている「べし」とか「〜のために」とか「人としての価値」といった概念の意味を説明した。

さて、私はこのような手順で、人の幸福を構成する「〜にとっての良さ」の意味を説明してきたが、その説明には、次のような欠陥がある。

私は第二章の第１節で、（ＧＦ）で言われている「〜のために」は「〜が、気遣いといった態度を向けるにふさわしい対象として、関心の的になっていて、その関心に導かれて」ということを意味する、と説いた。さらに、そこで言われている「気遣い」は、「相手のために、相手にとって良いことが実現することを欲する」という要素をともなう、と主張した。ところが、この要素で言われている「〜にとって良い」とは、幸福を構成する意味での「〜にとっての良さ」、すなわち、(GF)で言われている「〜にとっての良さ」である。したがって私は、(GF)で言われている「〜にとって良い」という概念の意味を説明する過程で、その概念自体を使っていることになり、一種の循環に陥っている。また私は第二章の第2節で、(GF)で言われている「人としての価値」とは、それを備えている対象に対して気遣いに代表されるような態度をとることを我われに要請するような価値である、と主張した。そして、今述べたように私は、その「気遣い」を説明するさいに、(GF)で言われている「〜にとっての良さ」に言及している。だから私はこの点でも、一種の循環に陥っている。

幸福を構成する「〜にとっての良さ」に関する私の説明には、以上のような循環が含まれている。もちろん、このような循環を含まない説明を行うことができればよいのであるが、それは今のところ私にはできない。しかし、これはやむをえないことであるという気もする。というのは、幸福を構成する「〜にとっての良さ」の意味を説明するためには、どうしても「気遣い」や「人としての価値」に言及せざるをえず、「気遣い」や「人としての価値」の意味を説明するためにはどうしても、幸福を構成する「〜にとっての良さ」に言及せざるをえない気もするからである。しかし、この点については、今後さらに検討しなければならないであろう。いずれにせよ、第一章と第二章で行ってきた、幸福を構成する「〜にとっての良さ」に関する私の説明には循環が含まれる。その意味で、その説明は十分に解明的ではない。しかしだからと言って、その説明が無駄になるとは思えない。というのは、少なくとも、その説明によって、幸福を構成する「〜にとっての良さ」が、「〜のために」とか「人としての価値」とか「気遣い」といった要素とどのような関係を結んでいるのか、そして、それらの要素相互の関係の中でどのように位置づけられるのか、ということが明らかになり、そのことを通じて、ここで私が念頭においている「幸福」の意味が浮き彫りになると思われるからである。

5　不幸

これまで、「幸福」という概念の意味として私が念頭においていることを説明してきたが、最後に、「不幸」という概念の意味として私が念頭においていることを示しておきたい。それは、次の定式によって表される。

（UH）ある人Pの不幸とは、Pにとって悪いことが生じている、という事態から成る。

（BF）XはPにとって悪い＝Pが人としての価値を備えているからこそ、我われは、Pのために、Xが実現しないように振る舞うか、それが無理であれば、Xが実現しないことを欲するべきである[16]。

（UH）は、人の不幸が「〜にとって悪いこと」から成ることを述べており、（BF）は、その「〜にとっての悪さ」の意味を説明している。（BF）は、（GF）の「Xが実現する」という部分が「Xが実現しない」に変わり、「Xの実現」という部分が「Xが実現しないこと」に変わっただけである。（BF）が人の不幸を構成する「〜にとっての悪さ」の意味を示している理由は説明しないが、不幸は幸福とは反対のことを意味するから、人の幸福を構成する「〜にとっての良さ」の意味が（GF）で示されることを考慮すれば、人の不幸を構成する「〜にとっての悪さ」の意味が（BF）のように定式化されることは、推測できるであろう。

これ以降は、「〜にとって悪い」とか「〜にとっての悪さ」という言葉で人の不幸を語るときも、「人の不幸を構成する」といった但し書きなしで、単に「〜にとって悪い」とか「〜にとっての悪さ」という表現を使うことにする。

Ⅱ　どのようなことが、幸福であるのか

私は第Ⅰ部の冒頭で、幸福に関して二つの異なる問いがあることを指摘した。ひとつは、「「幸福」とは、どのようなことを意味するのか」という問いであり、もうひとつは、「どのようなことが、幸福であるのか」という問いである。前者は、「幸福」という概念の意味は何か、という問いであり、後者は、どのようなことが幸福を構成する実質的な中身となるのか、という問いである。第Ⅰ部では、前者の問いに対する私の答えを提示した。第二部では、後者の問いに取り組むことにしよう。

この問いに取り組むために私は、いくつかの概念を使用し、さらに、いくつかの前提を置くことにする。そこでまず、それらの概念と前提を説明しておきたい。

1　これからの議論のための概念と前提

1-1　幸福価値

「〜にとっての良さ」に「幸福価値 prudential value」という呼び名をつけておこう。あることが幸福価値をもつ、

ということは、そのことが「〜にとっての良さ」をもつ（言い換えれば、そのことが〜にとって良い）、ということを意味する。同じように、「〜にとっての悪さ」にも「マイナス幸福価値」という呼び名をつけておこう。あることがマイナス幸福価値をもつ、ということは、そのことが「〜にとっての悪さ」をもつ（言い換えれば、そのことが〜にとって悪い）、ということを意味する。

1-2　幸福価値の大きさと幸福の増大

幸福価値（「〜にとっての良さ」）には程度（大きさ）がある。人にとってとても良い（大きな幸福価値をもっている）こともあれば、人にとって（良いけれど）たいして良くはない（わずかな幸福価値しかもっていない）こともある。また、あることXと、それとは別のことYは、両方とも人にとって良いけれど、XはYよりも人にとってより良い、言い換えれば、幸福価値の大きさの点でXがYにまさる、という場合もある。同じように、マイナス幸福価値にも程度（大きさ）がある。人にとってとても悪い（大きなマイナス幸福価値をもっている）こともあれば、人にとって（悪いけれど）たいして悪くはない（わずかなマイナス幸福価値しかもっていない）こともある。また、XとYは、両方とも人にとって悪いけれど、XはYよりも人にとってより悪い、言い換えれば、マイナス幸福価値の大きさの点でXがYにまさる、という場合もある。

第一章の第1節で示した（H）からわかるように、あることが幸福価値を備えていれば、そのことは、幸福をもたらす。その意味で、幸福価値を備えたことが生じれば、幸福が増す。そして、その増大の量は、その幸福価値の大きさに応じて変化する。すなわち、同じ大きさの幸福価値を備えたことは、同じ量の幸福をもたらし、大きな幸福価値を備えたことほど、多くの幸福をもたらす。このような幸福の増大を「局所的な幸福増大」と呼ぼう。また、第二章の第5節で示した（UH）からわかるように、あることがマイナス幸福価値を備えていれば、そのことは、不幸をもたらす。その意味で、マイナス幸福価値を備えたことが生じれば、不幸が増す。そして、その増大の量は、そのマイナス幸福価値の大きさに応じて変化する。すなわち、同じ大きさのマイナス幸福価値を備えたことは、同じ量の不幸をもたらし、大きなマイナス幸福価値を備えたことほど、多くの不幸をもたらす。このような不幸の増大を「局所的な不幸増大」と呼ぼう。

ところで、局所的な幸福増大が局所的な不幸増大を上まわれば、（差し引きした）全体としての幸福は増すが、局所的な幸福増大が局所的な不幸増大を上まわらなければ、（差し引きした）全体としての幸福が増すことはない。このような全体としての幸福の増大を「包括的な幸福増大」と呼ぼう。局所的な不幸増大が局所的な幸福増大を上まわれば、（差し引きした）全体としての不幸は増すが、局所的な不幸増大が局所的な幸福増大を上まわらなければ、（差し引きした）全体としての不幸が増すことはない。このような全体としての不幸の増大を「包括的な不幸増大」と呼ぼう。これ以降、「幸福が増す（増さない）」、「不幸が増す（増さない）」、「幸福をもたらす（もたらさない）」、「不幸をもたらす（もたらさない）」といった表現を使用するが、断りのないかぎり、そこで言われている幸福や不幸の増大はすべて、局所的なものである。

1-3　派生的な「〜にとっての良さ」と根本的な「〜にとっての良さ」

「〜にとっての良さ」には、派生的な「〜にとっての良さ」と根本的な「〜にとっての良さ」がある。次の推論を考えてみよう。

〈推論1〉

(1)快楽を享受することは、Pにとって良いことである。
(2)欲しいものが手に入れば、快楽を享受できる。
(3)したがって、欲しいものが手に入ることは、Pにとって良いことである。

(1)と(3)はどちらも、「〜は、Pにとって良いことである」という内容の見解である。だが、(1)の「〜」の部分には「快楽を享受すること」が入っており、(3)の「〜」の部分には「欲しいものが手に入ること」が入っている、という具合に、(1)と(3)は、「〜」の部分に入っていることが異なる。その意味で、それらは別の見解である。そして、(3)は(1)を前提にして導き出されている。このように、「〜は、Pにとって良いことである」という内容の見解が、同じく「〜は、Pにとって良いことである」という内容をもつ別の見解を前提にして導き出されている場合、その導き出されている方の見解で言われている「〜にとっての良さ」は、派生的な「〜にとっての良さ」である。この例の(3)で言われている「〜にとっての良さ」は、派生的な「〜にとっての良さ」である。もうひとつ例を挙げよう。

〈推論2〉
(4)欲しいものが手に入ることは、Pにとって良いことである。
(5)Pは、快楽を享受することを欲している。
(6)したがって、快楽を享受することは、Pにとって良いことである。

この推論の(4)と(6)はどちらも、「〜は、Pにとって良いことである」という内容の見解である。だが、それらは、「〜」の部分に入っていることが異なるという意味で、別の見解である。そして、(6)は(4)を前提にして導き出されている。だから、(6)で言われている「〜にとっての良さ」は、派生的な「〜にとっての良さ」である。

一方、「〜は、Pにとって良いことである」という内容の見解が、「〜は、Pにとって良いことである」という内容をもつ別の見解を前提にして導き出されていない場合がある。このような場合、その見解で言われている「〜にとっての良さ」は、根本的な「〜にとっての良さ」である。たとえば、「快楽を享受することは、Pにとって良いことである」という⑴の見解が、「～は、Ｐにとって良いことである」という内容をもつ別の見解から導き出されていないとすれば、そこで言われている「～にとっての良さ」は、根本的な「～にとっての良さ」である。

「～は、Ｐにとって良いことである」という見解が、推論1の⑶のように、派生的な「～にとっての良さ」についての見解である場合には、その見解の理由を、その見解の前提となっている「～は、Ｐにとって良いことである」という内容をもつ別の見解（推論1で言えば⑴）、ならびに、その見解とその別の見解を結びつけている前提（推論1で言えば⑵）に言及することで説明することができる。たとえば、推論1のように考えて私が、「欲しいものが手に入ることは、Ｐにとって良いことである」と判断したとしよう。この場合に「なぜ、欲しいものが手に入ることは、Ｐにとって良いことであるのか」とその理由を問われたら、私は推論1の⑴と⑵に言及することで、その問いに答えることができる。すなわち、「快楽を享受することは、Ｐにとって良いことであり、しかも、欲しいものが手に入れば、Ｐは快楽を享受できるからだ」と答えることができる。一方、「～は、Ｐにとって良いことである」という見解が、根本的な「～にとっての良さ」についての見解である場合には、その見解の理由をこのような仕方で説明することはできない。⑴で言われている「～にとっての良さ」が根本的な「～にとっての良さ」であるとすれば、「なぜ、快楽を享受することは、Ｐにとって良いことであるのか」と問われても、「～は、Ｐにとって良いことである」という内容をもつ別の見解に訴えて答えることはできない。

以上のように、「～にとっての良さ」には、派生的なものと根本的なものがある。同じような意味で、「～にとっての悪さ」にも、派生的なものと根本的なものがある。すなわち、「～は、Ｐにとって悪いことである」という内容の見解が、「～は、Ｐにとって悪いことである」という内容をもつ別の見解を前提にして導き出されている場合、その導き出されている方の見解で言われている「～にとっての悪さ」は、派生的な「～にとっての悪さ」であり、そして、「～は、Ｐにとって悪いことである」という内容の見解が、「～は、Ｐにとって悪いことである」という内容をもつ別の見解を前提にして導き出されていない場合、その見解で言われている「～にとっての悪さ」は、根本的な「～にとっての悪さ」である。このように、「〜にとっての良さ」と「〜にとっての悪さ」には、派生的なものと根本的なものがあるわけであるが、それは言い換えれば、幸福価値とマイナス幸福価値にも、派生的なものと根本的なものがある、ということである。これから、「〜にとって良い」や「〜にとって悪い」、あるいは、「幸福価値」や「マイナス幸福価値」という表現が頻繁に使われるが、それらが根本的な意味で使われているのか、それとも、派生的な意味で使われているのかをいちいち明記すると、叙述が煩瑣になるので、どちらの意味で使われているのかを示すことが重要である場合にだけ、それを示すことにする。それ以外の場合には、いずれかの意味か、あるいは、両方の意味で使われていると考えてほしい。

1-4 すべての人にとって共通に良いことなどない」と主張する人に出会うことがある。たしかにこの主張は、そこで言われている「〜にとっての良さ」が派生的なものであれば、正しいかもしれない。たとえば、根本的な意味では「快楽を享受することは、人にとって良いことである」と言えても、何に快楽を感じるかは人によって異なるので、派生的な意味では、すべての人にとって共通に良いことはないのかもしれない。しかし私は、根本的な意味であれば、すべての人にとって共通に良いことがある、と考える。そして、この考え方は、幸福を論じてきたほとんどの哲学者も受け入れていると思われる。もちろん、この考えの妥当性を示すためには、多くの議論を尽くす必要があるが、ここでは、この考えを前提にして議論を進めていきたい。

2 今後の議論の進め方

以上、「どのようなことが、幸福であるのか」という問題を考えていくにあたって私が使用する概念と、私が前提にする事柄を説明した。

さて、「どのようなことが、幸福であるのか」という問題に対しては今までに多くの哲学者が様ざまな説を提出してきた。ここでは、それらの説のうち代表的な次の五つの説を取りあげることにしよう。

(1)快楽説 Hedonism
(2)完成主義 Perfectionism
(3)客観リスト説 Objective list theory
(4)欲求充足説 Desire fulfillment theory
(5)情動型評価説 Emotion-type valuing theory

これから、これらの説それぞれについて、それがどのような内容の説であるのかを説明しよう。そして、これらの説に対して今までなされてきた（そして、なされる可能性のある）様ざまな批判のうちのいくつかを取りあげながら、それぞれの説を批判的に検討したい。

さらに、以上の作業を終えた後で、今挙げた五つの説とは異なる、もうひとつの説を提案したい。私はその説を「ケア型評価説」と名づける。

(6)ケア型評価説 Care-type valuing theory

そして最後に、ケア型評価説の立場から見て、今挙げた五つの説を改めて批判的に吟味し、それを通じてケア型評価説の利点を示し、あわせて、ケア型評価説が抱えている課題にも言及しておきたい。

第三章　快楽説

1　快楽説の基本的な考え方

繰り返し述べたように、人の幸福は、「その人にとって良いことが生じている」という事態から成る。だから、「どのようなことが、人の幸福であるのか」という問いは、「どのようなことが、人にとって良いことであるのか」という問いとして言い換えられる。さて快楽説は、この問いに対して、次のように答える。

（HN1）快楽は常に（根本的な意味で）人にとって良いことであり（根本的な幸福価値をもち）、そして、快楽だけが（根本的な意味で）人にとって良いことである（根本的な幸福価値をもつ）[1]。

先に述べたように、人の不幸は、「その人にとって悪いことが生じている」という事態から成る。では、どのようなことが、人にとって悪いことであるのか。この問いに対して快楽説は、次のように答える。

（HN2）苦痛は常に（根本的な意味で）人にとって悪いことであり（根本的なマイナス幸福価値をもち）、そして、苦痛だけが（根本的な意味で）人にとって悪いことである（根本的なマイナス幸福価値をもつ）。

快楽説は、それなりに魅力がある。だから、その賛同者は少なくはない。とくに、十八世紀から十九世紀にかけてイギリスで活躍したジェレミー・ベンサム Jeremy Bentham は快楽説を体系化したことでよく知られている。しかし快楽説は、様ざまな批判にさらされてきた。ただ、それらの批判の多くが「快楽説」として念頭においていたのは、今から見れば、素朴なものである。快楽説の側は、それらの批判をかわすべく、快楽説を洗練した。J・S・ミル John Stuart Mill がその基礎を築いた「質的快楽説 Qualitative hedonism」、ならびに、現代の哲学者であるロジャー・クリスプ Roger Crisp やフレッド・フェルドマン Fred Feldman が提唱した快楽説は、そのような洗練された快楽説である。(2) だが、これらの洗練された快楽説を採用することによって、従来の批判から快楽説を守ることができるかどうかは、議論の余地がある。ここでは、とくに「卑俗性批判」と呼べる批判を取りあげ、それらの洗練された快楽説が、その批判から快楽説を守ることに成功しているかどうかを検討したい。(3)

2　素朴な快楽説

快楽説は様ざまな批判にさらされたが、今述べたように、それらの批判の多くが念頭においていたのは、素朴なものである。そこでまず、その「素朴な快楽説」がどのような説であるのかを説明しよう。素朴な快楽説は、次のように説く。快楽には強度がある。強い快楽もあれば、弱い快楽もある。私は肩をもんでもらうことがあるが、とても気持ちよいときもあれば、そんなに気持ちよくないときもある。私は仲間と飲みに行くことがあるが、とても楽しいときもあれば、そんなに楽しくないときもある。また、快楽には持続時間がある。すなわち、始まりと終わりがある。十分間の肩もみの間ずっと気持ちよかったら、その快楽の持続時間は十分である。二時間の飲み会の最初から最後まで楽しかったら、二時間の快楽を味わったことになる。苦痛にも、同じように、強度と持続時間がある。強い苦痛もあれば、弱い苦痛もあるし、長く続く苦痛もあれば、短時間で終わる苦痛もある。

ところで、前節で述べたように、快楽説は「快楽は常に（根本的な）幸福価値をもち、そして、快楽だけが（根本的な）幸福価値をもつ」と主張する（ＨＮ１）[4]。だが、すべての快楽が、同じ大きさの幸福価値（すなわち、「〜にとっての良さ」）をもつわけではない。大きな幸福価値をもつものもあれば、小さな幸福価値しかもたないものもある。では、快楽がもつ幸福価値の大きさは、どのように決まるのであろうか。私が十分間の肩もみから得る快楽や二時間の飲み会から得る快楽がもつ幸福価値の大きさは、どのように決まるのであろうか。素朴な快楽説は、次のように考える。

（ＨＮ３）快楽の幸福価値の大きさは、快楽の強度と持続時間だけによって決まり、快楽が強ければ強いほど（強度）、そして、長く続けば続くほど（持続時間）、快楽の幸福価値は大きくなる。

また、前節で述べたように、快楽説は「苦痛は常に（根本的な）マイナス幸福価値をもち、そして苦痛だけが（根本的な）マイナス幸福価値をもつ」と主張する（ＨＮ２）[5]。だが、すべての苦痛が、同じ大きさのマイナス幸福価値をもつわけではない。大きなマイナス幸福価値をもつものもあれば、小さなマイナス幸福価値しかもたないものもある。素朴な快楽説は、苦痛がもつマイナス幸福価値の大きさについて、次のように考える。

（HN4）苦痛のマイナス幸福価値の大きさは、苦痛の強度と持続時間だけによって決まり、苦痛が強ければ強いほど（強度）、そして、長く続けば続くほど（持続時間）、苦痛のマイナス幸福価値は大きくなる。

（HN3）の中の「快楽の強度と持続時間だけ」という言葉や（HN4）の中の「苦痛の強度と持続時間だけ」という言葉で示されているように、素朴な快楽説は、快楽の強度と持続時間以外には、快楽の幸福価値の大きさを決める要素はなく、苦痛の強度や持続時間以外には、苦痛のマイナス幸福価値の大きさを決める要素はない、と考える。そして、（HN3）と（HN4）によれば、快楽が強ければ強いほど、そして、長く続けば続くほど、その快楽は、幸福を増大させ、苦痛が強ければ強いほど、そして、長く続けば続くほど、その苦痛は、不幸を増大させる。

素朴な快楽説は、（HN3）と（HN4）のように主張する。また、素朴な快楽説は、快楽説であるから、（HN1）と（HN2）も主張する。つまり、素朴な快楽説とは、（HN1）、（HN2）、（HN3）、（NH4）という四つの主張から成る考え方である[6]。

3　卑俗性批判

さて、素朴な快楽説は様ざまな批判にさらされたが、そのひとつに「卑俗性批判」がある。この節では、この批判を説明しよう。

パチンコやビデオゲームに興ずる、アルコールや麻薬に溺れる、子供や動物を虐待する、といった、いわゆる「低俗な」、「不健全な」、あるいは「邪悪な」事柄を総称して「卑俗な事柄」と呼ぼう。そして、卑俗な事柄から得られる快楽を「卑俗な快楽」と名づけよう。さらに、卑俗な事柄から快楽を得ている状態、すなわち、「卑俗な事柄」ならびに「それから得られる卑俗な快楽」という二つの要素から成る状態を「卑俗快楽状態」と呼ぼう。酒に酔うことは卑俗な事柄であり、それから得られる快楽は、卑俗な快楽である。そして、酒に酔って卑俗な快楽を得ている状態は、卑俗快楽状態である。

また、スポーツや学問や芸術に親しむ、友情や愛情による人との結びつきを深める、有徳な行為をする、といった、いわゆる「高尚な」、「健全な」、あるいは「有徳な」事柄を総称して「高貴な事柄」と呼ぼう。そして、高貴な事柄から得られる快楽を「高貴な快楽」と名づけよう。さらに、高貴な事柄から快楽を得ている状態、すなわち、「高貴な事柄」ならびに「それから得られる高貴な快楽」という二つの要素から成る状態を「高貴快楽状態」と呼ぼう。夏目漱石を読むことは、高貴な事柄であり、それから得られる快楽は、高貴な快楽である。そして、夏目漱石を読んで高貴な快楽を得ている状態は、高貴快楽状態である。(7)

さて、卑俗性批判は、基本的に次のような考え方に支えられている。

（ＢＣ１）卑俗快楽状態は、幸福をもたらさない、あるいは、もたらすとしても、高貴快楽状態ほど多くの幸福をもたらさない。

このような考え方は、けっこう多くの人によって受け入れられているように思われる。自分の子供が、「くだらない」アニメやゲームに興じるよりも、勉強やスポーツといった「まともな」ことに喜びを見出すことを望む親は多いが、彼らがそう望むのは、（ＢＣ１）で言われている考え方を心のどこかで受け入れているからではないか。あるいは、友人が朝から晩までパチンコばかりして怠惰にすごしているのを見れば、その友人がいくら楽しそうにしていても、「そんな生き方は、本当に彼女（あるいは彼）にとって良い生き方であるのか」と疑問を抱く人は多いのではないか。そして、そのような疑問を抱くのは、（ＢＣ１）で言われている考え方を受け入れているからではないか。

卑俗性批判は、基本的には（ＢＣ１）で言われている考え方にそって展開される。だが、その展開の仕方には、様ざまなタイプがある。ここでは、その中でも単純なタイプを取りあげる。例を使って、その単純なタイプの卑俗性批判がどのような議論を展開するのかを説明しよう。[8]

私が酒に酔って良い気分になったとしよう。酒に酔うことは卑俗な事柄であり、それから得られた快楽は卑俗な快楽である。だからこのとき、私は卑俗快楽状態にある。また、私が夏目漱石を読んで快い感動を覚えたとしよう。夏目漱石を読むことは、高貴な事柄であり、それから得られた快楽は高貴な快楽である。だからこのとき、私は高貴快楽状態にある。さて、私が酒に酔って得た快楽と、夏目漱石を読んで得た快楽は、その強度と持続時間の点で同じであったとしよう。この場合、素朴な快楽説は、（HN1）と（HN3）を主張するから、「私が酒に酔って良い気分になったときも、夏目漱石を読んで快い感動を覚えたときも、私の幸福は同じだけ増している」と結論する。しかしこの結論は、とうてい受け入れがたい。どう考えても、夏目漱石を読んで快い感動を覚えたときの方が、酒に酔って良い気分になったときよりも、私の幸福は増している、としか思えない。「私が酒に酔って良い気分になった」という卑俗快楽状態と「私が夏目漱石を読んで快い感動を覚えた」という高貴快楽状態を比べた場合に、それぞれにおいて得られる快楽の強度と持続時間は同じでも、後者の状態の方が前者の状態よりも多くの幸福をもたらすにちがいない。したがって、素朴な快楽説は誤りである。

素朴な快楽説に対する以上のような批判は、素朴な快楽説に対する典型的な（しかも単純なタイプの）卑俗性批判である。この批判を推論の形で示すと次のようになる。

（BC2）

(1)素朴な快楽説によれば、快楽は常に（根本的な）幸福価値をもち、そして、快楽だけが（根本的な）幸福価値をもつ。（HN1）

(2)素朴な快楽説によれば、快楽の幸福価値の大きさは、快楽の強度と持続時間だけによって決まり、快楽が強け

れば強いほど、そして、長く続けば続くほど、快楽の幸福価値は大きくなる。（HN3）

(3)(1)と(2)より、素朴な快楽説が正しければ、卑俗快楽状態と高貴快楽状態を比べた場合に、それらの状態において生じている快楽が強度と持続時間の点で同じであれば、必ず、それら二つの状態は、同じ量の幸福をもたらす。

(4)しかし、卑俗快楽状態と高貴快楽状態を比べた場合に、それらの状態において生じている快楽が強度と持続時間の点で同じでも、必ず、高貴快楽状態の方が卑俗快楽状態よりも多くの幸福をもたらす。

(5)したがって、素朴な快楽説は誤りである。

この推論の(1)と(2)は、幸福価値に関する素朴な快楽説の見解である。また、先に述べたように、同じ大きさの幸福価値を備えたものは、同じ量の幸福をもたらすから、(1)と(2)から(3)が導き出される。(4)では、卑俗性批判を展開する人びとが自明の事実と考えていることが述べられている。そして(5)では、(3)がその事実に反するから、素朴な快楽説は誤りである、と結論づけられている。これからわかるように、この批判を支えているのは、(4)である。そして、(4)はそれなりに我われの直観に訴える。だからこそ、このタイプの批判は、それなりに説得力をもつ。

ここでは「卑俗性批判」として、このタイプの批判を念頭におくことにしよう。さて快楽説の側は、先に述べたように、卑俗性批判をかわすことを目的のひとつとして、様ざまな仕方で快楽説を洗練した。ここでは、それらの洗練された快楽説の中でも、とくにJ・S・ミルがその基礎を築いた「質的快楽説」、クリスプが提唱する快楽説、ならびに、フェルドマンが提案する快楽説を取りあげ、これらの快楽説を採用することによって卑俗性批判から快楽説を守ることができるかどうか検討しよう。だが、そのためにはまず、「快楽とは何か」について語らなければならない。

4　快楽とは何か

「快楽とは何か」に関しては、次の三つの説がある。

(1)感覚説
(2)態度対象説
(3)命題的態度説

これらの説を順に見ていくことにしよう。

4-1　感覚説

感覚説は、後で示すように、クリスプによって洗練されたが、まずは、従来の感覚説を説明しよう(9)。いかなる感覚も、それがどのように感じられるか、という意味での質的な特徴を備えている。赤い色を見ているときには、その色は赤く感じられるが、その赤さは、赤さの感覚にともなう質的な特徴である。背中が痒いときには、背中が痒く感じられるが、その痒さは、痒さの感覚にともなう質的な特徴である。感覚にともなうこのような特徴を「感覚質 qualia」と呼ぼう。赤さの感覚は常に「赤さ」という感覚質をともない、痒さの感覚は常に「痒さ」という感覚質をともなう。そして、赤さの感覚は、それにともなう「赤さ」という感覚質によって、他の感覚と区別され、痒さの感覚は、それにともなう「痒さ」という感覚質によって、他の感覚と区別される。

感覚説は、「快の感覚」という独特の感覚が存在する、と主張する。そして、感覚説によれば、快の感覚は、快く感じられるという質的な特徴をともなう。つまり、「快さ」という感覚質をともなうのである。それはちょうど、赤さの感覚が「赤さ」という感覚質をともない、痒さの感覚が「痒さ」という感覚質をともなうのと同じである。そして、快の感覚は、それにともなう「快さ」という感覚質によって、他の感覚と区別される。

快い経験には、様ざまなものがある。私は、肩をもんでもらうとき、爽やかな風を受けるとき、親友とすごすときなどに快さを覚える。感覚説によれば、これらの経験が快いのは、私がこれらの経験の中で、快の感覚という独特の感覚を感じているからである。そして、それらの経験の中で感じている快の感覚の感じられ方は、同じである。すなわち、どのような経験であろうと、それが快いかぎり、そこでは同じ（「快さ」という）感覚質をともなう快の感覚を感じているのである。感覚説は、快楽とは以上のような快の感覚である、と主張する。

このような従来の感覚説に対しては、次のような問題が指摘されている。快い経験は多様であり、それぞれの経験の内容は大いに異なるので、それらの経験のいずれにおいても同じ（「快さ」という）感覚質をともなう感覚を感じているとは思えない。肩をもんでもらうとき、爽やかな風を受けるとき、親友とすごすとき、快い経験をしているとしても、これらの経験の内容は大いに異なるので、これらの経験のいずれにおいても同じ（「快さ」という）感覚質をともなう感覚を感じているとは思えない。従来の感覚説に対して指摘されているこの問題は、「異質性 heterogeneity 問題」と呼ばれている[10]。

異質性問題に対処すべく、クリスプは、新たな感覚説を提示している。彼は次のように説く[11]。多様な快い経験のそれぞれに含まれる快の感覚は、すべて快の感覚である点では同じであるが、種類が異なる。快の感覚には、様ざまな種類がある。それは、色の感覚に、赤さの感覚や青さの感覚など様ざまな種類があるのと同じである。様ざまな種類の色の感覚は、それぞれ「赤さの感覚」とか「青さの感覚」という具合に区別される。それと同じように、様ざまな種類の快の感覚も、（ぎこちない言い方ではあるが）「肩をもんでもらうときの快の感覚」、「爽やかな風を受けるときの快の感覚」、「親友とすごすときの快の感覚」といった具合に区別できる。このような具合に区別された快の感覚は、異なる種類の快の感覚であり、それは、赤さの感覚とか青さの感覚が、異なる種類の色の感覚であるのと同じである。

個々の種類の快の感覚は、快く感じられるという点では同じであるが、どのように快く感じられるのか、という点で異なる。つまり、それぞれ、それに特有の感覚質（それに特有の快さ）をともなう。そして、その感覚質によって、他の種類の快の感覚から区別される。肩をもんでもらうときの快の感覚は、それに特有の感覚質（肩をもんでもらうときに感じる特有の快さ）をともない、それによって、爽やかな風を受けるときの快の感覚からも、親友とすごすときの快の感覚からも区別される。同じことは、爽やかな風を受けるときの快の感覚にも、親友とすごすときの快の感覚にも言える。それはちょうど、赤さの感覚が、それに特有の感覚質（赤く見えるという特徴）をともない、それによって、他の色の感覚（たとえば青さの感覚）から区別され、同じことが青さの感覚や黄色の感覚についても言えるのと同じである。以上のような意味で区別された個々の快の感覚をクリスプは、「確定体 determinate としての快の感覚」と名づける。

さて、赤さの感覚や青さの感覚といった個々の色の感覚は、それに特有の感覚質（赤く見えるという特徴や青く見えるという特徴）の点では異なるが、いずれも色が見えている、という点では同じである。そして、赤を経験したことがない人は、赤さの感覚に特有の感覚質はわからないが、そういう人でも、他の色、たとえば、青や黄色を経験したことがあれば、色が見えているとはどのようなことか、ということはわかる。これと同じように、肩をもんでもらうときの快の感覚、爽やかな風を受けるときの快の感覚、親友とすごすときの快の感覚も、それに特有の感覚質（それらの快の感覚に特有の快さ）の点では異なるが、いずれも快く感じられる、という点では同じである。そして、肩をもんでもらうときの快の感覚を経験したことがない人は、その快の感覚に特有の感覚質（肩をもんでもらうときに感じる特有の快さ）はわからないが、そういう人でも、爽やかな風を受けるときの快の感覚や親友とすごすときの快の感覚を経験したことがあれば、快く感じられるとはどのようなことか、ということはわかる。この意味での「快く感じられる」という感覚をクリスプは「確定可能体 determinable としての快の感覚」と名づける。[12]

このようにクリスプは、確定体としての快の感覚と、確定可能体としての快の感覚を区別する。そして、それによって、異質性問題に対処しようとする。快い経験は、それが含んでいる確定体としての快の感覚が異なれば、異なる仕方で快く感じられる。肩をもんでもらう、爽やかな風を受ける、親友とすごす、といった多様な経験はいずれも快いが、それぞれの経験において感じる確定体としての快の感覚は異なる。だから、確定体としての快の感覚だけに注目すれば、たしかに、多様な快い経験のいずれにおいても同じ感覚質をともなう快の感覚を感じているわけではない。そして、この意味では、異質性問題を唱える人びとの言い分は正しい。しかしそれらの人びとは、確定可能体としての快の感覚のことを忘れている。多様な快い経験はいずれも、それが快いかぎり、確定可能体としての快の感覚、つまり、（「快さ」という）同じ感覚質をともなう快の感覚を含んでいる。そして、感覚説の言う快楽とは、この確定可能体としての快の感覚なのである。だから、快い経験の内容が多様であることは、感覚説への反証にはならない。

以上のように、クリスプは、確定体としての快の感覚と確定可能体としての快の感覚を区別して、確定可能体としての快の感覚こそ感覚説の言う快楽である、と主張し、異質性問題に対処できるような新たな感覚説を提唱する。[13]

4-2　態度対象説

態度対象説は次のように説く。[14]「快さ」という特有の感覚質をともなう（感覚説が言うような）「快の感覚」という独特の感覚など存在しない。快楽とは、そのような感覚ではない。快楽とは、肯定的な心的態度が向けられている感覚のことである。私は肩をもんでもらうとき、ジーンとする軽い痛みを肩に感じる。爽やかな風を受けるとき、すがすがしい感触を体に感じる。親友とすごすとき、どことなく温かい安心感を覚える。同時に私は、それらの感覚に対して、肯定的な心的態度を向けている。この肯定的な心的態度が、それらの感覚を快いものにしているのである。快楽とは、このように、肯定的な心的態度の対象となっている感覚のことである。

これが、態度対象説の基本的な考え方である。ところで、態度対象説で言われている肯定的な心的態度としてよく持ち出されるのが欲求である（Parfit 1984, 493; Kagan 1992, 173-174）。その肯定的な心的態度が欲求であるとしたうえで、今述べた態度対象説の基本的な考え方を定式化すると、次のようになる。

（A1）快楽とは、感じたいと思うような感覚のことである。

しかし、このように定式化された態度対象説は、そのままでは、説得力に欠ける。そこで、（A1）に少しずつ手を加えながら、もっと説得力のある態度対象説を模索してみよう。

（A1）が説得力をもたないのは、次のような反例を見ればわかる。私は、身体が傷ついたときに痛みを感じたいと思う。しかし、その痛みは快くはない。あるいは、効いていれば痛みを感じ、効いていなければ痛みを感じないような薬を患部に塗ったとき、私はその痛みを感じたいと思う。しかし、その痛みは快くはない。このように、感じたいと思うような感覚は、必ずしも快くはない。だから、快楽とは言えない。

この反例に対処するためには、（A1）で言われている感覚をなぜ欲するのか、その理由を限定すればよい。身体が傷ついたときに痛みを感じたいと私が思うのは、身体が傷ついたときにはそれに気づきたいと思っていて、痛みは、それに気づくのに役だつからである。患部に薬を塗ったときに痛みを感じたいと私が思うのは、薬が効いてほしいと思っていて、痛みは、薬が効いている証拠になるからである。このように、何か他に欲していることがあって、その実現の手段や証拠となるから、という理由で感じたいと思うような感覚があるが、そのような感覚は、必ずしも快くはない。つまり、快楽ではない。では、快楽とは、どのような理由で感じたいと思うような感覚なのであろうか。肩をもんでもらうとき、私はジーンとする軽い痛みを感じる。そして、その感覚が私には快いのであるが、そのとき私は、その感覚にともなう感覚質（ジーンとする軽い痛さ）自体のために、その感覚を欲している。一方、身体が傷ついたときの痛みや、薬を塗ったときの痛みを感じたいと私が思うのは、それらの感覚にともなう感覚質（痛さ）自体のためではない。だから、快い感覚（快楽）とそうでない感覚の相違は、その感覚を、その感覚にともなう感覚質自体のために欲するかどうかにあると思われる。これにもとづいて、（A1）を修正すると、次のようになる。

（A2）快楽とは、それにともなう感覚質自体のために、感じたいと思うような感覚のことである。（文中の「それ」は、文末の「感覚」を指す。以下（A3）、（A4）、（A5）も同様である。）

しかし、この修正案にも問題がある。ある感覚を、それにともなう感覚質自体のために欲したのであるが、それより後にその感覚を経験してみたら、快くはなかった、ということがある。肩をもんでもらうときの感覚にともなう感覚質（ジーンとする軽い痛さ）自体のためにその感覚を味わいたいと思って、肩をもんでもらったら、快くなかった、ということがある。このように、（A2）は、そこで言われている感覚が、その感覚に対する欲求よりも後に生じるときには、成り立たないことがある。この困難を克服するためには、「（A2）で言われている感覚と欲求は同時に生じる」という条件を加えればよいのかもしれない。すなわち、（A2）を次のように修正すればよいのかもしれない。[15]

（A3）快楽とは、それにともなう感覚質自体のために、それを感じているときに、感じたいと思うような感覚のことである。

ところが、この修正案にも問題がある。ある感覚を感じているとき、我われは「自分がその感覚を感じている」と信じている。私が踵に痛みを感じているときには、「自分が踵に痛みを感じている」と信じている。だから、（A3）で言われている感覚は、「自分がそれを感じている」と信じている感覚である。そして、（A3）で言われている「感じたい」という欲求は、自分がその感覚を感じることに対する欲求である。ところが、すでに生じていると信じていることを欲することはできない。「雨がやんでいる」と信じているのに、「雨がやんでほしい」と思うことはできない。同じように、ある感覚について「自分がその感覚を感じている」と信じているのに、「その感覚を感じたい」と思うことはできない。したがって、（A３）で言われている欲求は、ありえない欲求である。この困難を克服するためには、（A３）を次のように修正すればよいと言われるかもしれない。(16)

（A４）快楽とは、それにともなう感覚質自体のために、それを感じているときに、引き続き感じていたいと思うような感覚のことである。

ある感覚を引き続き感じることは未来のことであるから、それが生じるかどうかについては確信がもてない。したがって、（A４）は、（A３）が直面する困難を抱えない。

しかし、（A４）は次のような困難を抱える。快いけれど、それにともなう感覚質のためにかえって、引き続き感じたいと思わないような感覚がある。バラの花の強い香りを嗅ぐことは快いが、長く嗅いでいると気分が悪くなる。だから私は、バラの花の香りを嗅いで快く感じても、それを引き続き感じていたいとは思わない。あるいは、それにともなう感覚質のために引き続き感じていたいと思うけれど、快くはない感覚がある。私はスライムという玩具を初めて触ったとき、今までに感じたことのない奇妙な触感を覚えたので、その感覚をもうしばらく感じていたいと思った。だが、その感覚はけっして快いものではなかった。このような事例は、（A４）への反例になる。(17)

では、どうしたらよいのであろうか。（A４）で言われている「欲求」の代わりに「好き」とか「気に入る」という心的態度をもってきてはどうか。すでに生じていると信じていることに対して「好き」とか「気に入る」という心的態度を抱くことはできる。「雨がやんでいる」と信じている人が、そのこと（雨がやんでいる状態）を気に入ることはできる。同じように、ある感覚が生じていることを信じているときに、その感覚が生じていることを好きになったり気に入ったりすることはできる。だから、「欲求」という心的態度の代わりに「好き」とか「気に入る」という心的態度をもってくれば、（Ａ３）が抱える問題には直面しない。

さらに、欲求の代わりに「好き」とか「気に入る」という心的態度をもってくれば、（Ａ４）が抱える困難も回避できる。私はバラの花の香りを引き続き感じていたいとは思わないけれど、それが快く感じられる少しの間であれば、それを嗅ぐことが好きである。また私は、スライムの感触を引き続き感じたいと思ったけれど、その感触を感じることを好きになったわけでも気に入ったわけでもない。ただ、その奇妙な感触が珍しかっただけである。以上のことから、（Ａ４）は次のように修正すべきだと思われる。

（Ａ５）快楽とは、それにともなう感覚質自体のために、それを感じているときに、それを感じることが**好きになったり気に入ったり**するような感覚のことである。

（Ａ５）が私の考えるかぎり、最も説得力のある態度対象説である。(18) この考え方を採用すれば、（異質性問題で示されているように）多様な快い経験の中で感じられる快い感覚が異なる感覚質をともなうにもかかわらず、なぜそれらのいずれもが快楽であるのかをうまく説明できる。（Ａ５）によれば、それらの感覚が快楽であるのは、それらの感覚のいずれに対しても「好き」とか「気に入る」という心的態度が向けられているからである。これ以降、「態度対象説」として、（Ａ５）で示されている考え方を念頭におくことにしよう。

４－３　命題的態度説

命題的態度説は、快楽とは命題に対する心的態度である、という考え方である。この考え方は、フェルドマンによって提唱されている（Feldman 1997, chap. 7, 2004, chap. 4, 2010, chap. 6）。この考え方を理解するためには、そこで言われている「命題」と「心的態度」について説明しておく必要があろう。まず「命題」について説明しよう。命題とは何か、という問題は難問なので、私には正確に答えることはできないが、ごく大ざっぱに言えば、命題とは平叙文で表される事態である。「金星は太陽の周りを回っている」という文は「金星は太陽の周りを回っている」という事態を表しているが、この事態が、「金星は太陽の周りを回っている」という文で表されている命題である。ただ、もう少し正確に言えば、命題とは、平叙文によって表される事態そのものではなく、平叙文によってある仕方で表されたかぎりでの事態である。「明けの明星は太陽の周りを回っている」という文と「金星は太陽の周りを回っている」という文は、両方とも同じ事態を表している。しかし、一方が「金星」と呼んでいる天体を他方は「明けの明星」と呼んでいる、という具合に、その事態の表し方が異なる。したがって、それらの文が表している命題は異なる。また、命題で言われていることは、実際に成立していなくともよい。その場合には、命題が「偽」になる。そして、命題で言われていることが成立しているときには、命題は「真」になる。こう考えると、命題とは、平叙文によって表されている意味内容である、と言えるかもしれない。

次に、「心的態度」について説明しよう。命題的態度説は、どのような種類の心的態度を快楽とみなしているのであろうか。フェルドマンは、そのような心的態度として「喜ぶ」とか「嬉しく思う」という態度を挙げている（Feldman 1997, 142, 2004, 56, 2010, 109–111)。今年も桜がみごとに咲いていることを私が喜んでいるとき、私は「今年も桜がみごとに咲いている」という命題に対して「喜ぶ」という心的態度を向けている。あるいは、日本が今戦争に巻き込まれていないことを私が嬉しく思っているとき、私は「日本は今戦争に巻き込まれていない」という命題に対して「嬉しく思う」という心的態度を向けている。このように命題を対象とする心的態度は「命題的態度」と呼ばれる。命題的態度説は、「喜ぶ」とか「嬉しく思う」という命題的態度こそが快楽である、と主張する。[19]

命題的態度説は、快楽を命題的態度とみなすという点で、快楽を感覚と捉える感覚説や態度対象説とは異なる。そして命題的態度説は、感覚説や態度対象説が言うところの快い感覚も、「喜ぶ」とか「嬉しく思う」という命題的態度によって説明できる、と考える（Feldman 2004, 79-80）。私は肩をもんでもらっているときに、肩にジーンとする軽い痛みを感じ、その感覚が快いのであるが、それが快いのは、命題的態度説によれば、「自分は肩にジーンとする軽い痛みを感じている」という命題に対して私が「喜ぶ」とか「嬉しく思う」という心的態度を向けているからである。つまり、快い感覚とは、自分がそれを感じていることを喜んだり嬉しく思ったりしているところの感覚に他ならないのである。だが、命題的態度説は、その感覚が快楽である、と主張しているわけではない。命題的態度説が快楽とみなしているのは、自分がその感覚を感じていることを喜んだり嬉しく思ったりしているという命題的態度の方である。[20] 快楽をこのように捉える命題的態度説は、異質性問題を回避できる。というのは、命題的態度説によれば、異なる感覚質をともなう様ざまな感覚を感じていても、自分がそれを感じていることを喜んだり嬉しく思ったりしてさえいれば、快楽を享受していることになるからである。[21]

5　洗練された快楽説

前節では、「快楽とは何か」に関する三つの説を紹介したが、ここでは、そのうちのどれが最も妥当であるか、という問題には立ち入らない。ここでは、それらの説を頭に入れたうえで、クリスプの快楽説、質的快楽説、フェルドマンの快楽説という三つの洗練された快楽説がそれぞれどのようなものであるかを説明したい。まず、クリスプの快楽説から始めよう。[22]

5-1　クリスプの快楽説

クリスプによれば、快楽説は次の原則の上に立たなければならない。[23]

（C‐HN1）快楽の幸福価値の大きさは、快楽の快さの程度だけによって決まり、快楽が快ければ快いほど、快楽の幸福価値は大きくなる。

素朴な快楽説も、この原則を受け入れる。だが、素朴な快楽説とクリスプは、「快さの程度」が何によって決まるのか、という点で考えを異にする。素朴な快楽説は、次のように考える。

（HN5）快楽の快さの程度は、快楽の強度と持続時間だけによって決まり、快楽が強ければ強いほど、そして、長く続けば続くほど、快楽の快さは増大する。

素朴な快楽説は、（C‐HN1）を認めて、さらに（HN5）を受け入れるからこそ、この章の第2節で示した（HN3）を主張する。

（HN3）快楽の幸福価値の大きさは、快楽の強度と持続時間だけによって決まり、快楽が強ければ強いほど、そして、長く続けば続くほど、快楽の幸福価値は大きくなる。

クリスプは、（HN5）を否定する。だから、（HN3）も否定する。なぜクリスプが（HN5）を否定するのかは、後で説明することにして、まずは、なぜ素朴な快楽説が（HN5）を受け入れるのかを、クリスプの叙述にもとづいて説明しよう。[24]

素朴な快楽説は、快楽は感覚である、と考える。「感覚」と言うと、人びとはとかく、痒さの感覚に代表される身体感覚のようなものを思い描いてしまう。痒さの感覚には、強度と持続時間があり、その強度や持続時間が増せば増すほど、痒さは増し、痒さが増すのは、痒さの感覚の強度や持続時間が増すときだけである。人びとは同じように、快の感覚にも、強度と持続時間があり、その強度や持続時間が増せば増すほど、快さは増し、快さが増すのは、快の感覚の強度や持続時間が増すときだけである、と考えてしまう。この考え方を「身体感覚モデル」と呼ぼう。素朴な快楽説は、快楽は感覚であると考え、快楽に対して身体感覚モデルをあてはめる。たしかに、身体感覚モデルは、確定体としての快の感覚にはあてはまるかもしれない。私は肩をもんでもらうとき、それに特有の快さ（確定体としての快の感覚）を感じるが、その感覚には、強度と持続時間があり、そして、その強度や持続時間が増せば増すほど、その特有の快さは増し、その快さが増すのは、その感覚の強度や持続時間が増すときだけかもしれない。素朴な快楽説は、快楽として、確定体としての快の感覚を思い描いているから、快楽に身体感覚モデルをあてはめて、快楽の快さの程度は、快楽の強度と持続時間だけによって決まる、と考えるのであろう。

このような仕方で、素朴な快楽説は、（ＨＮ５）を受け入れる。しかしクリスプは、（ＨＮ５）を受け入れない。なぜ彼は（ＨＮ５）を受け入れないのか。それは彼が、快楽説が問題にするべき「快楽」は確定可能体としての快の感覚である、と考えるからである。クリスプによれば、確定可能体としての快の感覚には、身体感覚モデルはあてはまらない。確定可能体としての快の感覚それ自体には、強度もなければ持続時間もない（Crisp 2006a, 114）。だから、確定可能体としての快の感覚が「快楽」であるとすると、（ＨＮ５）のようには言えなくなる。

では、確定可能体としての快の感覚がどれほど快いかは、どのように決まるのであろうか。それは、クリスプによれば、その感覚を経験している人が、その感覚をどれほど快く感じるか、ということだけによって決まり、その人がその感覚をどれほど快く感じるかは、その感覚にともなって生じている確定体としての快の感覚の強度や持続時間ばかりでなく(25)、さらに、その感覚がその中で生じている経験の内容によっても左右される（Crisp 2006a, 114-116）。つまり、確定可能体としての快の感覚の快さの程度は、次の三つの要素によって左右される(26)。

(1)確定可能体としての快の感覚にともなう確定体としての快の感覚の強度
(2)確定可能体としての快の感覚にともなう確定体としての快の感覚の持続時間
(3)確定可能体としての快の感覚がその中で生じている経験の内容

ところで、確定可能体としての快の感覚の快さがどれほど快いか（その快さの程度）が(3)の要素によって左右されるとは、具体的にどのようなことなのであろうか。私は酒に酔うと良い気分になる。そのとき私は、酒に酔うときに感じる特有の快さを感じている。これは、確定体としての快の感覚である。私は、学生と議論を交わすのが楽しい。そのとき私は、議論をするときに感じる特有の快さを感じている。これも、確定体としての快の感覚である。さて、自分が酒に酔っているときのことと、学生と議論をしているときのことを思いおこしてみて、どちらの方が快く感じられるかを考えてみると、学生と議論をしているときの方が（ある意味で）快く感じられる。たしかに、確定体としての快の感覚の強度や持続時間の点では、酒に酔っているときと、学生と議論をしているときは、さほど違いはないかもしれない。あるいは、酒に酔っているときの方が、まさっているかもしれない。[27] しかし、それにもかかわらず、学生と議論をしているときの方が（ある意味で）快く感じられる。この快さの感覚は、確定可能体としての快の感覚である。だが、どうして私は、学生と議論をしているときの方が、（確定可能体として）快く感じられるのであろうか。それは、酒に酔っているときと、学生と議論しているときとでは、その経験の内容が異なるからであろう。酒に酔っているときには、だるいようなボーっとした感覚を全身に感じている。一方、学生と議論をしているときには知的関心にかられて思考をめぐらせている。経験している事柄のこのような違いのために、学生と議論をしているときの方が（確定可能体としては）快く感じられるのであろう。確定可能体としての快の感覚をどれほど快く感じるかは、その感覚がその中で生じている経験の内容によって左右される、ということでクリスプが言いたいのは、たとえば、このようなことなのであろう。

さて、ここまで述べたことを整理しよう。クリスプは次の四つのことを主張する。第一に、快楽の幸福価値の大きさは、快楽の快さの程度だけによって決まり、快楽が快ければ快いほど、快楽の幸福価値は大きくなる（C－HN1）。第二に、快楽説が問題にすべき「快楽」は、確定可能体としての快の感覚である。第三に、確定可能体としての快の感覚の快さの程度は、その感覚を感じている人がその感覚をどれほど快く感じるかによって決まる。第四に、確定可能体としての快の感覚を感じている人がその感覚をどれほど快く感じるかは、今述べた(1)、(2)、(3)の三つの要素によって左右される。これらの四つの主張をまとめると、次のようになる。

（C－HN2）快楽（確定可能体としての快の感覚）の幸福価値の大きさは、その快楽を感じている人がその快楽をどれほど快く感じるか、ということだけによって決まり、そして、その人が快楽を快く感じれば感じるほど、快楽の幸福価値は大きくなる。また、その人が快楽をどれほど快く感じるかは、その快楽にともなう確定体としての快の感覚の強度や持続時間ばかりでなく、その快楽がその中で生じている経験の内容によっても左右される。

これが、クリスプの提案している、新たな快楽説である。

5－2　質的快楽説

次に、質的快楽説を説明しよう。今までの議論からもわかるように、素朴な快楽説が卑俗性批判にさらされるのは、それが「快楽の幸福価値の大きさは、快楽の強度と持続時間だけによって決まる」（HN3）と主張するからである。そこでJ・S・ミルは、快楽の幸福価値の大きさは、快楽の強度と持続時間ばかりではなく、快楽の質によっても左右される、と主張して、卑俗性批判をかわそうとする（Mill 1861, chap. 2）。このように快楽の質も考慮に入れる快楽説は、「質的快楽説」と呼ばれる。(28) ミルは、快楽の質は快楽の強度や持続時間よりも優先的に幸福価値を決める、と論じて、質に重きを置く質的快楽説を提唱するが（Mill 1861, chap. 2）、質の優先性を主張しない質的快楽説もある。たとえば、現代の哲学者であるガイ・フレッチャー Guy Fletcher は、次のような原則を基軸にした質的快楽説を提示している(29)（Fetcher 2008, 466）。

（Q‐HN1）快楽の幸福価値の大きさは、快楽の強度と持続時間ならびに質だけによって決まり、快楽が強ければ強いほど（強度）、長く続けば続くほど（持続時間）、そして、その質が高ければ高いほど、快楽の幸福価値は大きくなる。

ここでは、（Q‐HN1）を主張する質的快楽説を検討しよう。（したがってここでは、J・S・ミルが提唱している質的快楽説そのものではなく、彼の質的快楽説から質の優先性という要素を取り除いた質的快楽説を検討することにする。）だが、（Q‐HN1）を主張する質的快楽説と言っても、（Q‐HN1）に記されている次の三つの点について具体的にどのような中身を与えるかに応じて、異なる質的快楽説ができあがる。

(1) 快楽とは何か
(2) 快楽の強度、持続時間、質はどのように規定されるか
(3) 快楽の質の高低はどのように決まるか

そこで私は、これらの点について具体的な回答を与えることによって、（Q‐HN1）を主張する質的快楽説の具体的なサンプルを提示したい。

まず(1)については、態度対象説を採用することにしよう。[30] この章の4－2で示したように、私の考えるかぎり、様ざまなタイプの態度対象説のうち最も説得力のあるのは、次のようなものである。

（A5）快楽とは、それにともなう感覚質自体のために、それを感じているときに、それを感じることが好きになったり気に入ったりするような感覚のことである。（文中の「それ」は、文末の「感覚」を指す。）

そこでここでは、「態度対象説」として、このタイプの態度対象説を念頭におくことにしよう。

(2)については、どうすればよいであろうか。まず、快楽の強度について考えてみよう。態度対象説によれば、快楽とは、（それにともなう感覚質自体のために、それを感じているときに）「好き」とか「気に入る」といった心的態度が向けられる感覚のことであるから、快楽の強度はその感覚の強度である、と考えるのが自然かもしれない。[31] しかし、この考え方には問題がある。私は肩をもんでもらうとき肩にジーンとした痛みを感じる。そして同時に私は、その痛みの感覚が好きである。態度対象説によれば、だから私は、肩をもんでもらうときに快楽を感じるのであり、そして、その痛みの感覚が快楽なのである。だが、その痛みの感覚が強くなりすぎると、私の感じる快楽は弱くなる。このように、快楽の強度は、心的態度の対象となる感覚の強度と必ずしも連動するわけではない。したがって、快楽の強度は心的態度の対象となる感覚の強度である、という考えは受け入れがたい。そこで、心的態度の強度に目を向けてみよう。私は肩をもんでもらうときに適度な痛みを感じ、その感覚がとても好きである（すなわち、その感覚に対する「好き」という気持ちは強い）。そしてそれと同時に、強い快楽を覚える。だが、その痛みの感覚が強くなりすぎると、その感覚に対する「好き」という気持ちは弱くなる。そしてそれとともに、私の感じる快楽は弱まる。このように、快楽の強度と心的態度の強度は連動する。だから、快楽の強度は心的態度の強度によって決まる（すなわち、心的態度の強度が増せば増すほど、快楽の強度も増す）と考えるのがよいであろう。

次に、快楽の持続時間については、どうすればよいであろうか。態度対象説によれば、感覚は「好き」とか「気に入る」といった心的態度の対象になってはじめて快楽になり、その心的態度の対象でなくなれば快楽でなくなる。したがって、態度対象説においては、快楽の持続時間は（快楽であるところの感覚に対する）心的態度が持続している時間である、と考えるのが自然であろう。(32)

では、快楽の質については、どうすればよいであろうか。態度対象説によれば、快楽とは「好き」とか「気に入る」といった心的態度が向けられる感覚のことであるが、その感覚は多様である。私は、肩をもんでもらうときのジーンとした痛み、酒に酔ったときのボーっとした感覚、親友とすごすときの安心感といった様ざまな感覚が好きである。態度対象説によれば、だからこそ、これらの感覚はすべて私にとっては快楽となる。ところで、これらの感覚にはそれぞれ、それに特有の感覚質がともなう。態度対象説においては、快楽の質とはそれらの感覚質である、と考えることができるのではないか。すなわち、快楽の質とは心的態度の対象となる感覚の感覚質である、と考えることができるのではないか。

では、(3)については、どうすればよいであろうか。今述べたように、快楽の質は、心的態度の対象となる感覚の感覚質であるとして、快楽の質の高低はどのように決まるのであろうか。この点については、次のように考えることにしよう。態度対象説によれば、卑俗な事柄から得られる感覚に対して「好き」とか「気に入る」といった心的態度が向けられれば、その感覚が快楽になるわけであるが、その感覚は卑俗な事柄から得られるわけであるから、その感覚の感覚質は卑俗であるにちがいない。また、同じように、高貴な事柄から得られる感覚に対して「好き」とか「気に入る」といった心的態度が向けられれば、その感覚が快楽になるわけであるが、その感覚は高貴な事柄から得られるわけであるから、その感覚の感覚質も高貴であるにちがいない。すなわち、卑俗な快楽の感覚質は、どれも卑俗であり、高貴な快楽の感覚質は、どれも高貴であることになる。そして、快楽の感覚質が卑俗であればあるほど、その快楽の質は低くなり、快楽の感覚質が高貴であればあるほど、その快楽の質は高くなる。

(1)、(2)、(3)について今述べたことをまとめると、次のようになる。

（Q－HN2）快楽とは、それにともなう感覚質自体のために、それを感じているときに、それに対して「好き」とか「気に入る」という心的態度を向ける感覚のことである。

（Q－HN3）快楽の強度は、その「好き」とか「気に入る」という心的態度の強度であり、快楽の持続時間は、それらの心的態度の持続時間であり、快楽の質は、それらの心的態度の対象となる感覚の感覚質である。

（Q－HN4）快楽の質は、快楽の感覚質が卑俗であればあるほど低くなり、高貴であればあるほど高くなる。

先に述べた（Q－HN1）と、これら（Q－HN2）、（Q－HN3）、（Q－HN4）を組み合わせると、具体的な中身をもつ、ひとつの質的快楽説ができあがる。この快楽説を、「Q－快楽説」と呼ぼう。そしてここでは、質的快楽説としてQ－快楽説を念頭において話を進めよう。

5－3　フェルドマンの快楽説

最後に、フェルドマンの快楽説を見てみよう。この章の4－3で見たように、フェルドマンは、快楽とは、「喜ぶ」とか「嬉しく思う」という命題的態度に他ならない、と主張する。肩をもんでもらうとき私は、肩にジーンとした軽い痛みを感じ、それが快いのであるが、フェルドマンによれば、その快楽は、「自分が肩にジーンとした軽い痛みを感じている」ことを嬉しく思っている、という命題的態度に他ならないのである。

さてフェルドマンは、快楽に関するこのような立場（命題的態度説）に立ったうえで、「価値補正型 desert-adjusted」と彼が名づける快楽説を提案する（Feldman 2004, 120–121）。価値補正型快楽説によれば、快楽の幸福価値の大きさは、次の三つの要素によって決まる。

⑴快楽の強度
⑵快楽の持続時間
⑶快楽を構成する命題的態度の対象である事柄が備えている価値(33)

まず、⑴と⑵について説明しよう。快楽の強度は、その快楽を構成する命題的態度の強度であり、快楽の持続時間は、その快楽を構成する命題的態度の持続時間である、とフェルドマンは述べている（Feldman 2004, 64-65）。すなわち、肩をもんでもらっているとき私が「自分が肩にジーンとした軽い痛みを感じている」ことを大いに嬉しく思っていれば、私は強い快楽を享受していることになり、さほど嬉しく思っていなければ、弱い快楽しか享受していないことになる。また、私が十分間ずっと嬉しく思っていたとすれば、私の快楽は十分間続いたことになる。価値補正型快楽説によれば、このような意味で、快楽が強ければ強いほど（強度）、また、長く続けば続くほど（持続時間）、快楽の幸福価値は大きくなる。

次に⑶について説明しよう。⑶で言われている価値とは、「快楽に見合う価値」である。私は酒に酔うと、ボーっとした感覚を感じて、それが快いのであるが、フェルドマンによれば、その快楽は、「自分はボーっとした感覚を感じている」ことを嬉しく思うという命題的態度である。そして、この命題的態度の対象は「自分はボーっとした感覚を感じている」という事柄である。価値補正型快楽説によれば、この事柄が快楽に見合う価値を備えていればいるほど、その快楽の幸福価値は大きくなる。すなわち、そのボーっとした感覚を感じることが、「喜ぶ」とか「嬉しく思う」という心的態度に見合う価値を十分に備えていれば、その快楽は大きな幸福価値をもち、少ししか備えていなければ、小さな幸福価値しかもたない。このように、価値補正型快楽説によれば、快楽の幸福価値の大きさは、快楽を構成する命題的態度の対象である事柄が、快楽に見合う価値をどれほどもっているかによっても左右されるわけである。

以上のことをまとめて定式化すると、次のようになる。

（D-HN）快楽の幸福価値の大きさは、快楽の強度と持続時間ばかりでなく、快楽の対象である事柄がどれほど快楽に見合う価値をもっているかによっても左右される。すなわち、快楽が強ければ強いほど、長く続けば続くほど、そして、その対象である事柄が快楽に見合う価値を備えていればいるほど、快楽の幸福価値は大きくなる。

フェルドマンが提案する価値補正型快楽説は、快楽に関する命題的態度説と（D-HN）から成る。

6 洗練された快楽説の検討

前節では、クリスプの快楽説、質的快楽説の具体例としてQ-快楽説、そしてフェルドマンの価値補正型快楽説を見てきた。この節では、それらの洗練された快楽説が卑俗性批判から快楽説を守ることができるどうか検討しよう。繰り返しになるが、卑俗性批判とは、次のような批判である。

（BC2）

(1)素朴な快楽説によれば、快楽は常に（根本的な）幸福価値をもち、そして、快楽だけが（根本的な）幸福価値をもつ。（HN1）

(2)素朴な快楽説によれば、快楽の幸福価値の大きさは、快楽の強度と持続時間だけによって決まり、快楽が強け

れば強いほど、そして、長く続けば続くほど、快楽の幸福価値は大きくなる。（HN3）

(3) (1)と(2)より、素朴な快楽説が正しければ、卑俗快楽状態と高貴快楽状態を比べた場合に、それらの状態において生じている快楽が強度と持続時間の点で同じであれば、必ず、それら二つの状態は、同じ量の幸福をもたらす。

(4) しかし、卑俗快楽状態と高貴快楽状態を比べた場合に、それらの状態において生じている快楽が強度と持続時間の点で同じでも、必ず、高貴快楽状態の方が卑俗快楽状態よりも多くの幸福をもたらす。

(5) したがって、素朴な快楽説は誤りである。

卑俗性批判は、素朴な快楽説に対して向けられるわけであるが、素朴な快楽説が卑俗性批判にさらされるのは、（BC2）の(4)と対立する（BC2）の(3)という判断をくだすからである。したがって、クリスプの快楽説、Q-快楽説、あるいは、フェルドマンの価値補正型快楽説が卑俗性批判をかわすことができるためには、少なくとも、これらの快楽説が（BC2）の(4)に沿う判断をくださなければならない。そこでまず、これらの快楽説のそれぞれについて、（BC2）の(4)に沿う判断をくだすかどうか調べてみよう。

クリスプの快楽説から始めよう。だがその前に、クリスプの快楽説と（BC2）の(4)がうまくかみ合うようにするために、次のような解釈上の調整を施しておきたい。

（BC2）の(4)では「快楽の強度と持続時間」が問題となっているが、クリスプの言う「快楽」（すなわち、確定可能体としての快の感覚）には、強度と持続時間がない。だからこのままでは、クリスプの快楽説と（BC2）の(4)は、うまくかみ合わない。そこで、（BC2）の(4)の「快楽の強度と持続時間」という部分は「（クリスプの言う「快楽」にともなう）確定体としての快の感覚の強度と持続時間」を意味する、と解釈することにしよう。確定体としての快の感覚には、強度と持続時間があるから、このように解釈すれば、クリスプの快楽理解からしても「強度と持続時間」について語ることはおかしくないし、また、卑俗性批判を提示している人びとが「快楽の強度と持続時間」として念頭においているのは、おそらく確定体としての快の感覚の強度と持続時間であろうから、この解釈は、それらの人びとにも受け入れられるであろう。

このような解釈を施したうえで、クリスプの快楽説が（BC2）の(4)に沿う判断をくだすかどうか調べてみよう。（C-HN2）を見ればわかるように、クリスプの快楽説によれば、快楽の幸福価値の大きさは、主体が快楽をどれほど快く感じるか、ということだけによって決まる。つまり、快楽の幸福価値の大きさは、主体の感じ方しだい、というわけである。そして、主体がどう感じるかは、快楽（今与えた解釈によれば、その快楽にともなう確定体としての快の感覚）の強度や持続時間だけではなく、その快楽がその中で生じている経験の内容によっても左右される。だから、卑俗快楽状態において生じている（卑俗な）快楽と高貴快楽状態において生じている（高貴な）快楽が、強度と持続時間（今与えた解釈によれば、それらにともなう確定体としての快の感覚の強度と持続時間）の点で同じでも、クリスプの快楽説によれば、それらの快楽がその中で生じている経験の内容が（一方は高貴であり、他方は卑俗であるという具合に）異なるために、人によっては、高貴快楽状態において生じている快楽の方をより快く感じることもある。そしてその場合には、高貴快楽状態において生じている快楽の方がより大きな幸福価値をもつことになり、したがって、高貴快楽状態の方がその人により多くの幸福をもたらすことになる。この点では、クリスプの快楽説は、（BC2）の(4)に沿う判断をくだす。しかし、クリスプの快楽説は、（BC2）の(4)に反する判断をくだす可能性もある。というのは、今述べた状況において、人によっては、卑俗快楽状態において生じている快楽の方をより快く感じることもありうるからである。そしてその場合には、クリスプの快楽説によれば、卑俗快楽状態において生じている快楽の方がより大きな幸福価値をもつことになり、したがって、卑俗快楽状態の方がその人により多くの幸福をもたらすことになる。これは（BC2）の(4)に反する。このように、クリスプの快楽説は（BC2）の(4)に反する判断をくだすことがある。その意味で、卑俗性批判をかわすことはできない。

では、Q－快楽説はどうであろうか。Q－快楽説に従えば、卑俗快楽状態において生じている（卑俗な）快楽の感覚質は卑俗であり、高貴快楽状態において生じている（高貴な）快楽の感覚質は高貴である。そして、（Q－HN4）によれば、高貴な感覚質を備えている快楽の方が卑俗な感覚質を備えている快楽よりも質が高い。だから、卑俗快楽状態において生じている快楽と、高貴快楽状態において生じている快楽が、強度と持続時間の点で同じでも、（Q－HN1）によれば、必ず、高貴快楽状態において生じている快楽の方が大きな幸福価値をもつことになり、したがって、高貴快楽状態の方がより多くの幸福をもたらすことになる。だからQ－快楽説は、（BC2）の(4)に沿う判断をくだす。その意味で、Q－快楽説は卑俗性批判をかわすことができる。

最後に、フェルドマンの価値補正型快楽説はどうであろうか。価値補正型快楽説によれば、卑俗快楽状態において生じている（卑俗な）快楽は、卑俗な事柄に対する（「喜ぶ」とか「嬉しく思う」という）命題的態度に他ならない。また、高貴快楽状態において生じている（高貴な）快楽は、高貴な事柄に対する（「喜ぶ」とか「嬉しく思う」という）命題的態度に他ならない。さて、フェルドマンも述べているように、おそらく、次のように考えれば、価値補正型快楽説も（BC2）の(4)に沿う判断をくだすと言えるであろう（Feldman 2004, 122）。卑俗な事柄は、それにともなう快楽に見合う価値を備えていない。ビデオゲームで遊んだり、酒に酔ってボーっとしたり、動物を虐待したりすることから快楽を得たとしても、これらの事柄は、その快楽に見合う価値を備えていない。一方、高貴な事柄は、それにともなう快楽に見合う価値を十分に備えている。学問や芸術に親しんだり、友情を育んだり、有徳な行為をしたりすることから快楽を得た場合に、それらの事柄は、その快楽に見合う価値を十分に備えている。ところで、（D－HN）によれば、快楽の対象となる事柄が、快楽に見合う価値を備えていればいるほど、その快楽の幸福価値は大きくなる。だから、卑俗快楽状態と高貴快楽状態を比べた場合に、それらの状態において生じている快楽が強度と持続時間の点で同じでも、価値補正型快楽説によれば、必ず、高貴快楽状態の方が大きな幸福価値をもつことになり、したがって、高貴快楽状態の方がより多くの幸福をもたらすことになる。これは、（BC2）の(4)と一致する。その意味で、価値補正型快楽説は卑俗性批判をかわすことができる。

以上見たように、クリスプの快楽説は、⑷に沿わない判断をくだす可能性がある。その意味で、卑俗性批判をかわすことはできない。だから、クリスプの快楽説を採用しても、卑俗性批判から快楽説を守ることはできないであろう。一方、Q‐快楽説と価値補正型快楽説は、（BC2）の⑷に沿う判断をくだす。その意味で、卑俗性批判をかわすことができる。

このように、Q‐快楽説と価値補正型快楽説は、（BC2）の⑷に沿う判断をくだし、その意味では、卑俗性批判をかわすことができる。しかし、だからと言って、Q‐快楽説や価値補正型快楽説を採用することによって卑俗性批判から快楽説を守ることができる、ということにはならない。というのも、それらの説に何か問題があれば、それらの説を採用しても、快楽説を守ることはできないからである。事実、Q‐快楽説も価値補正型快楽説も、その中身を構成する要素については、大いに議論の余地がある。Q‐快楽説について言えば、たとえば、快楽に関する態度対象説が正しいのか、快楽の感覚質の高貴さや卑俗さとは何であるのか、といったことが問題になるし、価値補正型快楽説についても、本当に快楽は命題的態度であるのか、快楽に見合う価値とはどのような価値であるのか、といったことが問題になる。[34] このように、Q‐快楽説と価値補正型快楽説については、様ざまな問題を挙げることができるが、ここではとくに、これら二つの説が共通に抱える次のような問題に注目したい。

Q‐快楽説は、快楽の質の高低も快楽の幸福価値を左右する、と主張する。すなわち、快楽の質が高ければ高いほど、快楽の幸福価値は大きくなる、というわけである。しかし、なぜ快楽の質が高いと快楽の幸福価値が大きくなるのであろうか。その根拠は、何なのであろうか。快楽説の中のどこを探せば、その根拠が見つかるのであろうか。快楽の強度や持続時間に関しては、それらが快楽の幸福価値に影響を与える、と考えることは、快楽説の発想からすれば、ごく自然であり納得がいく。そもそも、快楽の強度も持続時間も快楽の幸福価値を左右しないとしたら、いったい他の何が快楽の幸福価値を左右するのであろうか。しかし、快楽の質の高低となると、話が異なる。快楽の質の高低が快楽の幸福価値に影響を与える、と主張されても、その根拠を示してくれないと、なかなか納得できない[35]。

同じことは、価値補正型快楽説についても言える。価値補正型快楽説によれば、快楽の対象である事柄が快楽に見合う価値を備えていればいるほど、快楽の幸福価値は大きくなる。しかし、このように言える根拠は何なのであろうか。その根拠を快楽説の枠組みの中で説明できるのであろうか。価値補正型快楽説の言うように、快楽が命題的態度であるとすれば、その命題的態度の強度や持続時間が快楽の幸福価値に影響を与えると考えることは、ごく自然であり納得がいく。しかし、その命題的態度の対象となる事柄の価値が快楽の幸福価値に影響を与える、と言われても、その根拠を説明してもらわないと、なかなか腑に落ちない。

Q-快楽説も価値補正型快楽説も、快楽の強度と持続時間の他に、快楽の幸福価値を左右する要素があると考える。Q-快楽説の場合には、それは快楽の質の高低であり、価値補正型快楽説の場合には、快楽の対象となる事柄の価値である。しかし、今述べたように、なぜこれらの要素が快楽の幸福価値に影響を与えるのか、その根拠が判然としない。この根拠を説明できなければ、しかも、快楽説の枠組みから逸脱することなく説明できなければ、Q-快楽説や価値補正型快楽説が（BC2）の(4)に沿う判断をくだすとしても、それらの説を採用することで卑俗性批判から快楽説を守ることはできないであろう[36]。

以上のようなことを考慮すると、クリスプの快楽説、Q-快楽説、価値補正型快楽説のいずれを採用しても、卑俗性批判から快楽説を守ることはかなり難しいのではないかと思われる。

7　卑俗性批判の妥当性

ここまでの議論で私は、クリスプの快楽説、Q-快楽説、フェルドマンの価値補正型快楽説という三つの洗練された快楽説を説明し、それらの説が卑俗性批判から快楽説を守ることができるかどうか検討した。そして、それはかなり難しいと結論した。しかし、この結論が正しいとしても、そのことから直ちに、快楽説は妥当でない、と断定できるわけではない。というのは、卑俗性批判の方に何か問題があるかもしれないからである。たしかに卑俗性批判は、それなりの説得力がある。だからこそ快楽説の側も、卑俗性批判を免れるように快楽説を洗練したのであろう。しかし、卑俗性批判の言い分は本当に正しいのであろうか。とくに、卑俗性批判を支えている前提（ＢＣ２）の⑷、すなわち「卑俗快楽状態と高貴快楽状態を比べた場合に、それらの状態において生じている快楽が強度と持続時間の点で同じでも、必ず、高貴快楽状態の方が卑俗快楽状態よりも多くの幸福をもたらす」という前提は、本当に正しいのであろうか。卑俗性批判を展開する人びとは、この前提は明らかに正しいと言うであろうが、やはり、それなりの根拠を示してもらわないと、納得できない。

だが、その根拠はどのように示すことができるのであろうか。洗練された快楽説は快楽説の立場から（ＢＣ２）の⑷の根拠を示そうと試みている、という見方もできる。洗練された快楽説は、「高貴快楽状態において生じている快楽（高貴な快楽）の方が、卑俗快楽状態において生じている快楽（卑俗な快楽）よりも幸福価値の点でまさっている」と主張するわけであるが、このことは、（ＢＣ２）の⑷の根拠を、高貴快楽状態と卑俗快楽状態のそれぞれにおいて生じている快楽の幸福価値の違いに求めようとする試みに他ならない。しかし前節で見たように、この試みはなかなかうまくいかない。とすれば、（ＢＣ２）の⑷の根拠を他の方法で示すしかないであろう。そのような方法としては、（高貴快楽状態とは、「高貴な事柄」と「それから得られる快楽」から構成され、卑俗快楽状態とは、「卑俗な事柄」と「それから得られる快楽」から構成されるわけであるから）高貴快楽状態と卑俗快楽状態のそれぞれを構成するもうひとつの要素、すなわち、「高貴な事柄」と「卑俗な事柄」がもつ幸福価値の違いに注目する、という方法が考えられる。つまり、「高貴な事柄の方が卑俗な事柄よりも大きな幸福価値をもつ」ということを示せばよい、というわけである。

そこで私は次の章で、幸福に関する「完成主義」と「客観リスト説」を検討したい。というのは、これらの説のどちらかが正しければ、「高貴な事柄の方が卑俗な事柄よりも大きな幸福価値をもつ」ということが導き出されるからである。

第四章　完成主義と客観リスト説

1　完成主義の基本的な考え方

この章では、完成主義と客観リスト説を検討しよう。これらの説を検討することは、快楽説に対する卑俗性批判の妥当性を考えるうえで重要となる。というのは、前章の最後で述べたように、「高貴な事柄の方が卑俗な事柄よりも大きな幸福価値をもつ」ということを示すことができれば、卑俗性批判に根拠を与えることになり、さらに、完成主義か客観リスト説のいずれかが妥当であれば、「高貴な事柄の方が卑俗な事柄よりも大きな幸福価値をもつ」ということが導き出されるからである。また、完成主義も客観リスト説も、「どのようなことが、幸福であるのか」という問いに答えようとする代表的な説のひとつであるので、それらを吟味することは、それ自体で重要である。

完成主義の根本には、「人間らしく生きることが人の幸福であり、そして、人間らしく生きるとは、人間が本来もっている性質や能力、つまり人間の本性をできるだけ伸ばして発揮しながら生きることである」という発想がある。

この発想にもとづいて完成主義は、「人にとって良いこと」に関して、次のように主張する。

（ＰＮ１）人間の本性を構成する性質や能力を発達させて発揮することは、常に（根本的な意味で）人にとって良いことであり（根本的な幸福価値をもち）、そして、人間の本性を構成する性質や能力を発達させて発揮することだけが、（根本的な意味で）人にとって良いことである（根本的な幸福価値をもつ）[1]。

この主張によれば、人間の本性を構成する性質や能力を発達させて発揮すれば、それだけ幸福は増し、幸福が増すのは、それらの性質や能力を発達させて発揮するときだけである[2]。

では、「人にとって悪いこと」については、完成主義はどのように主張するのであろうか。これについては意見が分かれる（Fletcher 2016a, 86–87）。だがここでは、次のように主張していると考えることにしよう。

（ＰＮ２）人間の本性を構成する性質や能力を損なったり、発揮しなかったりすることは、常に（根本的な意味で）人にとって悪いことであり（根本的なマイナス幸福価値をもち）、そして、人間の本性を構成する性質や能力を損なったり、発揮しなかったりすることだけが、（根本的な意味で）人にとって悪いことである（根本的なマイナス幸福価値をもつ）。

この主張によれば、人間の本性を構成する性質や能力を損なえば、あるいは、それらの性質や能力をもっていても発揮しなければ、それだけ不幸は増し、不幸が増すのは、そのような場合だけである。

完成主義は、その起源をプラトンやアリストテレスにまで遡ることができる。現代では、トマス・ハーカ Thomas Hurka やリチャード・クラウト Richard Kraut といった哲学者が完成主義を唱えている（Hurka 1993; Kraut 2007）[3]。

（ＰＮ１）と（ＰＮ２）を見ればわかるように、完成主義においては「人間の本性 human nature」と「人間の本性を構成する性質や能力」という二つの要素が中心的な役割を果たす。しかし、(1)「人間の本性」とは何を意味するのであろうか。そして、(2)具体的にどの性質や能力が「人間の本性」を構成するのであろうか。完成主義は、これらの問いにどのような答えを与えるかによって、その中身が違ってくる。(1)については次の節で検討することにして、まずは(2)に対するハーカやクラウトの答えを見てみよう。

ハーカは、人間の本性を構成する性質や能力として、身体能力、理論的な理性能力、実践的な理性能力を挙げている（Hurka 1993, 37-44）。身体能力とは、呼吸し、身体を動かし、食物を消化し、血液を循環させ、神経によって身体を統御する、といった能力である。理論的な理性能力とは、証拠にもとづいて信念 belief を形成し、様ざまな信念を合理的な推論を通じて体系化し、それによって様ざまなことを理論的に説明する、といった能力である。実践的な理性能力とは、意図を形成し、（信念を介した）実践的推論を通じて様ざまな意図を整合的に結びつけて、それにもとづいて行為し、他者と複雑に交流する、といった能力である。クラウトは、人間の本性を構成する性質や能力として、身体能力、感覚能力、情動能力、社交能力、理性能力などを挙げている（Kraut 2007, 141-166）。感覚能力とは、色、音、匂い、痛さ、熱さ、冷たさ、痒さ、快、疲労、渇き、空腹、吐き気などを感じる能力のことである。情動能力とは、喜び、悲しみ、怒り、愛情、嫌悪、不安、驚異といった情動を適切な状況において程よい強さで抱く能力である。社交能力とは、友情や愛情、あるいは、市民としての友好的態度によって他者と結ばれる能力である。理性能力とは、言語を使用し、思索し、経験を物語に構成し、他者を認知し、出来事を記憶する、といった能力である[(4)]。

さて、高貴な事柄と卑俗な事柄を比べた場合に、高貴な事柄にたずさわる方が、人間の本性を構成する要素としてハーカやクラウトが挙げている性質や能力の発達と発揮に貢献するように思われる。学問や芸術に親しめば、理論的な理性能力や感覚能力や情動能力などが養われ、また、学問や芸術活動を行うさいには、それらの能力が大いに発揮されるであろう。友情や愛情によって人と結びつくためには、実践的な理性能力、情動能力、社交能力などを発揮することが必要であろうし、そのような結びつきの中で、それらの能力は育まれるであろう。また、有徳な行為を行うためには、実践的な理性能力や情動能力や社交能力の行使が欠かせないであろうし、その行使を通じて、それらの能力は鍛えられると思われる。それに比べて、パチンコやビデオゲームに興じるためには理性能力や情動能力や社交能力などはそれほど必要ではないし、したがって、そのような事柄によってそれらの能力が十分に発達するとは思われない。また、アルコールや麻薬に溺れていると、身体能力が損なわれ、理性能力や情動能力も衰弱するであろう。さらに、邪悪な行いを繰り返せば、情動能力や社交能力が減退するように思われる。

このように、高貴な事柄にたずさわる方が卑俗な事柄にたずさわるよりも、人間の本性を構成する要素としてハーカやクラウトが挙げている性質や能力の発達と発揮に貢献するように思われる。そして、このことを前提にすれば、完成主義の言い分である（ＰＮ１）から、「高貴な事柄の方が卑俗な事柄よりも大きな幸福価値をもつ」という結論が導き出される。したがって、完成主義が正しければ、卑俗性批判の後ろ盾になる。

2　人間の本性

以上のように、完成主義が正しければ、「高貴な事柄の方が卑俗な事柄よりも大きな幸福価値をもつ」という見解が導き出される。すなわち、高貴な事柄の方が卑俗な事柄よりも人間の本性を構成する性質や能力の発展や発揮に寄与するから、高貴な事柄の方が卑俗な事柄よりも大きな幸福価値をもつ、と説くことができるわけである。しかし、完成主義は正しいのであろうか。完成主義には何も問題がないのであろうか。私は、完成主義には少なくとも二つの問題がある、と考える。ひとつは、「人間の本性」に関する問題であり、もうひとつは、「疎遠問題」と呼ぶことができる問題である。この節では、ひとつめの問題を説明しよう。

「人間の本性」という基礎的な概念に訴えるのが、完成主義の特徴である。そしてそれが、完成主義の魅力のひとつになっているのかもしれない。しかし、完成主義の言う「人間の本性」とは何を意味するのであろうか。この問いに対する納得のいく答えを見つけることは、とても難しい。

「人間の本性」とは何を意味するのか、という問いは哲学的な難問であり、簡単に答えることができないが、さしあたり、次の三つの答えが考えられる。

(1)人間の特性
(2)人間の本質
(3)人間の特徴

そこで、これらのそれぞれについて、完成主義の言う「人間の本性」の意味としてふさわしいかどうか考えてみよう。(5)

「人間の特性」とは、人間だけが備えている性質や能力のことである。(6) だから、人間以外の生物や物が備えている性質や能力は、人間の特性ではない。さて、「人間の本性」が「人間の特性」を意味するとしよう。すると、完成主義によれば、次のようなことが帰結する。たとえば、人間と同じように高度な理性能力をもっている生物が他に存在しなければ、そのような理性能力は人間だけが備えていることになり、したがって、そのような理性能力を発達させて発揮することによって人の幸福は増す。だが、人間と同じように高度な理性能力をもっている生物が他に存在すれば、高度な理性能力は人間だけが備えている能力ではなくなるから、高度な理性能力を発達させて発揮しても人の幸福は増さない。今のところ地球上には、人間と同じように高度な理性能力をもっている生物は存在しないが、将来そのような生物が出現するかもしれないし、あるいは、宇宙のどこかにそのような生物が存在しているかもしれない。その場合には、高度な理性能力を伸ばして発揮しても人の幸福は増さない。同じことは、人間がもっている他の性質や能力についても言える。すなわち、その性質や能力をもっている生物が人間の他に存在しなければ、それらを発達させて発揮することによって人の幸福は増すが、その性質や能力をもっている生物が人間の他に存在すれば、それらを発達させて発揮しても、人の幸福は増さないことになる。

このように、「人間の本性」が「人間の特性」を意味するとすれば、完成主義によると、どのような場合に人の幸福が増し、どのような場合に増さないか、ということが、人間以外の生物がどのような性質や能力をもっているかによって左右されることになる。しかし、これは受け入れがたい。人の幸福は、このような仕方で人間以外の生物の性質や能力によって左右されるものではないと思われる。したがって、完成主義の言う「人間の本性」の意味として「人間の特性」を採用することは、適切ではないであろう。

では「人間の本質」は、完成主義の言う「人間の本性」の意味としてふさわしいであろうか。「人間の本質」とは、人間であるためには必ず備えていなければならない性質や能力のことである。すなわち、人間の本質とは、それを失うと人間ではなくなるような性質や能力のことである。さて、「人間の本性」がこのような性質や能力を意味するとしよう。すると完成主義によれば、たとえば、次のようなことが帰結する。人間であるかぎり、肉体をもっていなければならない。すなわち、肉体をもつことは人間の本質である。ところで、肉体をもつことは、空間を占めるという性質をもつことである。だから、空間を占めるという性質は、人間の本質である。したがって、この性質を発展させて発揮することによって、人の幸福は増すことになる。すなわち人は、太ることで多くの空間を占めれば、それだけ幸福が増すことになる。

このように、完成主義の言う「人間の本性」が「人間の本質」を意味するとすれば、人は太ることによって幸福が増す、といったことが完成主義から帰結する。しかし、このような帰結は受け入れがたい。ハーカは、このような困難を克服するために、完成主義の言う「人間の本性」を「生きているものであるかぎりでの人間の本質」だけに限定する（Hurka 1993, 15–17）。すなわち、人間の本質である性質や能力のうち、生きているものだけが備えている性質や能力が「人間の本性」である、という基準を設けるわけである。空間を占めるという性質は、死んだ（生きていない）人間でも備えている。だから、この基準によれば、空間を占めるという性質は、完成主義が問題にする人間の本質から除かれる。したがって、前段落で指摘したような困難を免れることになる。

しかし、ハーカの基準を採用しても、次のような問題が残る。ハーカやクラウトが人間の本質として挙げている能力が本当にハーカの基準を満たすのかどうかを決めようとすると、次のようなジレンマに陥ってしまう。理性能力を考えてみよう。理性能力は、死んでしまったら失うような能力であるから、ハーカの基準の「生きているものであるかぎりでの」という部分を満たす。しかし、「人間の本質」という部分を満たすであろうか。たとえば、意識を失って昏睡状態に陥ってしまい、回復の見込みがない人を考えてみよう。そのような人は、理性能力を欠いていると言えるであろう。したがって、理性能力が人間の本質であるとすれば、そのような人は、ハーカの基準によると、人間ではないことになる。しかし、この結論を受け入れることには抵抗がある。そのような人だって人間である、と言いたくなる。だが、そう言いたければ、理性能力は人間の本質ではない、と言わざるをえない。しかし、理性能力が人間の本質ではないとすると、ハーカの基準によれば、それは「人間の本性」ではなくなり、したがって完成主義は、理性能力を伸ばして発揮しても人の幸福は増さない、と結論せざるをえなくなる。だがこの結論は、ハーカやクラウトなどの完成主義者にとっては受け入れがたいであろう。理性能力を伸ばして発揮すれば幸福が増す、ということは、彼らが最も主張したいことのひとつであると思われる。完成主義は、ハーカの基準を採用しても、このようなジレンマに陥る。

同じことは、他の能力についても言えるであろう。身体能力を考えてみよう。身体能力は、死んでしまったら失うような能力であるから、ハーカの基準の「生きているものであるかぎりでの」という部分を満たす。しかし「人間の本質」という部分を満たすであろうか。ハーカによれば、身体能力とは、呼吸し、身体を動かし、食物を消化し、血液を循環させ、神経によって身体を統御する、といった能力である。さて、これらの能力をすべて失ってしまい、人工的な機器によって生命を維持している人を考えてみよう。身体能力が人間の本質であれば、そのような人は、ハー力の基準によると、人間ではないことになる。しかしそのような人でも、意識があり考えることができれば、れっきとした人間である、と言いたくなる。だが、そう言いたければ、身体能力は人間の本質ではない、と言わざるをえない。しかし、身体能力が人間の本質ではないとすると、ハーカの基準によれば、それは「人間の本性」ではなくなり、したがって完成主義は、身体能力を伸ばして発揮しても人の幸福は増さない、と結論せざるをえなくなる。だがこの結論もおそらく、ハーカやクラウトなどの完成主義者にとって受け入れがたいであろう。このように、身体能力についても、理性能力の場合と同じようなジレンマに陥る。そして同じことは、おそらく感覚能力や情動能力や社交能力についても言えるであろう。

以上のように、ハーカやクラウトが人間の本質として挙げている性質や能力がハーカの基準を満たすのかどうかを決めようとすると、ジレンマに陥ってしまう。そしてその理由は、今述べた考察からわかるように、ハーカの基準が、「生きているものであるかぎりでの」という限定がついているとはいえ、「人間の本質」を「人間の本性」とみなしているからである。したがって、完成主義の言う「人間の本性」の意味として「人間の本質」を採用することにも難がある。

では、完成主義の言う「人間の本性」の意味として「人間の特徴」を採用するのはどうであろうか。この問いに答えるためには、ここで言われている「特徴」とは何かを説明する必要がある。オオカミを考えてみよう。オオカミとはどのような動物であるのか説明を求められたら、我われは「オオカミは、群れをなす」という具合に、「群れをなす」という性質に言及するかもしれない。この場合に我われは、個々のオオカミを考えているのではなく、生物種としてのオオカミを考えている。すなわち、生物種としてのオオカミの生き方を特徴づける性質のひとつとして「群れをなす」という性質を挙げているのである。個々のオオカミを考えれば、群れをなさない一匹オオカミがいるかもしれない。だが、生物種としてのオオカミを考えれば、それを特徴づける要素のひとつとして「群れをなす」という性質を挙げるのは、ごく自然であろう。あるいは、カメレオンとはどのような動物であるのかを問われたら、我われは

「カメレオンは、周囲の色に合わせて体色を変えることができる」と答えるかもしれない。この場合も我われは、個々のカメレオンではなく、生物種としてのカメレオンを考えていて、その生き方を特徴づける要素のひとつとして「周囲の色に合わせて体色を変えることができる」という能力を挙げているのである。個々のカメレオンを考えれば、病気でそのような能力を失ったカメレオンがいるかもしれない。だが、生物種としてのカメレオンを考えれば、我われはそれを特徴づけるものとして真っ先に「周囲の色に合わせて体色を変えることができる」という能力を挙げるであろう。

ここで言われている「特徴」とは、オオカミの場合の「群れをなす」という性質のように、あるいは、カメレオンの場合の「周囲の色に合わせて体色を変えることができる」という能力のように、ある生物種を考えたときに、その生物種の生き方を特徴づけるものとして我われが思い浮かべるような性質や能力のことである(7)。このような意味での「特徴」は、一匹オオカミや体色を変えることができないカメレオンの例からわかるように、当の生物種に属するすべての成員が備えている必要はない。この点で「本質」とは異なる。また、「特性」とも異なる。というのは、当の生物種の「特徴」となる性質や能力を他の生物種が備えていてもかまわないからである。群れをなすのはオオカミだけではない。シマウマもムクドリも群れをなす。また、周囲の色に合わせて体色を変えることができるのはカメレオンだけではない。カレイやヒラメも同じ能力をもっている。

「人間の特徴」の「特徴」も、このような意味での「特徴」である。すなわち、「人間の特徴」とは、生物種としての人間を考えた場合に、その生き方を特徴づけるものとして我われが思い浮かべる性質や能力のことであり、それらの性質や能力は、すべての人間が備えている必要はないし(この点で「人間の本質」とは異なる)、また、人間以外にそれを備えている生物がいてもかまわない(この点で「人間の特性」とは異なる)。だが、人間の特徴となるような性質や能力は具体的に何か、と問われても、それに答えるのは難しい。ただ、ハーカやクラウトが人間の本性として挙げている性質や能力の多くは、人間の特徴であると言えるかもしれない。生物種としての人間の生き方を特徴づけるものとして我われが真っ先に思い浮かべるのは、高度な理性能力であろう。あるいは、多様で複雑な情動を抱く能力や、愛情や友情や市民的な友好的態度によって社会を形成する能力なども、生物種としての人間の生き方を特徴づけるものとして我われが思い浮かべる事柄であるかもしれない。このように考えると、完成主義の言う「人間の本性」は「人間の特徴」を意味する、と提案したくなるかもしれない。

しかし、この提案にも問題がある。たとえば、快楽を得るだけのために他者を傷つけたり殺したりするという残忍さ、欲望を満たすために果てしなく自然を破壊し資源を消費し尽くすという貪欲さ、といった性質も人間の特徴である、と言えるかもしれない。とすると、今の提案に従えば、これらの性質は人間の本性であることになる。そしてそのけっか、完成主義によると、これらの性質を発達させて発揮すれば人の幸福が増す、ということになる。すなわち、快楽を得るだけのために他者を殺傷したり、あるいは、果てしなく自然を破壊し資源を消費し尽くしたりすることは、幸福をもたらす、ということになる。しかし、このようなことは、完成主義者ばかりでなく多くの人びとにとっても受け入れがたいであろう。完成主義の言う「人間の本性」の意味として「人間の特徴」を採用しても、このような問題が生じる。

だが、この問題に対しては、今挙げたような残忍さや貪欲さなどを除くような限定を「人間の特徴」に加えることによって対処できる、と言われるかもしれない。たとえば、「人間という種の保存に必要であるかぎりでの」という限定をつければよい、と言われるかもしれない[8]。人間が種として生き延びるためには、ある程度の残忍や貪欲さが必要かもしれないが、今挙げたような過度でいびつな残忍さや貪欲さは、人間の種の保存には必要ないから、「人間という種の保存に必要であるかぎりでの」という限定つきの「人間の特徴」を「人間の本性」の意味として採用すればよい、というわけである。しかし、そのような過度でいびつな残忍さや貪欲さが、本当に人間の種の保存に必要でないかどうかを判定することはとても難しい。そのような過度でいびつな残忍さや貪欲さを備えているからこそ、人間という種は生き延びてきたという可能性は否定できない。あるいは、「人間という種の保存に必要であるかぎりでの」

という限定をつけると、完成主義の言う「人間の本性」の範囲を必要以上に狭めてしまうかもしれない。ある種の理性能力は、人間という種の保存に必要であろうが、たとえば、哲学的な問題を考える能力は、人間という種の保存には必要でないかもしれない。とすれば、そのような能力を発達させて発揮しても幸福は増さない、ということになる。しかしこの結論は、完成主義者にとっては受け入れがたいであろう。哲学的な問題を考える能力のような高度な理性能力の発展と発揮によって人の幸福は増す、ということは、完成主義の最も言いたいことのひとつであると思われる。

以上のように、完成主義の言う「人間の本性」の意味として、「人間の特性」、「人間の本質」、「人間の特徴」のいずれを採用してもうまくいかない。その意味で、完成主義の言う「人間の本性」が何を意味しているのか、という問いに対する納得のいく答えを見つけるのはとても難しい。完成主義は、このような困難を抱えているのである。

3 客観リスト説

完成主義の言う「人間の本性」の意味を納得のいく仕方で規定することが難しいとすれば、「人間の本性」という厄介な概念をもちださずに、完成主義と実質的に同じ結論を導き出すような理論を提案すればよい、と考えられるかもしれない。そのような理論のひとつとして「客観リスト説」を挙げることができる。客観リスト説とは、複数の事柄を挙げて、それらの事柄を得ることが、そしてそれだけが、人にとって良い、と主張する説のことである[9]。このように客観リスト説は、言わば、人にとって良い事柄のリストを提示する。ただ、どのような事柄をリストに挙げるかは、論者によって異なる。その意味で、「客観リスト説」に属する考え方は多数ありうる。たとえば、以下のように定式化できる考え方は、客観リスト説のひとつである。

（OL1）知識、快楽、友愛関係、自律、徳を得ることは、常に（根本的な意味で）人にとって良いことであり

（根本的な幸福価値をもち）、そして、それらのことを得ることだけが、（根本的な意味で）人にとって良いことである（根本的な幸福価値をもつ）。

（ＯＬ１）は、知識、快楽、友愛関係、自律、徳という五つの事柄をリストに挙げている。だから、（ＯＬ１）によれば、これらの事柄を得れば、それだけ幸福は増し、幸福が増すのは、これらの事柄を得るときだけである。

だが、リストに挙げる事柄はどのように決まるのであろうか。たとえば（ＯＬ１）では、なぜ知識、快楽、友愛関係、自律、徳という五つの事柄がリストに挙げられているのであろうか。この点に関しては、客観リスト説は何も語らない。それが客観リスト説の特徴である。客観リスト説によれば、リストに挙げられた事柄は、それらすべてが快楽を生み出すからリストに挙げられているわけでもないし、人間の本性の発達と発揮に役だつからリストに挙げられているわけでもない。ただ単にそれらの事柄が（根本的な意味で）人にとって良いことであるから、リストに挙げられているだけである(10)。

あるいは、次のような客観リスト説も考えられる。

（ＯＬ２）身体能力、理論的な理性能力、実践的な理性能力を発達させて発揮することは、常に（根本的な意味で）人にとって良いことであり（根本的な幸福価値をもち）、そして、それらのことだけが、（根本的な意味で）人にとって良いことである（根本的な幸福価値をもつ）。

（ＯＬ２）は、身体能力、理論的な理性能力、実践的な理性能力の発達と発揮という三つの事柄をリストに挙げている。だから（ＯＬ２）によれば、身体能力、理論的な理性能力、実践的な理性能力を発達させて発揮すれば、それだけ幸福は増し、それらの能力を発達させて発揮するときにだけ幸福が増すことになる。このように（ＯＬ２）は、ハーカの完成主義と実質的に同じ結論を導き出す。だが、ハーカの完成主義は、それらの能力の発達と発揮が幸福を増大させるのは、それらの能力が人間の本性を構成するからである、と主張するのに対して、（ＯＬ２）は、それらの能力の発達と発揮が幸福を構成する、と断言するだけで、その理由については何も語らない。

さて、（ＯＬ２）のような客観リスト説が正しければ、そして、この章の第1節の最後で示したように、高貴な事柄にたずさわる方が卑俗な事柄にたずさわるよりも、身体能力や理論的な理性能力や実践的な理性能力の発達や発揮に役だつとすれば、「高貴な事柄の方が卑俗な事柄よりも大きな幸福価値をもつ」と結論できる。そして、この結論が正しければ、「人間の本性」という厄介な概念をもちださずに、卑俗性批判を擁護できることになる。

このように客観リスト説は、完成主義と同じように、卑俗性批判の後ろ盾になりうる。しかも、「人間の本性」に訴えることがないので、完成主義が抱える、前節で示したような困難に陥らない。しかし、客観リスト説には何か問題がないのであろうか。先に述べたように、客観リスト説は、それがリストに挙げる事柄が、そしてそれらの事柄だけが、なぜリストに載るのか、その理由を示さない。その点で説明力に欠ける、あるいは、理論としての体をなさない、という批判もある（Sumner 1996, 46; Bradley 2009, 16-17）。しかし私は、客観リスト説はもっと深刻な問題を抱えていると考える。それは、客観リスト説が人にとって良いとみなす事柄は、ときとして、その当人にとってあまりに疎遠であるため、その当人にとって良いとは言えない場合がある、という問題である。そしてこの問題は、完成主義にもあてはまる。

4　疎遠問題

次の例を考えてみよう。

〈大学進学の例〉
夏子は、親に言われて、小学生のころからずっと塾に通い、そのせいか高校までの成績はそれほど悪くはなかった。だが、もともと勉強はあまり好きではなかったので、あえて大学に入って勉強したいとも思わなかった。しかし親から、「大学を卒業した方が将来のためになる」と強く言われて、仕方なく受験して大学に入学した。だが、大学の授業には興味も関心もわかなかったし、だから大学での勉強を好きになれなかったし、また、大学での勉強が自分にとって大切であるとも思えなかった。そのけっか、大学での勉強を続ける気も徐々に失せて、大学から足が遠のいていった。

さてこの場合に、大学で勉強を続けることは、夏子にとって良いことであろうか。私には、そうは思えない。夏子の状況を考えると、大学で勉強を続けることで夏子の幸福が増すとは思えない。もちろん、大学で勉強を続けることによって、夏子が（現在あるいは将来において）関心をもったり大切に思ったりすることを達成できるとすれば、大学で勉強を続けることは、派生的な意味においては夏子にとって良いことであるかもしれない。しかし、そのようなことがなければ、大学で勉強を続けることは夏子にとって良いことである、とは言えないのではないか。

しかし、大学で勉強を続けることは夏子にとって良いことである、とは言えないとして、それはなぜなのであろうか。この問いに対して私は、次のように答えたい。ある事柄が人にとって良いことであるためには、その事柄を構成する要素の中に、その人の心がそれに（ピーター・レイルトン Peter Railton の言葉を借りれば）「共鳴する resonate」ような要素が含まれていなければならない[11]（Railton 1986, 47）。「共鳴」とは、とても曖昧な言い方であるが、単に心が振れるだけでなく、「同じ方向に振れる」ことを意味する。人の心が物事に共鳴するとは、具体例には、その人がその物事に対して肯定的な心的態度をとる、ということである。肯定的な心的態度とは、欲求する、好きになる、気に入る、喜ぶ、大切に思う、といった心的態度である。心が振れていても、「反対の方向に振れる」ことは、共鳴ではない。だから、ある物事に対して反感や嫌悪や悲しみや落胆といった、否定的な心的態度をとっているときには、心はその物事に共鳴してはいない。ところで、ある事柄を構成する要素の中に、人の心がそれに共鳴するような要素が含まれている場合には、その事柄は、その人にとって身近なところにある。すなわち、その事柄は、その人にとって「親密」である。一方、ある事柄を構成する要素の中に、人の心がそれに共鳴するような要素が含まれていない場合には、その事柄は、その人から遠く離れたところにある。すなわち、その事柄は、その人にとって「疎遠」である。さて私は、ある事柄が人にとって良いことであるかどうかは、その事柄がその人にとって親密であるのか、それとも疎遠であるのかによって左右される、と考える。すなわち、ある事柄が人にとって良いことであるためには、その事柄はその人にとって親密でなければならないし、その事柄がその人にとって疎遠であれば、その事柄はその人にとって良いことであるとは言えない、と考える(12)。

この考えにもとづけば、大学で勉強を続けることが夏子にとって良いことではない理由は、次のように説明できる。夏子は、大学での勉強が好きなわけでもないし、大学での勉強を大切に思っているわけでもないし、大学での勉強を続けたいと思っているわけでもない。大学での勉強のどこを探しても、夏子の心がそれに共鳴するような要素は見当たらない。だから、大学で勉強を続けることは、夏子にとって疎遠である。したがって、大学で勉強を続けることは、夏子にとって良いことである、とは言えないのである。

ところで、大学で勉強を続ければ、知識は増すであろうし、また、理性能力を発達させ発揮することもできるであろう。したがって、（ＯＬ１）や（ＯＬ２）のような客観リスト説は、大学で勉強を続けることは夏子にとって良いことである、と結論する。しかし今述べたように、大学で勉強を続けることは、夏子にとって疎遠である。このように、客観リスト説は、人にとって疎遠なことをその人にとって良いことであるとみなすことがある。

同じことは、完成主義にもあてはまる。完成主義は、人間の本性を構成する性質や能力を発達させて発揮することは、常に人にとって良いことである、と主張する。そして、完成主義によれば、理性能力は人間の本性を構成する要素のひとつである。ところで、大学で勉強を続ければ、理性能力を発達させ発揮することもできるであろう。だから完成主義は、大学で勉強を続けることは夏子にとって良いことである、と結論する。しかし大学で勉強を続けることは、今述べたように、夏子にとって疎遠である。このように、完成主義も、人にとって疎遠なことをその人にとって良いことであるとみなすことがある。

以上のように、客観リスト説も完成主義も、人にとって疎遠なことをその人にとって良いことである、と結論することがある。しかし、先に述べたように、人にとって疎遠なことは、その人にとって良いことであるとは思えない。この点で、客観リスト説も完成主義も困難を抱える。この困難を「疎遠問題」と呼ぶことにしよう[13]。私は、客観リスト説と完成主義が疎遠問題を抱えることは、これらの説の妥当性を疑う強い根拠になる、と考える。

ここで少し横道にそれるが、疎遠問題という観点から見て、快楽説をどのように評価できるのか考えてみたい。第三章の第4節で述べたように、「快楽とは何か」に関しては、感覚説、態度対象説、命題的態度説、という三つの説がある。これらのうちのどれが正しいかによって、快楽説が疎遠問題を抱えるかどうかも変わってくる。

感覚説が正しいとすると、快楽説は、疎遠問題を抱えることになる。感覚説によれば、赤さや痒さの感覚と同じように、「快の感覚」という独特の感覚が存在し、その独特の感覚が快楽なのである。したがって、感覚説によれば、快楽は、その構成要素として、肯定的な心的態度を含まない。それは、赤さや痒さの感覚が、その構成要素として、肯定的な心的態度を含まないのと同じである。だから、快楽を感じているだけでは、肯定的な心的態度が生じない。したがって、快楽を感じているだけでは、心が何かに共鳴するという現象は起こらない。それゆえ、人が特定の快楽に対して肯定的な心的態度をいっさい向けていない場合には、その快楽は、その人にとって疎遠なものになる。快楽説は、その疎遠な快楽も人にとって良い、と主張することになる。このように、感覚説が正しければ、快楽説は、疎遠問題を抱えるのである。

だが、態度対象説が正しいとすると、快楽説は、疎遠問題を抱えずにすむ。態度対象説によれば、快楽とは、「好き」とか「気に入る」という肯定的な心的態度が向けられている感覚のことである。だから快楽は必ず、心がそれに共鳴する要素を含むことになる。したがって快楽は、その快楽を感じている人にとって疎遠になることはない。それゆえ、態度対象説が正しければ、快楽説は、疎遠問題を免れるのである。

また、命題的態度説が正しい場合にも、快楽説は、疎遠問題を免れる。命題的態度説によれば、快楽とは、「喜ぶ」とか「嬉しく思う」という肯定的な心的態度そのものである。そして、それらの肯定的態度の対象である命題は、それらの肯定的な態度を構成する要素であると考えることができる。だから快楽は必ず、心がそれに共鳴する要素を含むことになる。したがって快楽は、その快楽を享受している人にとって疎遠になることはない。それゆえ、命題的態度説が正しい場合にも、快楽説は、疎遠問題を免れることになる。

このように快楽説は、「快楽とは何か」に関する三つの説のうちのどれが正しいかに応じて、疎遠問題を抱えたり免れたりする。一方、客観リスト説や完成主義は、疎遠問題を免れることはできないのである。

5 ここまでの議論のまとめと今後の進路

ここまでの話を整理しよう。まず第三章の第3節で、快楽説に対する卑俗性批判を説明して、それから第三章の第5節で、卑俗性批判に対する快楽説からの応答を見た。快楽説は、「高貴な快楽の方が卑俗な快楽よりも幸福価値の点でまさっている」と説くことで、卑俗性批判に応えようとする。だが、第三章の第6節で見たように、その応答がうまくいっているとは言いがたい。しかし、だからと言って、快楽説は妥当でない、ということにはならない。というのは、卑俗性批判の方に何か問題があれば、卑俗性批判によって快楽説を論破することは難しくなるからである。

そこで、卑俗性批判の妥当性が問題になる。とくに、卑俗性批判を支えている「卑俗快楽状態と高貴快楽状態を比べた場合に、それらの状態において生じている快楽が強度と持続時間の点で同じでも、必ず、高貴快楽状態の方が卑俗快楽状態よりも多くの幸福をもたらす」という見解の妥当性が問題になる。高貴快楽状態とは、「高貴な事柄」と「それから得られる快楽（高貴な快楽）」から構成され、卑俗快楽状態とは、「卑俗な事柄」と「それから得られる快楽（卑俗な快楽）」から構成されているから、この見解の妥当性を示す方法は二つある。ひとつは、「高貴な快楽の方が卑俗な快楽よりも幸福価値の点でまさっている」ということを示すという方法であり、もうひとつは、「高貴な事柄の方が卑俗な事柄よりも幸福価値の点でまさっている」ということを示すという方法である。今述べたように、前者の方法は快楽説によって試みられたが、うまくいかない。すると、後者の方法が残る。

そこで、完成主義と客観リスト説が俎上にあがる。というのは、完成主義か客観リスト説のいずれかが正しければ、「高貴な事柄の方が卑俗な事柄よりも幸福価値の点でまさっている」と言えるからである。しかし、この章で見たように、これらの説にも問題がある。とくにこれらの説は、人にとって疎遠なことをその人にとって良いことである、と結論することがある。つまり、疎遠問題を抱えるのである。そしてこのことは、これらの説の妥当性を疑う強い根拠になる。

このように完成主義も客観リスト説も、疎遠問題という深刻な問題を抱えるから、これらの説を根拠にして、快楽説に対する卑俗性批判を展開することは難しい。しかし、だからと言って、快楽説が妥当である、と結論するのは性急である。というのは、快楽説は、他にも様ざまな批判を浴びているし(14)、また、前節の最後で見たように、疎遠問題を抱える可能性もあるし、それに加えて、第八章の1-1で述べるように、ケア型評価説の立場から批判的な評価を加えることもできるからである。

さてここで、疎遠問題を抱えない説に目を転じることにしよう。そのような説として、とくに、欲求充足説と情動型評価説を検討しよう。後で詳しく述べるが、欲求充足説は、欲求の充足が人にとって良いことである、と主張する。ある対象を欲求するときには、人の心はその対象に共鳴している。そして欲求の充足は、欲求の対象の実現を含んでいる。だから欲求の充足は、人にとって疎遠ではない。したがって欲求充足説は、人にとって疎遠なことをその人にとって良いことである、と結論することはない。また、情動型評価説は、〈ある事柄に「満足する」、「喜ぶ」、「嬉しく思う」といった心的態度を向けていて、かつ、その事柄が生じている〉ことが人にとって良いことである、と主張する。ある事柄に「満足する」、「喜ぶ」、「嬉しく思う」といった心的態度を向けているとき、人の心はその事柄に共鳴している。したがって情動型評価説も、人にとって疎遠なことをその人にとって良いことである、と結論することはない。以上のように、欲求充足説も情動型評価説も疎遠問題は免れている。しかし、そのどちらの説もそれぞれ、それなりの問題を抱えている。まず次の章で、欲求充足説を説明し、その説が抱えている問題を二つ示すことにしたい。その次に第六章で、情動型評価説を説明し、それが抱える問題を二つ指摘しよう。それから第七章では、疎遠問題を免れている新たな説として、ケア型評価説を提案したい。そして第八章では、ケア型評価説の立場から、快楽説、完全主義と客観リスト説、欲求充足説、情動型評価説に対して、改めて批判的な評価を加えたい。

第五章　欲求充足説

1　欲求充足説の基本的な考え方

欲求充足説は、「人にとって良いこと」について次のように主張する。

（DF1）欲求の充足は常に（根本的な意味で）人にとって良いことであり（根本的な幸福価値をもち）、そして、欲求の充足だけが（根本的な意味で）人にとって良いことである（根本的な幸福価値をもつ）。

この主張によれば、欲求が充足されれば、それだけ幸福は増し、幸福が増すのは、欲求が充足されるときだけである。（DF1）に対応する形で、「人にとって悪いこと」を定式化すると、次のようになる。

（ＤＦ２）欲求の不充足は常に（根本的な意味で）人にとって悪いことであり（根本的なマイナス幸福価値をもち）、そして、欲求の不充足だけが（根本的な意味で）人にとって悪いことである（根本的なマイナス幸福価値をもつ）。

この主張によれば、欲求が充足されなければ、それだけ不幸は増し、不幸が増すのは、欲求が充足されないときだけである。

さらに、欲求充足説をとる多くの論者は、欲求の充足がもつ幸福価値の大きさと、欲求の不充足がもつマイナス幸福価値の大きさについて、次のように考える。

（ＤＦ３）欲求の充足がもつ幸福価値の大きさは、欲求の強度によって決まり、欲求が強ければ強いほど、その幸福価値は大きくなる。

（ＤＦ４）欲求の不充足がもつマイナス幸福価値の大きさは、欲求の強度によって決まり、欲求が強ければ強いほど、そのマイナス幸福価値は大きくなる。

これらの考え方によれば、欲求が強ければ強いほど、その充足は幸福を増大させ、その不充足は不幸を増大させる。

さて、（ＤＦ１）から（ＤＦ４）で言われている「欲求」には次のような限定がつく。Ｘとは異なることＹを欲していて、かつ、「Ｙが生じるためにはＸが生じる必要がある」とか「Ｘが生じることでＹが生じる可能性が高まる」とか、あるいは「Ｘが生じれば必ずＹも生じる」と思っているから、Ｘも欲している場合がある。このような場合のＸへの欲求は「外在的欲求 extrinsic desire」と呼ばれる。私が「次の急行に乗りたい」と思ったとして、そう思ったのは、「五時までに新宿に着きたい」と思っていて、かつ、「五時までに新宿に着くためには、次の急行に乗る必要がある」と思ったからであるとしよう。この場合の「次の急行に乗りたい」という私の欲求は、外在的欲求である。私が「風邪薬を飲みたい」と思ったとして、そう思ったのは、「風邪を治したい」と思っていて、かつ、「風邪薬を飲むことで風邪が治る可能性が高まる」と思ったからであるとしよう。この場合の「風邪薬を飲みたい」という私の欲求は、外在的欲求である。あるいは、私が「茶柱が立ってほしい」と思ったとして、そう思ったのは、「良いことが起きてほしい」と思っていて、かつ、「茶柱が立てば必ず良いことが起きる」と信じていたからであるとしよう。この場合の「茶柱が立ってほしい」という私の欲求も、外在的欲求である。一方、このような仕方で欲するのではなく、あることをそれ自体のために欲する場合がある。そのような欲求は、「内在的欲求 intrinsic desire」と呼ばれる。私は、よく快楽を欲するが、その欲求はたいてい内在的欲求である。(1) (DF1) から (DF4) で言われている「欲求」は、内在的欲求である。

また、ここで言われている「充足」は、欲求が叶ったことを知ったけっか感じる喜びや満足や安堵を指すのではない。欲求が叶ったことを本人が知らないときには、喜びや満足や安堵を感じないが、それでも欲求は充足されたのである。私が「自分の死後に妻が再婚しないでほしい」と願っているとして、私の死後に妻が再婚しなかったら、私はそれを知ることができないし、だから、それを喜ぶこともできないが、私の欲求は充足されたのである。(2) 同じように、ここで言われている「不充足」も、欲求が叶わなかったことを知ったけっか感じる悲しみや不満や落胆を指すのではない。欲求の充足とは何か、ということについては、次の節でさらに詳しく論じる。

欲求充足説は、以上のような説である。欲求充足説は多くの人びとを惹きつけてきた。たとえば、トマス・ホッブズ Thomas Hobbes もそのひとりである。(3) また、リチャード・M・ヘア Richard M. Hare やジョン・ロールズ John Rawls といった二十世紀の哲学者も欲求充足説に賛同していたと解釈できる。(4) しかし欲求充足説に対しては、多くの批判が出され、また、多くの問題も指摘されている。(5) ここでは、その中でもとくに、「虚しさによる批判」と「僥倖による批判」を取りあげる。

だがその前に、「欲求の充足」とは何か、ということを説明しておきたい。というのも、欲求充足説を正確に理解するためにも、そして、「虚しさによる批判」と「僥倖による批判」を適切に検討するためにも、欲求の充足とは何かを明確にしておくことは重要だからである。

2　欲求の充足とは何か

欲求の対象（欲求されていること）は命題である。[6] 私が「世界が平和であってほしい」と思っているとき、この欲求の対象は「世界が平和である」という命題であり、私はこの命題に対して「欲する」という心的態度を向けている。私が「今度の夏に北海道に行きたい」と思っているとき、この欲求の対象は「今度の夏に私が北海道に行く」という命題であり、私はこの命題に対して「欲する」という心的態度を向けている。私が水を欲しているとき、この欲求の対象は、たとえば「私が水を飲む」という命題であり、私はこの命題に対して「欲する」という心的態度を向けている。このように欲求は、命題を対象とする心的態度、すなわち命題的態度である。

欲求の対象の実現とは、欲求の対象である命題が真になることである。世界が平和になれば、すなわち、「世界が平和である」という命題が真になれば、「世界が平和であってほしい」という私の欲求の対象が実現する。ところで、欲求の対象が実現しても、欲求が充足されるとはかぎらない。「欲求の充足」と「欲求の対象の実現」は異なるのである。ここでは、このことを示すことで、欲求の充足とは何かを明確にしたい。そのためには、「条件つき欲求 conditional desire」と「条件なし欲求 unconditional desire」について語る必要がある。[7]

2-1　条件つき約束

条件つき欲求は、「Pならば、Qを欲する」（「P」と「Q」には命題が入る）という形で表すことができる。だが、このような形で表すことができる心的事象がすべて、「条件つき欲求」であるわけではない。このような形で表すことができる心的事象でも、条件つき欲求ではない場合がある。そのような場合については後で話すことにして、まずは、どのような場合に、「Ｐならば、Ｑを欲する」という形で表すことができる心的事象が条件つき欲求であるのかを説明しよう。そのために、少し遠回りになるかもしれないが、まず「条件つき約束」を見てみよう。

　条件つき約束とは、「Ｐならば、Ｑを約束する」（「Ｐ」と「Ｑ」には命題が入る）という形で表すことができ、Ｐが約束の条件であり、Ｑが約束の対象（約束されていること）であるような約束である。私が、「土曜日に飲み会があるのだけれど、参加しないか」と同僚たちに誘われたとしよう。私はそのときに風邪をひいていたので、「土曜日に風邪が治っていたら、飲み会に参加するよ」と約束したとしよう。この約束を詳しく書くと、次のようになる。

「土曜日に私の風邪が治っている」ならば、「土曜日に私が飲み会に参加する」ことを約束する。

これを見ればわかるように、「土曜日に風邪が治っていたら、飲み会に参加するよ」という私の約束は、「Ｐならば、Ｑを約束する」という形で表すことができる。この場合、Ｐには「土曜日に私の風邪が治っている」という命題が入り、Ｑには「土曜日に私が飲み会に参加する」という命題が入る。そして、この約束は、条件つき約束である。この約束の条件は「土曜日に私の風邪が治っている」ことであり、この約束の対象（約束されたこと）は「土曜日に私が飲み会に参加する」ことである。

　ところで、どのような場合に私はこの約束を守ったことになり、どのような場合に私はこの約束を破ったことになるのであろうか。(1)土曜日に私の風邪が治っている場合と、(2)土曜日に私の風邪が治っていない場合を分けて考えよう。(1)の場合は、私の約束の条件が満たされている。そしてこの場合には、私が飲み会に参加すれば、私は約束を守ったことになり、私が飲み会に参加しなければ、私は約束を破ったことになる。(2)の場合は、私の約束の条件が満たされていない。このような状況で（私の気が変わって）私が飲み会に参加したとしたら、私は約束を守ったことになるのであろうか。おそらく、約束を守ったことにはならないであろう。というのは、約束を守るとは、約束によって生じる責務を遂行することであるが、その約束の条件が満たされていない場合には、その約束は効力を失い、その責務は消滅しているからである。その場合には、約束の対象が実現しても、約束を守ったことにはならない。飲み会に参加した私が同僚たちに「まだ風邪が治っていないけれど、気が変わって、参加することにしたよ」と言えば、彼らは納得してくれるであろう。だが、「まだ風邪が治っていないけれど、約束したから、参加することにしたよ」と言えば、彼らは私がわけのわからないことを言っていると思うにちがいない。というのは、この場合、私の約束の条件が満たされていないから、その約束は効力を失っているにもかかわらず、私のその発言は「その約束が効力をまだもっていて、飲み会に参加すれば、その約束を守ることになる」と私が考えているように聞こえるからである。では、(2)の場合に私が飲み会に参加しなかったとしたら、私は約束を破ったことになるのであろうか。おそらく、約束を破ったことにはならないであろう。というのは、その約束の条件が満たされていないならば、その約束は効力を失い、約束によって生じた責務は消滅しているからである。この場合には、約束の対象が実現しなくとも、約束を破ったことにはならない。その証拠に、私が飲み会に参加しなくても、同僚たちは、私の風邪が治っていないことを知っていれば、「約束を破った」と私を責めることはないであろう。

以上のことを整理しよう。土曜日に私の風邪が治っている場合には、私が飲み会に参加すれば、約束を守った（約束が履行された）ことになり、参加しなければ、約束を破った（約束が履行されていない）ことになる。また、土曜日に私の風邪が治っていない場合には、私が飲み会に参加しても、約束を守った（約束が履行された）ことにはならないし、参加しなくとも、約束を破った（約束が履行されていない）ことにはならない。

さて、「土曜日に私の風邪が治っている」ことは、私の約束の条件であり、「土曜日に私が飲み会に参加する」ことは、私の約束の対象である。だから、今述べたことを一般化すると、条件つき約束の履行と不履行に関して次のことが言える。

（ＣＰ１）条件つき約束は、その条件が満たされている場合には、約束の対象が実現すれば、履行されたことになり、約束の対象が実現しなければ、履行されていないことになる。(8) また、その条件が満たされていない場合には、約束の対象が実現しても、履行されたことにはならないし、約束の対象が実現しなくても、履行されていないことにはならない。

このことを「Ｐ」と「Ｑ」という記号を使って表してみよう。条件つき約束は、「Ｐならば、Ｑを約束する」という形で表すことができる。Ｐは約束の条件であり、Ｑは約束の対象である。ところで、「約束の条件が満たされている」ということは「Ｐが真である」ということであり、「約束の条件が満たされていない」ということは「Ｐが偽である」ということである。そして、「約束の対象が実現している」ということは「Ｑが真である」ということであり、「約束の対象が実現していない」ということは「Ｑが偽である」ということである。したがって、（ＣＰ１）は、次のように言い換えることができる。

（ＣＰ２）条件つき約束は「Ｐならば、Ｑを約束する」という形で表すことができる。そして、条件つき約束は、Ｐが真である場合には、Ｑが真であれば、履行されたことになり、Ｑが偽であれば、履行されていないことになる。また、Ｐが偽である場合には、Ｑが真であっても、履行されたことにはならないし、Ｑが偽であっても、履行されていないことにはならない。

条件つき約束とは、その履行と不履行に関して（ＣＰ２）のように言える約束である。

２－２　条件つき欲求

「条件つき欲求」に話をもどそう。条件つき欲求は「Ｐならば、Ｑを欲する」という形で表すことができる。だが、「Ｐならば、Ｑを欲する」という形で表すことができる心的事象でも、それが条件つき欲求ではない場合がある。条件つき欲求であるためには、Ｐがその欲求の条件となっていなければならない。では、どのような場合に、Ｐがその欲求の条件となるのであろうか。それは、条件つき約束の履行と不履行に関して（ＣＰ２）で言われていることと同じようなことが、その欲求の充足と不充足について言える場合である。すなわち、条件つき欲求とは、次のような欲求である。

（ＣＤ１）条件つき欲求は「Ｐならば、Ｑを欲する」という形で表すことができる。そして、条件つき欲求は、Ｐが真である場合には、Ｑが真であれば、充足されたことになり、Ｑが偽であれば、充足されていないことになる。また、Ｐが偽である場合には、Ｑが真であっても、充足されたことにはならないし、Ｑが偽であっても、充足されていないことにはならない。

「Ｐが真である」ということは「欲求の条件が満たされている」ということであり、「Ｐが偽である」ということは「欲求の条件が満たされていない」ということである。また、「Ｑが真である」ということは「欲求の対象が実現している」ということであり、「Ｑが偽である」ということは「欲求の対象が実現していない」ということである。したがって、（ＣＤ１）で言われていることを、記号を使わずに表すと次のようになる。

（ＣＤ２）条件つき欲求は、その条件が満たされている場合には、欲求の対象が実現すれば、充足されたことになり、欲求の対象が実現しなければ、充足されていないことになる。また、その条件が満たされていない場合には、欲求の対象が実現しても、充足されたことにはならないし、欲求の対象が実現しなくても、充足されていないことにはならない。

条件つき欲求とは、その充足と不充足に関して（CD２）のように言える欲求である。

以上のことを、例を使って説明しよう。私が、「土曜日に飲み会があるのだけれど、参加しないか」と同僚たちに誘われたとしよう。私はそのとき風邪をひいていたので、「土曜日に風邪が治っていたら、飲み会に参加したい」と思ったとしよう。この欲求を詳しく書くと、次のようになる。

「土曜日に私の風邪が治っている」ならば、「土曜日に私が飲み会に参加する」ことを欲する。

このように、「土曜日に風邪が治っていたら、飲み会に参加したい」という私の欲求は、「Ｐならば、Ｑを欲する」という形で表すことができる。そして、Ｐには「土曜日に私の風邪が治っている」という命題が入り、Ｑには「土曜日に私が飲み会に参加する」という命題が入る。さて、この欲求が条件つき欲求であるためには、（CD２）で言われていることがあてはまらなければならない。すなわち、次の二つのことが言えなければならない。

(1)土曜日に私の風邪が治っている場合には、私が飲み会に参加すれば、私の欲求は充足されたことになり、私が飲み会に参加しなければ、私の欲求は充足されていないことになる。

(2)土曜日に私の風邪が治っていない場合には、私が飲み会に参加しても、私の欲求は充足されたことにはならないし、私が飲み会に参加しなくても、私の欲求は充足されていないことにはならない。

(1)は、土曜日に私の風邪が治っている場合について述べている。そして(1)によれば、その場合には、私が飲み会に参加すれば、私の欲求は充足されたことになり、私が飲み会に参加しなければ、私の欲求は充足されていないことになる。(2)は、土曜日に私の風邪が治っていない場合について述べている。そして(2)によれば、その場合には、私が飲み会に参加しても、私の欲求は充足されたことにはならないし、私が飲み会に参加しなくても、私の欲求は充足されていないことにはならない。「私が飲み会に参加する」ことは、私の欲求の対象である。だから(2)によれば、土曜日に私の風邪が治っていない場合には、私の欲求の対象が実現しても、私の欲求は充足されたことにはならないし、私の欲求の対象が実現しなくても、私の欲求は充足されていないことにはならない。欲求の対象が実現すれば、欲求は充足され、欲求の対象が実現しなければ、欲求は充足されない、と考えるのがふつうであるから、このことは奇妙に聞こえるかもしれない。しかし、私の欲求が条件つき欲求であるかぎり、(2)で言われていることが成立するのである。だが、どうしてこのようなことが成立するのであろうか。それは、条件つき約束の場合に、その条件が満たされていなければ、約束が効力を失うのと同じように、条件つき欲求の場合にも、その条件が満たされていなければ、欲求が効力を失うからである。欲求について「効力を失う」という言葉を使うのは少しおかしいかもしれないが、この言葉で言いたいことは、「充足されたのか充足されていないのかを問うにふさわしいものではなくなる」ということである。[9] 条件つき欲求は、その条件が満たされていない場合には、このような意味で「効力を失う」ので、その対象が実現しても、充足されたことにはならないし、その対象が実現しなくても、充足されていないことにはならないのである。それはちょうど、条件つき約束の場合に、条件が満たされていない場合には、その対象が実現しても、履行されたことにはならないし、その対象が実現しなくても、履行されていないことにはならないのと同じである。

このように、条件つき欲求の条件が満たされない場合には、条件つき欲求は効力を失うわけであるが、その心理的な結果として、条件つき欲求の条件が満たされないことを欲求の主体が知った場合には、たいてい、欲求の対象が実現されようがされまいが、欲求の主体には、どちらでもよいことに思えてくる。[10] だからその場合には、欲求の対象が実現されなくとも、欲求の主体は、そのことを残念には思わない。私が「土曜日に風邪が治っていたら、飲み会に参加したい」と思いながら医者に行ったところ、土曜日までには風邪が治らないと言われたとしよう。この場合、私の欲求が条件つき欲求であるとすれば、土曜日に飲み会に参加するかしないかは、私には、どちらでもよいことに思えてくる。だから、医者の診断を聞いて飲み会に参加することを諦めたとしても、私は残念だと思わないであろう。あるいは、私が「土曜日に風邪が治っていたら、飲み会に参加したい」と思いつつ土曜日を迎えたが、風邪は治らなかったとしよう。この場合にも、私の欲求が条件つき欲求であるとすれば、飲み会に参加するかしないかは、私には、どちらでもよいことに思えてくる。だから、飲み会に参加しなかったとしても、私は残念に思わないであろう。

条件つき欲求とは、以上のような欲求である。ところで、「Pならば、Qを欲する」という形で表すことができても、条件つき欲求ではない心的事象がある。次のような状況を考えてみよう。私は、「土曜日に飲み会があるのだけれど、参加しないか」と同僚たちに誘われた。私は「飲み会に参加したい」と思った。だが、そのとき私は風邪をひいていて、「風邪をこじらせたくない」とも思った。そして、「風邪をこじらせたくない」という気持ちの方が「飲み会に参加したい」という気持ちよりも強かった。だから私は、「土曜日に風邪が治っていたら、飲み会に参加したい」と答えた。この場合には、私は「土曜日に風邪が治っていたら、飲み会に参加したい」という条件つき欲求をもっているわけではない。「風邪をこじらせたくない」という欲求と「飲み会に参加したい」という欲求の二つの欲求をもっているのである。そして、「風邪をこじらせたくない」という欲求の方が「飲み会に参加したい」という欲求よりも強いから、「土曜日に私の風邪が治っていない場合には、飲み会に参加すれば、風邪をこじらせることになるから、飲み会に参加したくない」と思っている。だが同時に、「土曜日に私の風邪が治っている場合には、風邪をこじらせる心配がないから、飲み会に参加したい」とも思っている。このような思いを私は、「土曜日に風邪が治っていたら、飲み会に参加したい」という発言で表したのである。この場合には、「飲み会に参加したい」という私の欲求は、土曜日に私の風邪が治っていなくとも、効力を失うわけではない。だから、飲み会に参加するかどうかは、私には、気がかりなことであり続ける。したがって、土曜日までには風邪が治らないと医者に言われて、飲み会に参加することを諦めたり、あるいは、土曜日になっても風邪が治らず、飲み会に参加しなかったりしたら、私は残念に思うであろう。

2-3 条件なし欲求

「条件なし欲求」とは、条件つき欲求でない欲求のことである。私は「世界が平和であってほしい」と思っている。また、「家族が健康でいてほしい」とも思っている。こう思っているとき私は、世界の平和や家族の健康を、条件なしに欲していると思われる。とすれば、これらの欲求は条件なし欲求である。

条件なし欲求は、条件がついていないから、「Qを欲する」(「Q」には命題が入る)という形で表すことができる。だから、今述べた私の欲求は、それぞれ、次のように表すことができる。

「世界が平和である」ことを欲する。
「家族が健康でいる」ことを欲する。

条件なし欲求は、その対象が実現すれば、すなわち、Qが真であれば、充足されたことになり、その対象が実現しなければ、すなわち、Qが偽であれば、充足されていないことになる。以上のことをまとめると次のようになる。

(UCD1) 条件なし欲求は、「Qを欲する」という形で表すことができる。そして、条件なし欲求は、Qが真であれば、充足されたことになり、Qが偽であれば、充足されていないことになる。

記号を使わずにこれを言い換えると、次のようになる。

（UCD2）条件なし欲求は、その対象が実現すれば、充足されたことになり、その対象が実現しなければ、充足されていないことになる。

2‐4 外在的欲求と条件つき欲求

この章の第1節で私は、「外在的欲求」と「内在的欲求」を区別した。そして今、「条件つき欲求」と「条件なし欲求」を区別した。そこで、これらの区別の関係を明確にしておこう。

外在的欲求はすべて、条件つき欲求である。Xとは異なることYを欲していて、かつ、「Yが生じるためにはXが生じる必要がある」と思っているからXを欲していたり、「Xが生じることでYが生じる可能性が高まる」と思っているからXを欲していたり、あるいは「Xが生じれば必ずYも生じる」と思っているからXを欲していたりする場合、これらの欲求は外在的欲求である。そしてこれらの欲求は、それぞれ「Yが生じるためにはXが生じる必要があるならば、Xを欲する」、「Xが生じることでYが生じる可能性が高まるならば、Xを欲する」、「Xが生じれば必ずYも生じるならば、Xを欲する」という条件つき欲求である。

たとえば、私が「風邪を治したい」と思っていて、かつ、「抗生物質は風邪に効く（抗生物質を飲めば風邪が治る可能性が高まる）」と思ったから、「抗生物質を飲みたい」と思ったとしよう。この欲求は、外在的欲求であるが、それは「抗生物質が風邪に効くならば、抗生物質を飲みたい」という条件つき欲求でもある。それゆえ、抗生物質が風邪に効かないならば、その欲求は効力を失うわけで、したがって、私が抗生物質を飲んでも、その欲求は充足されたことにはならないし、また、私が抗生物質を飲まなくても、その欲求は充足されていないことにはならない。だから、抗生物質が風邪には効かないことを私が知ったならば、抗生物質を飲むかどうかは、私には、どちらでもよいことに思えてくる。
　このように外在的欲求はすべて、条件つき欲求であるが、条件つき欲求がすべて外在的欲求であるわけではない。内在的でありながら、条件つきである欲求がある。次の例を考えてみよう。

〈絵画の例〉

画商が秋彦に絵画を見せて、「マティスの作品だけど安くしておくから買わないか」と言った。秋彦はひと目でその絵画に魅せられた。ただ、その画商は信用できないところがあるので、秋彦は、その絵画は贋作かもしれないという疑いをもった。そこで秋彦は、「この作品が真作であれば、それを手に入れたい」と思った。そして、その作品が真作かどうか確かめるために、信頼できる鑑定にかけた。そのけっか、その作品は贋作であることがわかった。そのとたん秋彦は、その作品への興味を失い、それを手に入れるかどうかは、どちらでもよいことに思えてきた。

この例における「その作品が真作であれば、それを手に入れたい」という秋彦の欲求は、外在的欲求ではない。仮に秋彦が「マティスの真作を手に入れたい」という欲求を日頃から抱いていて、画商がその作品を見せたとき、「この作品が真作であれば、それを手に入れることでマティスの真作が手に入る」と思って、そのけっか「この作品が真作であれば、それを手に入れたい」と思ったとすれば、この欲求は外在的欲求であろう。しかし〈絵画の例〉の秋彦は、このような仕方で「この作品が真作であれば、それを手に入れたい」と思ったわけではない。秋彦はただ単に、ひと目でその作品に魅せられ、その作品をそれ自体のために欲したのである。つまり、その作品に対する秋彦の欲求は、内在的欲求である。ただ、その内在的欲求に「この作品が真作であれば」という条件がついたのである。
　また秋彦は、「この作品を手に入れたい」という欲求と「贋作をつかまされたくない」という欲求の二つの欲求をもっていて、かつ、前者の欲求よりも後者の欲求の方が強いから、「この作品が真作であれば、それを手に入れたい」と思ったわけでもない。もし、これら二つの欲求をもっていて、前者の欲求よりも後者の欲求の方が強いから、「この作品が真作であれば、それを手に入れたい」と思ったとすれば、その作品が贋作であることがわかったとしても、「この作品を手に入れたい」という欲求は効力を失わないので、その作品を手に入れるかどうかは、秋彦にとって、どちらでもよいことにはならないであろう。もちろん、「贋作をつかまされたくない」という欲求の方が強いので、その作品が贋作であることがわかれば、秋彦はその作品を手に入れることは諦めるであろうが、その作品に未練が残るであろう。しかし〈絵画の例〉では、その作品が贋作であるとわかったとたんに、秋彦はその作品には関心がなくなり、それを手に入れるどうかは、どちらでもよいことに思えてきたのである。

以上のように〈絵画の例〉における「この作品が真作であれば、それを手に入れたい」という欲求は、外在的欲求ではなく、内在的欲求である。また、「この作品を手に入れたい」という欲求と「贋作をつかまされたくない」という欲求の二つの欲求があって、前者の欲求よりも後者の欲求の方が強いから、「この作品が真作であれば、それを手に入れたい」と思ったわけでもない。〈絵画の例〉における「この作品が真作であれば、それを手に入れたい」という欲求は、条件つきの内在的欲求なのである。

2-5 欲求の対象の実現・非実現と欲求の充足・不充足

以上、「条件つき欲求」と「条件なし欲求」を区別して、それぞれの欲求がどのようなときに充足され、どのようなときに充足されないのかを見てきた。(UCD2)に記したように、条件なし欲求の場合には、その対象が実現すれば、充足されたことになり、その対象が実現しなければ、充足されていないことなる。一方、条件つき欲求の場合には、(CD2)に記したように、その条件が満たされている場合には、その対象が実現すれば、充足されたことになり、その対象が実現しなければ、充足されていないことになる。だが、その条件が満たされていない場合には、その対象が実現しても、充足されたことにはならないし、その対象が実現しなくても、充足されていないことにはならない。

このように、条件なし欲求の場合には、欲求の対象の実現・非実現と欲求の充足・不充足は対応しているが、条件つき欲求の場合には、欲求の対象の実現・非実現と欲求の充足・不充足は必ずしも対応していない。だから、欲求の対象の実現・非実現と欲求の充足・不充足は、区別しなければならない。

3 虚しさによる批判

前節では、欲求の充足とは何かについて説明した。それを踏まえたうえで、これから、欲求充足説に対する「虚しさによる批判」と「僥倖による批判」という二つの批判を検討しよう。まず、「虚しさによる批判」から始めよう(11)。「虚しさによる批判」は、L・W・サムナーL. W. Sumner によって提示されたが、そのさい彼は次のような例を挙げている (Sumner 1996, 129)。

〈大学教員の例〉

冬子は大学生のときに、大学教員になったらどのような生活を送ることになるのか十分に調べたうえで、「大学教員になりたい」と思った。そして、その望みをずっと抱き続けながら、大学院に進み、順調に業績をあげて、大学に職を得た。実際に大学教員になってみると、教育、研究、校務などすべてが冬子の予想した通りであった。しかし彼女は、まもなく、この職は自分に向いていないと思い始め、その思いは徐々に強くなり、やがて、虚しさを覚えるようになり、熱意も失い、最後には、大学で働くことが嫌になって、失意のうちに退職した(12)。

この例についてサムナーは、次のように述べる。冬子の「大学教員になりたい」という欲求は充足された。しかし、冬子は虚しさを覚えて、失意のうちに退職した。だから、その欲求が充足されたことによって冬子の幸福が増したとは言いがたい。したがって、この例は欲求充足説に対する反例になる（Sumner 1996, 129–130）。

「虚しさによる批判」とは、この例のように、欲求が充足されても、虚しさを覚えたので、幸福が増したとは言いがたい場合があるから、欲求充足説は誤りである、という批判である。[13] さて、この批判に対する欲求充足説の側からの応答としては、少なくとも二つ考えられる。ひとつは、「理想的欲求 idealized desire」に訴える応答であり、もうひとつは、あくまで「実際の欲求 actual desire」によって対処しようとする応答である。これらの応答を順に見ていこう。

3－1　理想的欲求による応答

欲求充足説で問題になる欲求は、「実際の欲求」（主体が実際にもっている欲求）ではなく、「理想的欲求」である、と主張する立場がある。この立場は「理想的欲求充足説 Ideal desire fulfillment theory」と呼ばれる。[14] 理想的欲求とは、「正しい情報が十分に与えられている」とか「十分に合理的である」といった理想的状態において主体がもつ欲求のことである。私は、美しい湖の写真を見て、「この湖を見てみたい」と思って、その湖を訪ねてみたら、実際には汚れた湖であったので、がっかりしたことがある。この場合、私の実際の欲求は「この湖を見てみたい」という欲求であるが、その欲求は誤った情報にもとづいていたので、理想的欲求ではない。私は「医者になりたい」とは思っていないが、それは、医者という職業の魅力を十分に知らないからであって、その魅力を十分に知れば、「医者になりたい」と思うかもしれない。すなわち、私は「医者になりたい」という実際の欲求はもっていないが、「医者になりたい」という理想的欲求はもつかもしれないのである。

さて、理想的欲求充足説を採用すれば、〈大学教員の例〉を使ったサムナーの批判に対して次のように応じることができる、と言われるかもしれない。「大学教員になりたい」という冬子の欲求は、大学教員に関する十分な正しい情報にもとづいていなかった。その意味でその欲求は、理想的欲求ではない。だから、その欲求が充足されても幸福が増さないのは当たり前である。

このような応答に対しては、冬子の大学教員としての生活は冬子が事前に調べた通りであったから、「大学教員になりたい」という冬子の欲求は十分な正しい情報にもとづいている、と反論できる。だがこの反論に対して、大学教員になったら虚しさを覚えることを冬子は知らなかったわけであるから、「大学教員になりたい」という冬子の欲求はやはり理想的欲求ではない、と再反論されるかもしれない。

しかし私は、この再反論が正しいとしても、理想的欲求充足説が「虚しさによる批判」を免れるわけではない、と考える。というのは、大学教員になったら虚しさを覚えることを冬子が知っていたとしても、そしてその意味で、冬子が理想的状態にあったとしても、冬子が「大学教員になりたい」という欲求をもつ可能性があるとすれば、その理想的欲求に関しても、「冬子が大学教員になったことでその理想的欲求が充足されたけれど、冬子は虚しさを覚えたから、冬子の幸福は増さなかった」という具合に、「虚しさによる批判」を適用できるからである。したがって、理想的欲求充足説が、大学教員になったら虚しさを覚えることを冬子は知らなかった、ということをもちだすことで、「虚しさによる批判」を免れるためには、大学教員になったら虚しさを覚えることを冬子が知っていながら「大学教員になりたい」と思う可能性はない、と言えなければならない。

しかしはたして、このように言えるであろうか。たしかに、「大学教員になりたい」という冬子の欲求が、実のところ「大学教員になったときに虚しさを覚えないならば、大学教員になりたい」という条件つき欲求であるとすれば、このように言えるかもしれない。(15) というのは、先に述べたように、条件つき欲求は、その条件が満たされない場合には、たいてい、欲求の主体がそのことを知ると、その対象が実現されるかどうかは、欲求の主体にとっては、どちらでもよいことに思えてくるわけで、したがって、条件が満たされないことを知っていながら条件つき欲求をもつ、という可能性はない、と言えるかもしれないからである。しかし、「大学教員になりたい」という冬子の欲求が「大学教員になったときに虚しさを覚えないならば」という条件がついていない欲求であるとすれば、大学教員になったら虚しさを覚えることを知ったとしても、大学教員になることは冬子にとってどちらでもよいことにはならないわけで、したがって、冬子の「大学教員になりたい」という思いはなくならないかもしれない。そして、「大学教員になりたい」という冬子の欲求が、そのような条件のついていない欲求である可能性は否定できない。だから、大学教員になったら虚しさを覚えることを冬子が知っていながら「大学教員になりたい」と思う可能性はない、とは言いきれない。したがって、大学教員になったら虚しさを覚えることを冬子が知らなかった、ということをもちだしても、理想的欲求充足説は「虚しさによる批判」を免れることはできない。

この私の応答に対して、次のような反論が出されるかもしれない。「大学教員になったときに虚しさを覚えないならば」という条件をつけないで単に「大学教員になりたい」と思うことは、合理的ではない。冬子が十分に合理的であれば、そのような欲求をもつことはない。したがって、「十分に合理的である」ということを理想的状態の条件に加えれば、理想的状態において冬子がそのような欲求をもつ可能性はなくなる。つまり、そのような欲求は、冬子の理想的欲求ではありえなくなる。それゆえ、冬子は大学教員になったけれど虚しさを覚えたから幸福は増さない、と言えたとしても、それは、理想的欲求が充足されたけれど虚しさを覚えたから幸福が増さない、ということを意味しない。だから、理想的欲求充足説は「虚しさによる批判」を免れることができる。

この反論に対して私は、「大学教員になったときに虚しさを覚えないならば」という条件をつけないで単に「大学教員になりたい」と思うことは、なぜ合理的ではないのか、と問いたい。この問いに対して、次のような答えが返ってくるかもしれない。ある事柄が実現しても虚しさを覚えることを知っていながらその事柄を欲することは、合理的ではない。したがって、合理的であるかぎり、ある事柄を欲するときには、その欲求に「その事柄が実現したときに虚しさを覚えなければ」という条件をつけるはずである。そのような条件がついていない欲求をもつことは、合理的ではないのである。

この答えに対してさらに私は、ある事柄が実現しても虚しさを覚えることを知っていながらその事柄を欲することは、なぜ合理的ではないのか、と問いたい。この問いに対して、次のような答えが返ってくるかもしれない。虚しさを感じながら生きることは、幸福ではない。そして、ある事柄が実現しても幸福にはならないことを承知のうえでその事柄を欲することは、合理的ではない。だから、ある事柄が実現しても虚しさを覚えることを知っていながらその事柄を欲することは、合理的ではないのである。

しかしこの答えは、欲求充足説の枠を逸脱してしまっている。というのは、この答えは「虚しさを覚えながら生きることは、幸福ではない」という見解を含んでおり、したがって、欲求の充足によっては説明されない幸福の要素を認めているからである。では、欲求充足説の枠を逸脱せずに、ある事柄が実現しても虚しさを覚えることを知っていながらその事柄を欲することが合理的ではない理由を説明することはできるであろうか。たしかに、（「虚しさを感じたくない」といった欲求のように）虚しさを覚えることで充足されなくなるような欲求をもっている場合には、ある事柄が実現すれば虚しさを覚えることを承知のうえでその事柄を欲することは、合理的ではないかもしれない。だが、すべての人がいつでもそのような欲求をもっているとはかぎらない。現に〈大学教員の例〉では、冬子がそのような欲求をもっている、という想定はされていない。このように考えると、欲求充足説の枠を逸脱せずに、ある事柄が実現しても虚しさを覚えることを知っていながらその事柄を欲することが、なぜ合理的ではないのかを説明することは、かなり難しいと思われる。

以上のように考えると、理想的欲求に訴えて「虚しさによる批判」から欲求充足説を守ろうとしても、なかなかうまくいかないように思われる。そこで欲求充足説の側は、欲求充足説で問題になる欲求はあくまで「実際の欲求」である、としたうえで「虚しさによる批判」に応じようとするかもしれない。

3-2　実際の欲求による応答

欲求充足説で問題になる欲求は、理想的欲求でなく、あくまで実際の欲求である、と主張する欲求充足説は、理想的欲求充足説と区別する意味で、「現実的欲求充足説 Actual desire fulfillment theory」と呼ばれる。

さて、「大学教員になりたい」という冬子の欲求が、実のところ「大学教員になったときに虚しさを覚えないならば、大学教員になりたい」という条件つき欲求であったとすれば、現実的欲求充足説は、〈大学教員の例〉を使った「虚しさによる批判」に対して、次のように応じるかもしれない。冬子は大学教員になったけれど虚しさを覚えた。だから、その欲求の条件は満たされなかった。したがって、冬子が大学教員になったことで、その欲求が充足されたわけではない。それゆえ〈大学教員の例〉は、欲求が充足されたけれど幸福は増さない、という例にはならない。

この応答は妥当であろう。しかし先に述べたように、「大学教員になりたい」という冬子の欲求が、「大学教員になったときに虚しさを覚えないならば」という条件のついていない欲求であった可能性は否定できない。そして冬子の欲求がそのような欲求であれば、その欲求は、冬子が大学教員になったことで充足されたわけであるから、現実的欲求充足説は「虚しさによる批判」を免れることはできない。

そこで、現実的欲求充足説は、欲求充足説の主張である（DF1）に関して、次のような但し書きを設けることで「虚しさによる批判」をかわそうとするかもしれない。

（DF1-1）ただし、（DF1）が成立するのは、欲求が生じている時点とそれが充足される時点が同じである場合にかぎられる。

ちなみに（DF1）とは、次のような主張であった。

（DF1）欲求の充足は常に（根本的な意味で）人にとって良いことであり（根本的な幸福価値をもち）、そして、欲求の充足だけが（根本的な意味で）人にとって良いことである（根本的な幸福価値をもつ）。

欲求が生じている時点とそれが充足される時点は、必ずしも同じではない。私が四月の時点で「今度の十一月のアメリカ大統領選挙では民主党の候補が勝ってほしい」と思ったとしよう。そして十一月になったら、実際に民主党の候補が勝ったとしよう。この場合、「今度の十一月のアメリカ大統領選挙では民主党の候補が勝ってほしい」という私の欲求が生じたのは、四月であり、その欲求が充足されたのは十一月である。このように、欲求が生じている時点とその欲求が充足される時点は、異なることがある。もちろん私が、十一月にアメリカ大統領選挙が行われた時点になっても、その欲求を持ち続けていたとすれば、その時点にかぎって言えば、その欲求が生じている時点とその欲求が充足される時点は、同じであると言える。だが、十一月のアメリカ大統領選挙の時点までにその欲求が消えてしまったら、その欲求が生じている時点とそれが充足される時点は異なる。私がこの原稿を書いているちょうどこの時間に、広島カープと読売ジャイアンツの試合が行われている。そして私は「広島カープが勝っていてほしい」と思いながら、この原稿を書いている。ただ、私は今テレビを見ていないので広島カープが勝っているかどうかわからない。さて、今広島カープが勝っているとしよう。とすれば、「広島カープが勝っていてほしい」という私の欲求は充足されたことになる。この場合、「広島カープが勝っていてほしい」という私の欲求が生じている時点とそれが充足される時点は同じである。以上のように、欲求が生じている時点とそれが充足される時点は、異なることもあるし同じであることもある。（DF1-1）は、欲求が生じている時点とそれが充足される時点が同じである場合にのみ、（DF1）で言われていることが成立する、と言っているのである。(16)

現実的欲求充足説は、（DF1）に（DF1-1）を添えることで、「虚しさによる批判」を次のようにかわそうとするかもしれない。たしかに冬子は、大学教員になる前には「大学教員になりたい」という欲求をもっていた。そして、大学教員になったことでその欲求は充足された。しかし冬子は、大学教員になって虚しさ感じた時点では、「大学教員になりたい」という欲求をすでに失っているはずである。すなわち、その時点では、その欲求は生じてはいないはずである。というのも、冬子がその欲求をその時点で持ち続けているとすれば、その欲求がその時点で（同時に）充足されているわけであるから、虚しさを感じるはずがないからである。このように、冬子が虚しさを感じた時点では「大学教員になりたい」という欲求が生じていないとすれば、たとえ冬子がその時点よりも以前に「大学教員になりたい」と思っていて、さらに、大学教員になったことでその欲求が充足されたとしても、（ＤＦ１‐１）で言われている条件は満たされていない。したがって、（ＤＦ１‐１）が付加された（ＤＦ１）によれば、冬子の幸福が増さないのは当然である。それゆえ現実的欲求充足説は、（ＤＦ１）に（ＤＦ１‐１）を加えることで「虚しさによる批判」を免れることができる。

しかし、この応答には問題がある。第三章の４‐２でも述べたように、欲求は、生じていることがわかっている事柄や、生じていると信じている事柄を対象とすることができない。今雨が降っていることがわかっていながら、あるいは、今雨が降っていると信じていながら、「今雨が降ってほしい」と思うことはできない。したがって、欲求が生じている時点とそれが充足される時点が同じであるのは、その欲求が充足されていることを（その同じ時点において）知らない場合にかぎられることになる。とすれば、（ＤＦ１‐１）が付加された（ＤＦ１）によれば、欲求の充足によって幸福が増すのは、その欲求が生じている時点とそれが充足される時点が同じであり、しかも、その欲求が充足されていることを（その同じ時点において）知らない場合にかぎられることになる。しかし、このような場合にしか幸福が増さないと考えるのはおかしい。もし、このような場合にしか幸福が増さないとすれば、我われはめったに幸福を享受することができないことになる。〈大学教員の例〉に描いたこととは反対に、仮に冬子が、大学教員であることに満足し、大学教員として充実した日々を送っているとしよう。そして、そのような生活に喜びを見出し、そのような生活をとても大切に思っているとしよう。この場合には、冬子の幸福は増したと考えるのが自然であろう。だが、（ＤＦ１－１）が付加された（ＤＦ１）によれば、これとは反対の判断がくだされる。というのは、冬子はすでに大学教員になっているわけであるから、そして、自分が大学教員であることを知っているはずであるから、「大学教員になりたい」という欲求を抱くことはできないわけで、したがって、（ＤＦ１－１）が付加された（ＤＦ１）によれば、冬子の幸福は増していないことになるからである。もちろん冬子が、実際に大学教員になっているにもかかわらず、自分が大学教員になっていることを知らなかったら、「大学教員になりたい」という欲求を抱くことができる。しかしこのようなことは、めったにありそうもないし、たとえあったとしても、そのようなときにしか冬子の幸福が増さない、と考えるのはどう見てもおかしい。

以上のように考えると、現実的欲求充足説をとりながら、「虚しさによる批判」を免れるのも難しいと思われる。また、前節で見たように、理想的欲求充足説を採用しても、うまくいきそうもない。したがって私は、欲求充足説が「虚しさによる批判」を免れるのは難しい、と結論する。もちろんそれだけでは、欲求充足説を否定する根拠としては十分でないかもしれない。そこで次に、「僥倖による批判」を検討してみよう。

4 僥倖による批判

次の例を考えてみよう。

〈庭仕事の例〉
秋彦は、老齢になった父に代わって定期的に実家の庭仕事をするように頼まれた。庭仕事はつらいし汚れるから、「庭仕事などしたくない」と秋彦は思ったが、仕方なく引き受けた。だが、雑草を抜いたり、芝をかったり、害虫と格闘しているうちに、今までに感じたことのない、なんとも言えない安らぎを覚えるようになった。それは、身近な自然に直に触れることから生じる安らぎとでも言える感覚である。秋彦は「庭仕事をしたい」と思って庭仕事を始めたわけではないが、期せずしてこのような安らぎを手に入れた。そして秋彦は、このことをとても嬉しく思っているし、ささやかではあるが人生において何か大切なものを見つけたようにも思っている。

さて、この例について私は、次のように言いたい。庭仕事をすることで、秋彦の幸福は明らかに増したように思われる。だが、秋彦の幸福が増したのは、「庭仕事をしたい」という欲求が充足されたからではない。そもそも秋彦は、庭仕事を始める前に、そのような欲求をもってはいなかったのである。だからこの例は、欲求の充足によらずに幸福が増す例であり、したがって、欲求充足説に対する反例になる。

この例のように、ある事柄を欲していたわけではないが、その事柄が生じたことで期せずして幸福が増すことがあり、したがって、欲求充足説は誤りである、という批判が「僥倖による批判」である[17]。さて、この批判に対する欲求充足説の側からの応答としては、少なくとも二つ考えられる。ひとつは、「理想的欲求」をもちだす応答であり、もうひとつは「気づかぬ欲求」に訴える応答である。これらの応答を順に見ていこう。

4-1　理想的欲求による応答

すでに述べたように、「理想的欲求」とは、「正しい情報が十分に与えられている」とか「十分に合理的である」といった理想的状態において主体がもつような欲求のことである。そして、理想的欲求を問題にする欲求充足説を「理想的欲求充足説」と言う。さて、理想的欲求充足説を採用すれば、〈庭仕事の例〉で示されたような「僥倖による批判」に対して、次のように応答できるかもしれない。庭仕事を始める前に秋彦が庭仕事に関する十分な情報をもっていたとすれば、秋彦は「庭仕事をしたい」という理想的欲求をもったはずである。そして、秋彦が庭仕事を始めたことで、その理想的欲求は充足されたわけであるから、秋彦の幸福が増すのは当然である。

この応答に対して私は、次のように反論したい。秋彦が庭仕事に関する十分な情報をもっていて、そしてその意味で理想的状態にあったとしても、「庭仕事をしたい」という欲求を秋彦がもたない可能性はある。この反論に対して、理想的欲求充足説の側は、次のように応じるかもしれない。庭仕事に関する情報だけではなく、「庭仕事をすれば自分は安らぎを覚える」という情報をも秋彦が手に入れていれば、秋彦は「庭仕事をしたい」と思ったはずである。だから、「十分な情報」の中に「庭仕事をすれば自分は安らぎを覚える」という情報まで含めれば、理想的状態において秋彦が「庭仕事をしたい」という欲求をもたない可能性はなくなるのではないか。これに対して私は、次のように反論したい。庭仕事を始める前に秋彦が「庭仕事をすれば自分は安らぎを覚える」という事実を知ったとしても、「庭仕事をしたい」と秋彦が思わない可能性は依然としてある。たとえば、庭仕事をする前に秋彦がひどく落ち込んでいて、何に対しても意欲がわかない状態にあったとすれば、「庭仕事をすれば自分は安らぎを覚える」という事実を知ったとしても、「庭仕事をしたい」とは思わないかもしれない。しかし、この反論に対して理想的欲求充足説の側は、さらに次のように応じるかもしれない。何に対しても意欲がわかないという状態は、合理性を欠いている状態である。したがって、理想的状態の条件のひとつとして「十分に合理的である」といった要素を組み込めば、理想的状態において秋彦が「庭仕事をしたい」とは思わない可能性はなくなる。

以上のように私としては、理想的状態において秋彦が「庭仕事をしたい」という欲求をもたない可能性を指摘して、理想的欲求充足説に反論したいわけであるが、それに対して理想的欲求充足説の側は、「理想的状態」の条件を次々と付け加えることによって、そのような可能性を消そうとするかもしれない。そして最後には、そのような可能性を完全に消してしまうような「理想的状態」を作りあげることができるかもしれない。そのような「理想的状態」を作りあげれば、〈庭仕事の例〉で示されたような「僥倖による批判」に対処できるであろう。

しかし私は、理想的欲求充足説によるこのような対処の仕方に関して次のような疑問をもつ。理想的欲求充足説は、理想的状態において秋彦が必ず「庭仕事をしたい」という欲求をもつように「理想的状態」の条件を次々と付け加えていくわけであるが、そうすることによって、欲求充足説の枠から逸脱してしまうのではないか。「幸福とは理想的欲求の充足である」という、理想的欲求充足説の基本的な考え方からすれば、今述べたような仕方で「理想的状態」の条件を次々と修正していかなければならない理由はとくにない。そうしなければならない理由があるとすれば、それは欲求充足説の枠の外に求めなければならないであろう。たとえば、秋彦が庭仕事に安らぎを覚え、それを嬉しく思ったことによって秋彦の幸福は増すから、このことと理想的欲求充足説が出す判断が矛盾しないようにするために「理想的状態」を修正していかなければならない、という具合に、理想的欲求の充足とは異なる幸福の構成要素（〈庭仕事の例〉では、秋彦が嬉しく思っている、ということ）に言及することで、「理想的状態」を修正する理由を説明しなければならなくなるであろう。しかしそうなれば、欲求充足説の枠から逸脱することになる。

さらに私は、次のような根本的な疑問も抱く。庭仕事をすることで秋彦の幸福が増したのは、はたして、このように（次々と条件を付け加えることで）切り詰めた「理想的状態」において秋彦がもつ欲求が充足されたからなのであろうか。そのような状態で秋彦がもつ欲求は、秋彦が実際にもっている欲求とは似ても似つかない欲求であるかもしれないわけで、そのような欲求の充足が秋彦の幸福を増大させる、とどうして言えるのであろうか。そのような欲求をもちだす複雑な説明よりも、たとえば「秋彦の幸福が増したのは、秋彦が庭仕事をすることで安らぎを覚え、そのことを嬉しく思っているからである」という単純な説明の方が、説得力があるかもしれない。このような単純な説明よりも、理想的欲求をもちだす説明の方が優れているとすれば、それはなぜなのであろうか。この疑問に納得のいく答えを与えないかぎり、理想的欲求充足説は説得力をもたないであろう。

以上のように、理想的欲求をもちだして欲求充足説を「僥倖による批判」から守ろうとしても、なかなかうまくいかない。そこで欲求充足説の側は、「気づかぬ欲求」をもちだして、「僥倖による批判」に対処しようとするかもしれない。

4-2 気づかぬ欲求

欲求充足説は、「僥倖による批判」に対して、次のように応じるかもしれない。ある事柄が生じたことを嬉しく思うときには必ず、その事柄が生じることによって充足されるような欲求をもっていたはずである。「嬉しく思う」という心的事象と欲求の間には、このような必然的な結びつきがある。だが本人が、〈自分が〉その欲求をもっていることに気づかない場合があり、その場合には、その事柄によって充足された欲求がひとつもないかのように見える。しかし実際には、本人が気づいていないその欲求が充足されたのである。〈庭仕事の例〉の秋彦は、庭仕事をすることで安らぎを覚え、それを嬉しく思っている。だから秋彦は、「安らぎを得たい」といった欲求を前からもっていたはずである。ただ秋彦は、自分がそのような欲求をもっていることに気づかなかっただけである。そして、秋彦が安らぎを覚えたことで、秋彦のその欲求は充足されたのである。したがって、〈庭仕事の例〉は欲求充足説に対する反例にはならない。このように欲求充足説は、「気づかぬ欲求」をもちだして、「僥倖による批判」に応じるかもしれない。

私はこの応答に対して、まず、次のように言いたい。この応答は、次のことを前提にしている。

(G) ある事柄が生じたことを嬉しく思うときには必ず、その事柄が生じることによって充足されるような欲求をもっていたはずである。

しかし、この前提は疑わしい。私は先日、大学病院で偶然に白鵬に出会った。そして、なぜかそれが嬉しかった。しかし私は、「白鵬に会いたい」と思ったことなど一度もなかった。このように、ある事柄が生じたことを嬉しく思ったけれど、その事柄が生じることによって充足されるような欲求をもっていたわけではない場合があるのではないか。だが、私のこの言い分に対して、欲求充足説の側は次のように反論するかもしれない。私は「白鵬に会いたい」という具体的な欲求はもっていなかったかもしれないが、「有名人に会いたい」といった漠然とした欲求を気づかぬうちにもっていたはずである。

この反論に対して私は、次のように言いたい。この反論が示しているように、ある事柄が生じたことを嬉しく思ったけれど、その事柄が生じることによって充足されるような欲求をもっていたわけではない場合がある、ということの証拠になりそうな事例を、私の側がいくら挙げても、欲求充足説の側は、「実は、その事柄が生じることによって充足されるような欲求を気づかぬうちにもっていたはずである」といった具合に、言わば「後付け」で、その事柄が生じることによって充足されるような「気づかぬ欲求」をもちだすかもしれない。しかし、その「気づかぬ欲求」が本当に存在する根拠を示さないかぎり、このような仕方で（G）を擁護することは説得力がない。本人が嬉しく思った、という事実が、そのような欲求の存在の証拠になる、と言われるかもしれないが、そのように言うことは、（G）を繰り返し言っているに等しいから、論点先取になってしまう。このような論点先取をおかさずに、（G）を擁護することはかなり難しいと思われる。

さらに、一歩譲って、（G）を認めたとしても、次のような疑問がわいてくる。（G）が正しいとすれば、〈庭仕事の例〉の秋彦は気づかぬうちに「安らぎを得たい」といった欲求をもっていたことになる。そして、庭仕事をすることで、その欲求が充足されたことになる。しかし、秋彦の幸福が増したのは、はたして、その気づかぬ欲求が充足されたからなのであろうか。そうではなくて、秋彦の幸福が増したのは、庭仕事をすることで安らぎを覚え、そのことを秋彦が嬉しく思っているからであるのかもしれない。このように、「嬉しく思う」という心的態度に訴えて、秋彦の幸福が増した理由を説明することも可能であろう。にもかかわらず、「気づかぬ欲求」という不確かなものに訴える説明の方が優れている理由はどこにあるのであろうか。この点について納得のいく説明がないかぎり、欲求充足説は説得力を欠くように思われる。

以上の考察にもとづいて私は、欲求充足説は「僥倖による批判」を免れることも難しいと考える。

5　欲求充足説から情動型評価説へ

欲求充足説によれば、人にとって良いことが生じるためには、欲求が充足されなければならない。そして、この章の第2節で述べたことからわかるように、条件つき欲求の場合にも、条件なしの欲求の場合にも、欲求が充足されるためには、欲求の対象が実現しなければならない。ところで、人がある対象を欲するとき、その人の心は、欲するという仕方で欲求の対象に共鳴している。だから欲求の充足は、人の心がそれに共鳴するような要素を含んでいる。したがって欲求の充足は、その欲求をもっている人にとって親密である。それゆえ、欲求充足説は疎遠問題を抱えない。しかし、以上見てきたように、「虚しさによる批判」や「僥倖による批判」を免れることは難しい。したがって私は、欲求充足説は妥当ではない、と結論したい。

だが、「虚しさによる批判」が示しているように、欲求が充足されても虚しさを覚えるときには幸福が増さないのは、なぜなのであろうか。また、「僥倖による批判」が示しているように、ある事柄を欲していたわけではないのに、その事柄が生じたことで幸福が増すことがあるのは、なぜなのであろうか。この問いに対して、次のように答えることができるかもしれない。

欲求が充足されても虚しさを覚えるときには幸福が増さないのは、実現された欲求の対象に対して「満足する」とか「喜ぶ」とか「嬉しく思う」といった心的態度を向けていないからである。ある事柄に対して虚しさを感じながら、同時に、その事柄に対して「満足する」とか「喜ぶ」とか「嬉しく思う」という心的態度を向けることはできないであろう。とすれば、欲求が充足されても虚しさを覚えるときには、実現された欲求の対象に対して「満足する」とか「喜ぶ」とか「嬉しく思う」という心的態度を向けていないことになる。だからこそ、欲求が充足されても虚しさを覚えるときには、幸福は増さないのである。〈大学教員の例〉の冬子の場合には、大学教員になったにもかかわらず、大学教員の生活に虚しさを感じたわけであり、したがって、大学教員の生活に満足も喜びも感じるはずはなく、だからこそ、幸福が増さなかったのである。また、ある事柄を欲していたわけではないのに、その事柄が生じたことで幸福が増すことがあるのは、その事柄が生じたことに対して「満足する」とか「喜ぶ」とか「嬉しく思う」という心的態度を向けているからである。〈庭仕事の例〉の例において秋彦の幸福が増したのは、欲求が充足されたからではなく、実際に庭仕事をしてみたら安らぎを覚えて、そのことを秋彦が嬉しく思ったからである。

この答えはそれなりに説得力がある。とすれば、幸福を左右する心的態度とは、欲求よりもむしろ「満足する」とか「喜ぶ」とか「嬉しく思う」という心的態度である、と考えた方がよいのかもしれない。次の章では、このような考えにもとづいて組み立てられた説である情動型評価説を検討することにしよう。

だがその前に、「満足する」とか「喜ぶ」とか「嬉しく思う」という心的態度は、欲求と少なくとも次のような点で異なることを確認しておこう。先にも述べたように、欲求は、生じている（あるいは、生じた）ことがわかっている事柄や、生じている（あるいは、生じた）と信じている事柄を対象とすることができない。今雨が降っていることがわかっていながら、あるいは、今雨が降っていると信じていながら、「今雨が降ってほしい」と思うことはできない。あるいは、昨日広島カープが勝ったことがわかっていながら、あるいは、昨日広島カープが勝ったと信じていながら、「昨日広島カープが勝ってほしかった」と思うことはできない。一方、「満足する」とか「喜ぶ」とか「嬉しく思う」いった心的態度は、生じている（あるいは、生じた）ことがわかっている事柄や、生じている（あるいは、生じた）と信じている事柄を対象とすることができる。今雨が降っていることがわかっていながら、あるいは、今雨が降っていると信じていながら、今雨が降っていることに満足したり、そのことを喜んだり、嬉しく思ったりすることはできるし、昨日広島カープが勝ったことがわかっていながら、あるいは、昨日広島カープが勝ったと信じていながら、そのことに満足したり、そのことを喜んだり、嬉しく思ったりすることはできる。「満足する」とか「喜ぶ」とか「嬉しく思う」いった心的態度は、少なくとも以上のような点で、欲求とは異なるのである。

第六章　情動型評価説

1　情動型評価説の基本的な考え方

前章の最後で述べたように、欲求の代わりに、「満足する」とか「喜ぶ」とか「嬉しく思う」といった心的態度を軸にすれば、もっと説得力のある説を作りあげることができるかもしれない。そこでこの章では、このような発想にもとづいて組み立てられた説のひとつとして、ティム・E・テイラー Tim E. Taylor が提示している説を取りあげることにしよう（Taylor 2012, chap. 4 & 5）。だがその前に、「満足する」、「喜ぶ」、「嬉しく思う」といった心的態度と、それらの心的態度と対称をなす「不満に思う」、「悲しむ」、「残念に思う」といった心的態度に関して、次のことを述べておきたい。

ある事態に対して「満足する」、「喜ぶ」、「嬉しく思う」といった心的態度を向けることによって我われは、その事態を「評価 value」している。ある事態に満足しているときには、その事態を「満足のいく」ものとして評価しているし、ある事態を喜んだり、嬉しく思ったりしているときには、その事態を「喜ばしい」ものとして評価している。[1]さらに、今挙げた心的態度はすべて情動である。[2]物事に対する情動は、その物事に対する評価のひとつの形態である。[3]ある物事に「怒り」を覚えているときには、その物事を「怒るべきもの」として評価しているし、その物事に「恐れ」を抱いているときには、その物事を「恐ろしい」ものとして評価している。それと同じように、「満足する」、「喜ぶ」、「嬉しく思う」といった心的態度は情動でありながら、今述べたような仕方で、対象となっている事態を評価する働きをする。このように、「満足する」、「喜ぶ」、「嬉しく思う」といった心的態度は、情動という形態をとった評価である。だから、それらの心的態度を「情動型評価」と名づけよう。また、「満足する」、「喜ぶ」、「嬉しく思う」といった心的態度によって行われている評価はいずれも肯定的である。だから、これらの心的態度を「肯定的な情動型評価」と呼ぶことにしよう。

また我われは、「不満に思う」、「悲しむ」、「残念に思う」といった心的態度によって、その対象となる事態を「満足のいかない」、「悲しい」あるいは「残念な」ものとして否定的に評価している。そして、これらの心的態度も情動である。だから、これらの心的態度を「否定的な情動型評価」と呼ぶことにしよう。[4]

では、テイラーが提示している説を見ていくことにしよう。その説を「肯定的な情動型評価」と「否定的な情動型評価」という言葉を使って定式化すると次のようになる。[5]

（EV1）〈ある事態に対して肯定的な情動型評価を加え、かつ、その事態が生じている〉ことは、常に（根本的な意味で）人にとって良いことであり（根本的な幸福価値をもち）、そして、そのことだけが（根本的な意味で）人にとって良いことである（根本的な幸福価値をもつ）。

（EV2）〈ある事態に対して否定的な情動型評価を加え、かつ、その事態が生じている〉ことは、常に（根本的な意味で）人にとって悪いことであり（根本的なマイナス幸福価値をもち）、そして、そのことだけが（根本的な意味で）人にとって悪いことである（根本的なマイナス幸福価値をもつ）。

（ＥＶ１）と（ＥＶ２）について少し説明しておきたい。まず、「事態」という言葉について説明しよう。情動型評価は、肯定的なものであれ否定的なものであれ、命題的態度である。第三章の４‐３でも述べたように、命題とは、平叙文によってある仕方で表されたかぎりでの事態である。情動的評価は、そのような事態を対象とする。たしかに、「孫の誕生を喜ぶ」とか「叔母の死を悲しむ」と言うときのように、情動型評価の対象を平叙文で表さない場合もあるが、それらの発言の意味を正確に表せば、それぞれ「孫が生まれたことを喜ぶ」とか「叔母が死んだことを悲しむ」といった具合になり、そこで言われている「喜ぶ」とか「悲しむ」という心的態度の対象は、「孫が生まれた」と「叔母が死んだ」という平叙文で表された事態であることがわかる。

次に「その事態が生じている」という表現について説明しよう。今述べたように、情動型評価は命題的態度であり、（ＥＶ１）と（ＥＶ２）で言われている「事態」は、情動型評価の対象となる命題としての事態である。（ＥＶ１）と（ＥＶ２）の「その事態が生じている」という部分は、「情動型評価の対象である命題が真である」ことを意味する。私は大学病院で偶然に白鵬に出会って、それが嬉しかった。すなわち私は、大学病院で白鵬に出会ったことを嬉しく思ったのである。その情動型評価の対象は、「私は大学病院で白鵬に出会った」という命題である。そして、私が大学病院で出会った（髷を結って付き人を従えた浴衣姿の大きな）人物が本当に白鵬であれば、その命題は真になる。すなわち、その情動型評価の対象となる事態は生じていることになる。しかし、私が大学病院で出会った人物が実際には白鵬ではなく、私がその人物のことを白鵬であると勘違いしているだけであるとすれば、「私は大学病院で白鵬に出会った」という命題は偽になる。すなわち、その情動型評価の対象となる事態は生じていないことになる。（ＥＶ１）と（ＥＶ２）の「その事態が生じている」という表現は、以上のようなことを意味する。

最後に、〈　〉で囲まれた部分について説明しよう。（ＥＶ１）の「〈ある事態に対して肯定的な情動型評価を加え、かつ、その事態が生じている〉こと」という部分は、〈ある事態に対して肯定的な情動型評価を加える〉という要素と〈その事態が生じている〉という要素からなる複合体を表している。（EV1）によれば、そのような複合体が〈根本的な〉幸福価値をもつのである。同じように、「〈ある事態に対して否定的な情動型評価を加え、かつ、その事態が生じている〉こと」という部分は、〈ある事態に対して否定的な情動型評価を加える〉という要素と〈その事態が生じている〉という要素からなる複合体を表している。（EV2）によれば、そのような複合体がマイナス幸福価値をもつのである。何が幸福価値あるいはマイナス幸福価値をもつかに関する以上のような見解は「複合体説 combo view」と呼ばれる。白鵬の例の場合、複合体説によれば、〈私は大学病院で白鵬に出会ったことを嬉しく思った〉という要素と〈私は実際に大学病院で白鵬に出会った〉という要素の複合体が、幸福価値をもつことになる。ところで、幸福価値あるいはマイナス幸福価値をもつのは、情動型評価の対象となる事態である、という見解もある。この見解は「対象説 object view」と呼ばれる。対象説によれば、白鵬の例において幸福価値をもつのは、〈私は大学病院で白鵬に出会った〉という事態であることになる。（EV1）と（EV2）は、対象説ではなく、複合体説を採用している。[6]

以上、（EV1）と（EV2）について説明をしたが、（EV1）と（EV2）で言われている心的態度は情動型評価であるので、（EV1）と（EV2）で表されている考え方を「情動型評価説」と呼ぶことにしよう。情動型評価説によれば、ある事態に対して肯定的な情動型評価を加えていて、その事態が実際に生じている場合には、それだけ幸福が増し、幸福が増すのは、そのような場合だけであり、また、ある事態に対して否定的な情動型評価を加えていて、その事態が実際に生じている場合には、それだけ不幸が増し、不幸が増すのはそのような場合だけである。

情動型評価説をとれば、〈大学教員の例〉の冬子の場合に、大学教員になったことによって彼女の幸福が増さなかった理由が説明できる。冬子は、大学教員になったが、大学教員の生活に虚しさを感じたわけであり、したがって、大学教員になったことに満足もしていないし、そのことを喜んでもいないし、嬉しく思ってもいない。このように彼女は、「大学教員になった」という事態に対して肯定的な情動型評価を加えていない。だから、冬子の幸福は増さなかったのである。さらに、情動型評価説をとれば、〈庭仕事の例〉の秋彦の場合に、庭仕事をすることで彼の幸福が増した理由も説明できる。秋彦は、庭仕事に実際に安らぎを覚え、それを嬉しく思ったわけでかるから、「庭仕事をして安らぎを覚える」という事態に対して肯定的な情動型評価を加えている。そして、その事態は実際に生じている。だから、秋彦の幸福は増したのである。

このように情動型評価説は、欲求充足説に対する「虚しさによる批判」や「僥倖による批判」を導いた事例にうまく対処できる。その点で、欲求充足説よりも情動型評価説の方が、より説得力をもつ。しかも、ある事柄に「満足する」、「喜ぶ」、「嬉しく思う」といった心的態度を向けているとき、人の心はその事柄に共鳴している。したがって、情動型評価説は疎遠問題を抱えない。こう見ると、情動評価説はかなり有望な説であると思われる。しかし、情動型評価説に関してもいくつか検討すべき問題がある。(7) ここでは、二つの問題を指摘しておこう。

2　他人の失敗に対する喜び

ひとつめの問題は、次のようなものである。（EV1）によれば、ある事態に対して肯定的な情動型評価を加えていて、かつ、その事態が生じていれば、それだけ人の幸福は増すことになる。しかし、必ずしもこのようには言えない場合がある。

私は高校時代に、どうしても好きになれない同級性がいた。私は、彼が何かに失敗すると、思わず嬉しくなり、彼が何かに成功すると、不満を覚えた。だが私は、そのようなことで喜んだり不満を覚えたりする自分がとても嫌だった。そして、そのようなことで一喜一憂することを、馬鹿らしく感じていた。さてこの場合、その同級生が失敗して、それを私が喜んだとき、それだけ私の幸福は増したのであろうか。情動型評価説は、それだけ私の幸福は増したと判断するであろう。しかし、このような情動型評価説の判断は正しいのであろうか。私は、正しくないと考える。だが、正しくないとすれば、なぜ正しくないのであろうか。この問いに関しては、第七章でケア型評価説を提案した後に、第八章の1－4で私なりの答えを提示したい(8)。

3 対象となる事態の生起という条件

二つめの問題は、次のようなものである。この章の第1節で示したように、情動型評価説は、〈ある事態に対して肯定的な情動型評価を加える〉という要素と〈その事態が生じている〉という要素からなる複合体が（根本的な）幸福価値をもつ、と主張する。したがって、情動型評価説によれば、ある事態に対して肯定的な情動型評価を加えても、その事態が実際に生じていなければ、幸福は増さない。私が大学病院で白鵬に出会ったことを嬉しく思ったとき、幸福価値をもつのは、情動型評価説によれば、〈「私は大学病院で白鵬に出会った」という事態を嬉しく思った〉という要素と、〈その事態が生じている〉という要素からなる複合体である。だから、私が大学病院で出会った人物が実際には白鵬でないとすれば、私の幸福は増さないことになる。しかし、どうして情動型評価の対象となる事態が実際に生じていなければ、幸福は増さないのであろうか。その事態が生じていなくとも、当人が生じていると信じていて、それを嬉しく思っていれば、それだけで幸福が増す、と考えてもよいのではないか。

実際にフェルドマンは、そのように考えている。第三章の5－3で見たように、フェルドマンは、「喜ぶ」とか「嬉しく思う」という命題的態度を快楽とみなしている。フェルドマンが言う、これらの命題的態度は、情動型評価説の言う「喜ぶ」とか「嬉しく思う」といった命題的態度と同じであろう。とすれば、この点では、情動型評価説とフェルドマンの快楽説は同じである。しかしフェルドマンは、情動型評価説とは異なり、「喜ぶ」とか「嬉しく思う」という命題的態度それ自体が幸福価値をもつ、と主張する。したがって、フェルドマンの快楽説では、「喜ぶ」とか

「嬉しく思う」という命題的態度の対象である事態が生じていなくとも（その命題的態度の対象である命題が真でなくとも）、そのような命題的態度さえ生じれば、幸福は増すのである（Feldman 2004, 60）。だから、フェルドマンの快楽説によれば、私が大学病院で出会った人物が本当は白鵬でないとしても、私が「自分は大学病院で白鵬に出会った」と信じていて、そして、そのことを嬉しく思ってさえいれば、私の幸福は増すのである。このようにフェルドマンは、「喜ぶ」とか「嬉しく思う」という命題的態度の対象となる事態が実際に生じていることは、幸福が増すための必要条件ではない、と考える。フェルドマンにならって、このように考えてもよいのではないか。よくないとすれば、それはなぜなのであろうか。

この疑問に対して、情動型評価説の側から、「経験機械」を使った次のような応答がなされるかもしれない。「経験機械」とは、その機械によって私の脳に電気信号を送ると私が様ざまな経験をする、という機能をもつ空想上の機械である[9]。その機械によって私は、小説を書いて芥川賞を受賞する、という経験をすることができる。だがこの場合、実際には私は、小説を書いてはいないし、芥川賞を受賞してもいない。私はその機械によって「小説を書いて、芥川賞を受賞する」という内容の経験（現実と見分けのつかないリアルな夢あるいは仮想現実）を与えられているにすぎない。さて、私が実際に小説を書いて、芥川賞を受賞し、そのけっか、芥川賞を受賞したことを喜んだ、というケース（ケース1）と、私が経験機械に知らぬ間につながれて、経験機械によって、それとまったく同じ（「小説を書いて、芥川賞を受賞する」という）経験を与えられ、そのけっか、自分が芥川賞を受賞したと信じて、そのことを喜んだ、というケース（ケース2）を比べてみよう。さて、これら二つのケースのいずれにおいても、私は芥川賞を受賞したことを喜んだわけであるから、フェルドマンの快楽説は、どちらのケースにおいても私の幸福は増す、と結論する。しかし、この結論は多くの人びとの直観に反するであろう。多くの人びとは、ケース1では私の幸福は増すが、ケース2では私の幸福は増さない、と感じるのではないか。そしてこのことは、幸福が増すためには、「喜ぶ」とか「嬉しく思う」という命題的態度の対象となる事態が実際に生じていることが必要である、ということの証拠になる。したがって、フェルドマンのような考え方は間違っている。

なぜフェルドマンのように考えてはならないか、という疑問に対して、情動型評価説の側は、経験機械をもち出して、以上のように応答するかもしれない。あるいは、経験機械は様ざまな哲学的な問題を呼び起こしてしまうので、情動型評価説を擁護する人の中には、次のような現実的な例を使って応答する方がよい、と考える人がいるかもしれない。[10]私の妻が実際に私を愛していて、その事実を知って私が、妻に愛されていることを嬉しく思っている、というケース（ケース1）と、実際には妻は私を愛してはいないが、妻に愛されていると私が誤って信じて、そのことを嬉しく思っている、というケース（ケース2）を考えてみよう。さて、これら二つのケースのいずれにおいても私は、妻に愛されていることを嬉しく思っているから、フェルドマンの快楽説は、どちらのケースにおいても私の幸福は増す、と結論する。しかし、この結論は多くの人びとの直観に反するであろう。多くの人びとは、ケース1では私の幸福は増すが、ケース2では私の幸福は増さない、と感じるのではないか。そしてこのことは、幸福が増すためには、「喜ぶ」とか「嬉しく思う」という命題的態度の対象となる事態が実際に生じていることが必要である、ということの証拠になる。したがって、フェルドマンのような考え方は間違っている。

情動型評価の対象である事態が実際に生じていなくとも、情動型評価が生じれば、それだけで幸福は増すのではないか、という疑問に対して、情動型評価説は、今述べたような仕方で応答するかもしれない。しかし、その応答は十分な説得力をもっているとは思われない。というのも、その応答は、〈経験機械の例〉にせよ、〈妻の例〉にせよ、ケース2においては私の幸福は増さないと多くの人びとが感じるはずである、という推測にもとづいているが、その推測が本当に正しいかどうかは疑いの余地があるからである。ケース2でも私の幸福は増す、と感じる人もかなりいるであろう。そう感じる人には、二通りあると思われる。ひとつは、ケース2でも私の幸福は増すが、ケース1ほどではない、と感じる人であり、もうひとつは、ケース2でもケース1と同じだけ幸福は増す、と感じる人である。すると、〈経験機械の例〉や〈妻の例〉に関して人びとがもつ直観は、次の三つのいずれかになる。

(1)ケース1では私の幸福は増すが、ケース2では私の幸福は増さない。
(2)ケース2でも私の幸福は増すが、ケース1ほど増さない。
(3)ケース2でも、ケース1と同じだけ私の幸福は増す。

これらの直観はそれぞれ、次の見解を支持している。

(OB1)ある事態に対して肯定的な情動型評価を加え、かつ、その事態が実際に生じている場合には、幸福は増すが、生じていない場合には、幸福は増さない。
(OB2)ある事態に対して肯定的な情動型評価を加えていれば、その事態が実際に生じていなくても、幸福は増すが、生じている場合ほど増さない。
(OB3)ある事態に対して肯定的な情動型評価を加えていれば、その事態が実際に生じていても、生じていなくても、同じだけ幸福は増す。

(OB1)は、情動型評価説の言い分と一致するし、(OB3)はフェルドマンの言い分と一致するが、(1)から(3)の直観のうち、どれが最も信用できるかを判断することは非常に難しい[11]。だから、直観だけを頼りに、(OB1)から(OB3)のうちのどれが最も妥当であるかを決めることは無理かもしれない。いずれにせよ、情動型評価説は、なぜ(OB1)が最も妥当であるのか、その理由を説明するという課題を負っている[12]。

情動型評価説は、少なくとも以上で示したような二つの問題を抱えている。その点で私は、情動型評価説にもの足りなさを感じる。そこで私は次の章で、ケア型評価説を提案したい。そして第八章で、ケア型評価説の立場から、情動型評価説が抱えているこれらの問題にどのように対処できるのかを示すことにする。

第七章　ケア型評価説

1　「大切に思う」という心的態度

私はこの章で、幸福は「大切に思う」という心的態度を軸に構成される、という発想にもとづく説を提案したい。ここで「大切に思う」と呼んでいる心的態度は、英語で言えば「care about」である。英語の「care」のカタカナ表記が「ケア」であり、また、後に述べるように、ある対象を大切に思うことは、その対象を大切なものとして評価することでもあるので、「大切に思う」という心的態度を「ケア型評価」と呼ぶことにする。日本語として使われる「ケア」という言葉には、いろいろな意味が付与されているので、本当は「ケア」という語は使いたくないのであるが、「大切に思う」という心的態度を表す適当な日本語の名詞が見つからないので、やむをえず「ケア」という言葉を使うことにする。そして、今述べたように、ここで提案する説は、幸福は「大切に思う」という心的態度を軸に構成される、という発想にもとづいているので、その説を「ケア型評価説」と名づけることにする[1]。「ケア型評価説」

の主張を詳しく紹介する前に、「大切に思う」という心的態度とは、どのような態度であるのかを説明しよう。

1-1　評価者相対的な「大切さ」

後で詳しく述べるように、物事は、我われがその物事を大切に思うことによって、我われにとって大切なものになる。すなわち、「大切さ importance」という価値を帯びる。まずは、この「大切さ」という価値について説明しておこう。

「大切さ」には、二つの種類がある。ひとつは、「評価者相対的」と呼べるような「大切さ」であり、もうひとつは、「評価者中立的」と呼べるような「大切さ」である。ここで言う「評価者」とは、対象を大切に思っている当人のことである。評価者相対的な大切さとは、評価者にとっての大切さである。ここで言われている「〜にとって」は、「大切さ」から生じる要請が「〜」に入る人に課せられる、ということを意味する。この点では、第二章の第3節で説明した、行為者相対的な「〜にとっての良さ」で言われている「〜にとって」と同じである。だが、行為者相対的な「〜にとっての良さ」で言われている「〜にとって」の場合には「〜」に行為者が入るが、ここで言われている（評価者相対的な大切さの評価者相対性を表す）「〜にとって」の場合には、「〜」に評価者が入る、という点で両者は異なる。一方、評価者中立的な大切さとは、そこから生じる要請が（評価者であるかどうかにかかわらず）あらゆる人に課せられるような大切さである。この点で、第二章の第3節で触れた行為者中立的な価値と似ている。

ここで問題にする「大切に思う」という心的態度で言われている「大切さ」は、評価者相対的な大切さである。ある対象を大切に思うときに我われは、その対象を大切なものとして評価している（大切さを備えているものとみなしている）わけであるが、その「大切さ」は、評価者相対的な大切さである。すなわち我われは、ある対象を大切に思うとき、その対象を自分にとって大切なものとして評価しているわけである。そしてその対象は、そのように評価されることによって、自分にとって大切なものとなる。私は、哲学の勉強を大切に思っている。すなわち、哲学の勉強を自分にとって大切なものとして評価している。この場合の評価者は、私である。だから哲学の勉強は、私にとって大切である。私の妻は、哲学の勉強を大切に思っていない。だから哲学の勉強は、私の妻にとっては大切ではない。ところで、後で詳しく述べるように、哲学が備えている、私にとっての大切さから、特定の情動や欲求などを抱くことへの要請が生じる。そしてその要請は、評価者である私に課せられる。しかし、それらの要請は、哲学を大切に思っていない私の妻には課せられない。私は、私の家族を大切に思っている。だから私の家族は、私にとって大切である。隣に住んでいる佐藤さんは、私の家族のことを大切に思ってはいない。だから、隣の佐藤さんにとっては、私の家族は大切ではない。したがって、私の家族が備えている私にとっての大切さから生ずる（特定の情動や欲求などを抱くことへの）要請は、評価者である私には課せられるが、隣の佐藤さんには課せられない。このように、「大切に思う」という心的態度で言われている「大切さ」は、評価者相対的である。

　私の家族は、今述べたように、私にとっての大切さ、すなわち、評価者相対的な大切さを備えているわけであるが、同時に、ひとりの人（人格）としての大切さも備えている。ところで、私の家族が備えている人としての大切さからは、「私の家族を人として尊重すべきである」という要請が生じ、その要請は、（評価者であるかどうかにかかわらず）あらゆる人に課せられるであろう（すなわち、あらゆる人が私の家族を人として尊重すべきであろう）。このように、私の家族が備えている人としての大切さは、評価者中立的である。

　以上のように、「大切さ」という価値には、評価者相対的なものと評価者中立的なものがあるが、「大切に思う」という心的態度で言われている「大切さ」は、評価者相対的な大切さである。今後「大切さ」という言葉が頻繁に出てくるが、断りのないかぎり、それらはすべて評価者相対的な大切さを意味する。

1-2　「大切に思う」という心的態度の対象

次に、「大切に思う」という心的態度の対象についてひとこと述べておきたい。我われは、様ざまなものを大切に思う。家族や友人や飼い犬、または、愛用の時計や故郷など、特定の人物や生物や物や場所を大切に思うことがある。あるいは、自由や平等、民主制、友人関係など、理念や制度や関係を大切に思うこともある。または、哲学を勉強すること、正直であること、健康であることなど、自分の行為や性質や状態を大切に思うこともある。このように、「大切に思う」という心的態度の対象は様ざまであるが、それらは大きく二つに分類できる。

ひとつは、「事態」である。ここで言う「事態」とは、命題として表される事柄である。たとえば、理念や制度や関係、出来事や行為や状態などは「事態」とみなすことができる。平等とは「人びとが平等に扱われている」という事態であり、自由とは「人びとが自由である」という事態であり、民主制とは「社会が民主的な制度にもとづいて成り立っている」という事態であり、友人関係とは「特定の人と友人である」という事態である。哲学を勉強するとは「自分が哲学を勉強する」という事態であり、正直や健康も「自分が正直である」とか「自分が健康である」という事態である。これらの事態は、「人びとが平等に扱われている」とか「自分が哲学を勉強する」といった命題として表すことができる。そして、これらの命題が真である場合に、それらの事態が実現していることになる。

もうひとつは、命題として表すことができない「個物」である。個々の物や場所は個物に属する。また、個々の人物や生物も個物に分類される。自分の家族や友人や飼い犬、愛用の時計や故郷などはすべて個物である。我われは、事態を大切に思うこともあれば、個物を大切に思うこともある。

1-3 「大切に思う」の対象にとって「良いこと」と「悪いこと」

後で「大切に思う」という心的態度と様ざまな心的事象との関係について述べ、そのうえで、ケア型評価説を説明するが、そのさいに、「大切に思う」という心的態度の対象にとって「良いこと」と「悪いこと」という言葉が重要な役割を果たす。そこで、これらの言葉で何が念頭におかれているかを説明しておきたい。我われは、様ざまな対象を大切に思うが、その対象が事態であるか個物であるかに応じて、何がその対象にとって「良いこと」や「悪いこと」になるのかも変わってくる。その対象が事態である場合には、その対象となる事態の実現に役だつ事柄は、その事態にとって良いことであり、その事態の実現を妨げる事柄は、その事態にとって悪いことである。たとえば、平等の実現に役だつ事柄は、平等にとって良いことであり、平等の実現を妨げる事柄は、平等にとって悪いことである。さらに、ここでは、事態の実現そのものも、その事態にとって良いことであるとみなし、事態の不成立そのものも、その事態にとって悪いことであるとみなすことにする。だから、平等の実現そのものも平等にとって良いことになり、平等の不成立そのものも平等にとって悪いことになる。事態の実現そのものをその事態にとって良いこととみなし、事態の不成立そのものを事態にとって悪いこととみなすことは、少し奇妙かもしれないが、今後の議論の都合上、ここではそのような広い意味で、事態にとっての「良いこと」と「悪いこと」という言葉を使うことにする。

では、「大切に思う」という心的態度の対象が個物である場合にはどうであろうか。人がその対象である場合には、その人の幸福が増大することや、その人の幸福の増大に役だつ事柄が、その人にとって良いことである。反対に、その人の不幸が増大することや、その人の不幸を助長する事柄が、その人にとって悪いことである。動物の場合には、おそらく、苦痛の少ない、かつ、その動物にふさわしい生活を送ることや、そのような生活を促進する事柄が、その動物にとって良いことであろう。反対に、そのような生活を送れないことや、そのような生活を妨げる事柄が、その動物にとって悪いことであろう。植物の場合には、すくすくと成長することや、そのような生長に役だつような事柄が、その植物にとって良いことであろう。反対に、成長不良に陥ることや、成長を阻害するような事柄が、その植物にとって悪いことであろう。生命体でない物の場合には、その保全や、その本来の機能の発揮、さらには、その保全や機能の発揮に役だつ事柄が、その物にとって良いことであろうし、その破壊や損傷や機能不全、また、その破壊や損傷や機能不全をもたらすような事柄が、その物にとって悪いことであろう。

以上のように、「大切に思う」という心的態度の対象にとって「良いこと」や「悪いこと」は、その対象がどのような物事であるのかに応じて異なる。もちろん、様ざまな事態や個物それぞれにとっての「良いこと」や「悪いこと」が何であるかに関しては、いろいろな意見が存在するであろう。だから、それに関する以上のような私の見解に異論のある人もいるかもしれない。しかしここでは、事態や個物にとっての「良いこと」や「悪いこと」としてどのような事柄を私が念頭においているかを理解してもらえば、それで十分である。

1-4 「大切に思う」を構成する情動

それでは、「大切に思う」という心的態度そのものの説明に移ろう。私は、「大切に思う」という心的態度は、情動や欲求や注意に関する性向 disposition、ならびに「大切さ」に関する認識によって構成される心的複合体である、と考える。(2) そこでまず、情動に関するどのような性向が「大切に思う」という心的態度の構成要素であるのかを見ていこう。

「大切に思う」という心的態度の対象にとって良いことが生じた（または、生じている）場合には、我われは、喜び、満足、安堵といった肯定的な情動を抱き、そのようなことが生じる（または、生じている、または、生じた）かどうか確かではないが、その可能性がある場合には、期待、望みといった肯定的な情動を抱く。反対に、「大切に思う」という心的態度の対象にとって悪いことが生じた（または、生じている）場合には、悲しみ、不満、落胆といった否定的な情動を抱き、そのようなことが生じる（または、生じている、または、生じた）かどうか確かではないが、その可能性がある場合には、心配、不安、危惧といった否定的な情動を抱く。(3) 私は、私の家族のことを大切に思っているから、私の家族にとって良いことが生じたときには、喜びを感じるし、私の家族にとって良いことが生じる可能性があるときには、期待を抱く。また、私の家族にとって悪いことが生じたときには、悲しみを覚えるし、私の家族にとって悪いことが生じる可能性があるときには、危惧を抱く。

我われは、ある対象を大切に思っているときには、以上のような情動を抱くのであるが、さらに、次のような情動も抱く。大切に思っている対象にとって良いことが生じるのを助けたり、その対象にとって悪いことが生じるのを防いだりしてくれる人がいれば、その人に対して感謝や好意といった肯定的な情動を抱き、大切に思っている対象にとって良いことが生じるのを妨げたり、悪いことが生じるように振る舞ったりする人がいれば、その人に対して怒りや恨みといった否定的な情動を抱く。私の家族を危険から救ってくれる人がいれば、私はその人に感謝するし、私の家族を危険な目にあわせる人がいれば、私はその人を恨む。

　以上のように、ある対象を大切に思っているときには、状況に応じて、様ざまな情動が生ずるわけであるが、それらの情動は、無秩序に生じるのではなく、秩序あるネットワークを形成している。大切に思っている対象にとって良いことが生じれば喜び、その対象にとって悪いことが生じれば悲しむ。その対象にとって良いことが生じる可能性があれば期待を抱き、その対象にとって悪いことが生じる可能性あれば危惧を抱く。大切に思っている対象にとって良いことが生じることを期待していたのに、そのことが生じなければ、その期待は落胆に変わる。その対象にとって悪いことが生じるのではないかと危惧していたのに、そのことが生じなければ、その危惧は安堵に変わる。たとえばこのように、大切に思っている対象をめぐる情動は、秩序ある仕方で生じながら、お互いに結びついて、ネットワークを形成しているのである[4]。

　ある対象を大切に思っているときには、以上のように、状況に応じて、様ざまな情動が秩序ある仕方で生じるわけであるが、「大切に思う」という心的態度は、そのような情動への性向によって構成されている。すなわち、そのような情動への性向は、「大切に思う」という心的態度の構成要素のひとつである。

　そのような情動への性向が、「大切に思う」という心的態度の構成要素のひとつである、ということは、たとえば、ある人がある対象を大切に思っている場合に、その対象にとって良いことが生じたにもかかわらず、その人がそれに応じた肯定的な情動を抱かないとすれば、「その人はその対象のことを本当は大切には思っていないのではないか」という疑念が生じてもおかしくない、ということを意味する。もちろん、「大切に思う」という心的態度の構成要素となるのは、情動そのものではなく、情動への性向であるから、ある対象を大切に思っていても、その思いを構成する情動への性向が覆い隠されて発現しない場合がある。すなわち、その性向にそった情動が生じない場合がある。たとえば、大切に思っている対象にとって良いことが生じても、ひどく落ち込んでいたり、イライラしていたりするときには、肯定的な情動がわいてこないことがある。仕事で嫌なことがあって、それを引きずって家に帰ったときなどは、自分の家族にとって良いことが生じても、喜びがわいてこないことがある。しかし、ある対象を大切に思っている、と言えるためには、その思いを構成する情動への性向を覆い隠す要因がまったくない場合には、その性向にそった情動を抱かなければならない。そのような情動を抱かなければ、その対象を大切に思っている、とは言えないのである。

1-5 「大切に思う」を構成する欲求と注意

ある対象を大切に思っているときには、その対象にとって良いことが生じることを欲することへの性向、ならびに、その対象にとって悪いことが生じないことを欲することへの性向をもっている[5]。すなわち、ある事態がその対象にとって良いことである場合には、その事態が生じてほしいと思うように促され、また、ある事態がその対象にとって悪いことである場合には、その事態が生じてほしくないと思うように促される[6]。

さらに、ある対象を大切に思っているときには、その対象にとって良いことや悪いことが生じるかどうかに影響を及ぼす可能性のある物事に対して、注意が向きがちである[7]。私は、私の家族のことを大切に思っているので、ある物事が私の家族にとって良いことや悪いことを引き起こす可能性がある場合には、その物事に注意が奪われ、それに気をとられる。

以上のような欲求への性向や注意への性向も、「大切に思う」という心的態度の構成要素のひとつである。もちろん、それらの性向を覆い隠すような要因がある場合には、それらの性向にそった欲求や注意が生じないかもしれない。しかし、そのような要因がないにもかかわらず、それらの性向にそった欲求や注意が生じない場合には、「大切に思う」という気持ちを抱いている、とは言えない。

1-6 「大切に思う」を構成する知覚的認識

ある対象を大切に思っているときには、その対象をめぐって、以上で述べたような情動や欲求や注意に関する性向の秩序だったネットワークが形成される。この性向のネットワークを「ケア心情ネットワーク」と呼ぶことにしよう。ケア心情ネットワークは、「大切に思う」という心的態度を構成する重要な要素である、と私は考える。さらに私は、ケア心情ネットワークに加えて、(1)「大切さ」という価値の知覚的認識と、(2)その価値から派生する要請の知覚的認識も「大切に思う」という心的態度の構成要素である、と考える。

まず、「大切さ」という価値の知覚的認識について述べよう。この章の第2節で説明するように、ある対象をめぐって、ケア心情ネットワークが形成されると、それにともなって、その対象は大切なものとして認識されるようになる。この認識は、「大切なものとして感じられる」といった言い方で表されるような認識である。その意味で、その認識は一種の知覚のようなものである。「大切に思う」という心的態度は、このような知覚的認識をともなう。そして、その対象を大切なものとして知覚的に認識する、ということは、その対象が備えている「大切さ」という価値を知覚的に認識する、ということでもある。「大切さ」という価値に関するこのような知覚的認識も、「大切に思う」という心的態度の構成要素のひとつである。

次に、「大切さ」という価値から派生する要請の知覚的認識について述べよう。一般に、価値からは、様ざまな要請が派生する。価値とは、そのような要請の源になる性質である、と私は考える。この私の考えは、第I部で展開した「〜にとっての良さ」の分析によっても例示されている。さて、「大切さ」も価値のひとつであるので、そこから様ざまな要請が派生する。ある対象Xが大切さを備えているとき、その「大切さ」からは、「Xにとって良いことが生ずるように振る舞うべきである」とか「Xにとって悪いことが生じないように振る舞うべきである」といった行為に関する要請に加えて、Xを大切に思うという心的態度を構成しているケア心情ネットワークに沿った心情を抱くことへの要請が派生する。ある対象Xを大切なものとして知覚的に認識するということは、その「大切さ」から派生するこれらの様ざまな要請を知覚的に認識する、ということでもある。すなわち、これらの要請が自分に課せられているように感じられる、ということでもある。そして、これらの要請が自分に課せられているように感じられる、ということは、もっと具体的に言えば、たとえば次のようなことである。すなわち、ある事柄YがXにとって良いことであれば、Yを促進する行為は「行うべき行為」として感じられ、Yが生じることは「欲すべきこと」として感じられ、Yが生じたという事実は「喜ぶべきこと」として感じられ、Yが生じなかったという事実は「落胆すべきこと」として感じられる、ということである。また、ある事柄ZがXにとって悪いことであれば、Zを助長する行為は「行うべきでない行為」として感じられ、Zが生じることは「欲すべきでないこと」として感じられ、Zが生じたという事実は「悲しむべきこと」として感じられ、Zが生じなかったという事実は「安堵すべきこと」として感じられる、ということである。[8] 私は家族を大切に思っている。だから私にとって、家族は大切なものとして感じられる。そしてそれにともなって、たとえば、（家族の健康は家族にとって良いことであるから）、家族の健康を促進するような行為は「行うべき行為」として感じられ、家族の健康は「欲すべきこと」として感じられ、家族が健康であるという事実は「喜ぶべきこと」として感じられる。また、（家族の健康が損なわれることは家族にとって悪いことであるから、）家族の健康を損なうような行為は「行うべきでない行為」として感じられ、家族の健康が損なわれたという事実は「悲しむべきこと」として感じられ、家族の健康が損なわれなかったという事実は「安堵すべきこと」として感じられる。「大切さ」という価値から派生する要請に関する以上のよう知覚的認識も、「大切に思う」という心的態度の構成要素のひとつである。

以上のように、「大切に思う」という心的態度には、「大切さ」の知覚的認識および「大切さ」から派生する要請の知覚的認識がともなう。そして、このような知覚的認識も「大切に思う」という心的態度を構成する要素である、と私は考える。[9]

私がこのように考えるのは、ひとつには、そう考えた方が、次のような事情をうまく説明できると思われるからである。私は、戸締りに関する強迫性障害を負っている。寝る前に、何度も戸締りの確認をしてしまう。一度戸締りの確認をしても、その場から離れた瞬間に、「もう一度戸締りの確認をしたい」という（抵抗できないほどの）強い欲求が生じ、再び戸締りの確認をしてしまう。そして、それを際限なく繰り返す。このように私は、戸締りの確認に関して強迫行動をとってしまうのであるが、それにともなって、戸締りの確認の繰り返しをめぐるケア心情ネットワークが形成されている、と言えるかもしれない。私は、何度も戸締りを確認することなど馬鹿らしいから、戸締りの確認をするたびに、「もうこれ以上は戸締りの確認をしないでおこう」と思うのであるが、確認をしないでその場を離れようとすると、とても強い不安を感じる。そして、その不安とともに、「もう一度戸締りを確認したい」という強い欲求におそわれる。そして、この不安と欲求は、何度も戸締りの確認を繰り返すことでようやく消え、そのけっか一種の安堵を覚える（この不安の解消は、「ああよかった」という明確な気持ちをともなわないから、「安堵」とは言えないのかもしれないが、とりあえず「安堵」と呼ぶことにしよう）。このように、戸締りの確認の繰り返しをめぐって、不安、欲求、安堵が、ある種の秩序をもって生じる。したがってこの場合、戸締りの確認の繰り返しをめぐって、それを大切に思っているとすれば形成されるようなケア心情ネットワークが形成されている、と言えるかもしれない。すなわち、「大切に思う」という心的態度を構成する要素のうち、情動や欲求に関する要素はそろっている、と言えるかもしれない。しかし、だからと言って私は、戸締りの確認を繰り返すことを大切に思っているわけではない。すなわち私は、「戸締りの確認の繰り返しを大切に思っている」という事実の成立に必要な情動や欲求に関する性向を有しているのかもしれないが、戸締りの確認の繰り返しを大切に思っているわけではないのである。だが、この事情はどのように説明できるであろうか。おそらく、次のように説明できるのではないか。私は、戸締りの確認の繰り返しを大切なこととして感じてはいない。つまり、戸締りの確認の繰り返しに関する「大切さ」の知覚的認識を欠いている。

したがって、その「大切さ」から派生する要請の知覚的認識も欠いている。たとえば、戸締りの確認を何度も繰り返すことを「欲すべきこと」として感じているわけでもないし、戸締りの確認を一度しかしないことを「不安に思うべきこと」として感じているわけでもないし、戸締りの確認を何度もしたことを「安堵すべきこと」として感じているわけでもない。このように私は、戸締りの確認の繰り返しを大切なこととして感じているわけでもないし、その「大切さ」から派生する要請を感じているわけでもないのである。このような知覚的認識の欠如が、私は戸締りの確認の繰り返しを大切に思ってはいない、という事実を成立させているのではないか。この例のように、ある対象を大切に思っているとすれば形成されるようなケア心情ネットワークが形成されていると言えるかもしれないけれど、その対象を大切に思ってはいない場合があるが、その事情は、その対象に関する「大切さ」の知覚的認識の欠如と、その「大切さ」から派生する要請の知覚的認識の欠如によって説明できるのではないか。そしてこのことは、それらの知覚的認識が「大切に思う」という心的態度には欠かせない要素である、ということを示しているのではないか。(10)

1-7 「大切に思う」と信念

信念とは、「~と信じる」とか「~と思う」とか「~と考える」といった表現で表される心的態度のことである。そして、「~」のところには命題が入る。私は「地球は丸い」と思っている。この信念の対象は「地球は丸い」という命題であり、私はその命題に対して「信じる」あるいは「思う」あるいは「考える」といった心的態度を向けているのである。つまり、信念は、命題を対象とする心的態度(すなわち、命題的態度)である。さて、前節で述べたように私は、「大切さ」の知覚的認識、ならびに「大切さ」から派生する要請の知覚的認識も、「大切に思う」という心的態度に欠かせない構成要素である、と考える。このような知覚的認識を「〈「大切さ」と要請〉の知覚的認識」と呼ぶことにしよう。ところで、このような知覚的認識から信念が形成されることがある。だが、そのような信念は、「大切に思う」という心的態度に欠かせない構成要素なのであろうか。

たしかに、〈「大切さ」と要請〉の知覚的認識は、たいてい信念になる。しかし、その知覚的認識に対抗するような知覚的認識や信念がある場合には、その知覚的認識は信念になるとはかぎらない。それはちょうど、感覚的知覚は、たいてい信念になるけれど、それに対抗する信念や感覚的知覚がある場合には、信念になるとはかぎらないのと似ている。目の前の机の上にある鉛筆はまっすぐに見える。だから私は、「この鉛筆はまっすぐである」と判断して、そのけっか「この鉛筆はまっすぐである」と信じる。すなわち、「この鉛筆はまっすぐである」という信念をもつ。このように、感覚的知覚は、たいてい信念になる。しかし、そうでない場合もある。まっすぐに見えていた鉛筆を水に半分入れるとまがって見える。だが私は、「この鉛筆はまがっている」という判断はくださない。だから、「この鉛筆はまがっている」という信念はもたない。なぜならば、水に入れた鉛筆を触ってみると、まがっているようには感じられないし、また私は、水による光の屈折作用を知っていて、そのけっか「この鉛筆はまがっているように見えているが、じつはまがっていない」という信念をもっているからである。(11) このように、感覚的知覚がなされても、それに対抗するような感覚的知覚や信念がある場合には、その感覚的知覚が信念にならないことがある。

同じことは、〈「大切さ」と要請〉の知覚的認識についても言える。私は家族を大切に思っている。だから私にとって、家族は大切なものとして感じられる。したがって私は、「私にとって家族は大切である」と判断して、そのけっか「私にとって家族は大切である」という信念を抱いている。また、家族が大切なものとして感じられる、ということは、前節で述べたように、家族の「大切さ」から派生する要請が自分に課せられていると感じられる、ということでもある。そして、要請に関するこのような知覚的認識のけっか私は、たとえば、「家族の健康を欲すべきである」とか「家族の健康を促進するように行為すべきである」とか「家族の健康が促進されることは喜ぶべきことである」とか「家族の健康が損なわれることは悲しむべきことである」と判断して、その判断と同じ内容の信念をもつ。このように、〈「大切さ」と要請〉の知覚的認識は、たいてい信念になる。しかし、信念にならない場合もある。次の例を考えてみよう。

〈蒸発の例〉

秋彦の父親は、秋彦がまだ小学生のころ、突然、家族を捨てて蒸発した。そのせいで、秋彦の母親は、秋彦と秋彦の幼い妹を育てるために昼も夜も働き通しで、大変な苦労をした。だから、大人になった今でも秋彦は、父親を許せなかった。そんなある日、突然、父親が落ちぶれた姿で目の前に現れた。仕事を失い、食い詰めたあげくに、他に頼るところがないので、助けを求めて家族のもとに戻ってきたのである。だが秋彦は、父親を追い返した。家族を捨てて、母親にさんざん苦労かけておきながら、今さら頼ってくるなんて虫がよすぎる。それに何よりも秋彦は、「もはや父親は、自分にとっては大切な人ではない」と固く信じているのである。だから、「父親が困っていても、助けるべき謂れもないし、悲しむべき謂れもない」と思っている。しかし、父親を追い返した後も、落ちぶれた父親の寂しそうな後ろ姿が頭から離れず、今ごろどこかで露頭に迷っているのではないか、とふと心配になったり、父親を追い返したことに対する後悔の念がふと頭をもたげたりしてしまう。しかし、だからと言って、「父親は、自分にとって大切な人である」という信念を抱いているわけではないし、したがって「父親を受け入れるべきであった」とか「父親が露頭に迷っていたら、助けるべきである」という信念を抱いているわけでもない。

この例において秋彦は、父親のことを自分にとって大切な人として感じて（知覚的に認識して）いるのではないか。そしてそれにともなって、父親の身の上は「心配すべきこと」として、また、父親の困窮は「避けるべきこと」として感じて（知覚的に認識して）いるのではないか。だからこそ、父親が露頭に迷っているのではないか、と心配したり、父親を追い返したことに対する後悔の念がふと頭をもたげたりしてしまうのであろう。しかし秋彦は、一方で、「父親は、自分にとっては大切な人ではない」と信じている。すなわち、今述べた知覚的認識に対抗する信念をもっている。そのけっか、今述べた知覚的認識は、信念にはならないのである。そしてそれゆえ、「父親は、自分にとって大切な人である」という信念を抱くこともないし、「父親を受け入れるべきであった」とか「父親が露頭に迷っていたら、助けるべきである」という信念を抱くこともないのである。

以上のように、ある対象について〈「大切さ」と要請〉の知覚的認識がなされていても、それに対抗する信念や知覚的認識があるために、その知覚的認識が信念にはならない場合がある。[12] では、そのような場合には、その対象を大切に思っていないのであろうか。私は、そのような場合にも、その対象をめぐってケア心情ネットワークが形成されているのであれば、その対象を大切に思っているのではないか、と考える。〈蒸発の例〉の秋彦は、たしかに信念レベルでは、「父親は、自分にとって大切な人である」と思ってはいない。しかし今述べたように、知覚的認識レベルでは、父親のことを大切な人として感じていて、さらに、父親の「大切さ」から派生する要請が自分に課せられていると感じていると思われる。そしてそう感じているからこそ、父親が露頭に迷っているかどうか心ならずも心配してしまったり、父親を追い返したことに対する後悔の念がふと頭をもたげたりしてしまうのであろう。また、このような心配や後悔を抱いてしまうことからわかるように、おそらく秋彦は、父親をめぐるケア心情ネットワークを形成していると考えられる。そして、これだけの材料がそろえば、秋彦は父親のことを大切に思っている、と言ってよいのではないか。ただ、その気持ちとは相容れない信念をもっているので、秋彦の心の中には、ある種の葛藤が生じていることはたしかである。しかし、そのことをもって、秋彦が父親のことを大切に思っていることを否定することはできないのではないか。とすれば、〈蒸発の例〉は、ある対象に関して「それは大切である」という信念は抱いていないけれど、その対象を大切に思っている例となる。

以上のように考えて私は、「大切さ」に関する信念や、「大切さ」から派生する要請に関する信念は「大切に思う」という心的態度の構成要素ではない、と結論する。だが、〈「大切さ」と要請〉の知覚的認識は、それに対抗する信念や知覚的認識がない場合には、たいてい信念になる。したがって、「大切に思う」という心的態度は、たいていの場合、「大切さ」に関する信念や、「大切さ」から派生する要請に関する信念をともなうのである。

2 「大切に思う」と「大切さ」の関係

前節では、「大切に思う」という心的態度は、ケア心情ネットワークという要素と〈「大切さ」と要請〉の知覚的認識という要素によって構成される心的複合体であることを示した。ところで、「大切に思う」という心的態度は、「大切さ」という価値とどのように関係しているのであろうか。この節では、この問題について考えてみよう。「大切に思う」という心的態度と「大切さ」という価値の関係を描くことは難しい。というのは、その関係は、見方によって、異なる姿を現すからである。まず、「大切に思う」という心的態度を出発点として眺めると、次のような関係が成り立っているように見える。

(1)我われがある対象を大切に思うことによって、その対象は「大切さ」という価値を備える。

しかし一方で、「大切さ」という価値を出発点として眺めると、次のような関係も成り立っているように見える。

(2)ある対象が「大切さ」という価値を備えることによって、我われはその対象を大切に思う。

私は、「大切に思う」という心的態度と「大切さ」という価値の関係は、(1)のように描くことができる側面とともに、(2)のように描くことができる側面ももっている、と考える。

(1)から説明しよう。前節で述べたように、ある対象を大切に思っているとき、我われはその対象を大切なものとして、すなわち、その対象が「大切さ」という価値を備えているものとして、知覚的に認識している。だが、その「大切さ」は、我われがその対象を大切に思う前から、その対象に備わっているわけではない。その「大切さ」は、我われがその対象を大切に思うことによって、その対象に備わるのである。私には親友が何人かいる。彼らは、私にとって大切である。すなわち彼らは、私にとって「大切さ」という価値を備えた存在なのである。だが彼らは、私が彼らのことを大切に思うようになる前から、その「大切さ」という価値を備えていたわけではない。たしかに彼らは、私が彼らのことを大切に思う前から、たとえば「人としての価値」という評価者中立的な価値は備えていたであろう。しかし、「大切さ」という評価者相対的な価値は、私が彼らを大切に思うことによって、彼らに備わったのである。つまり、私が彼らのことを大切に思うことによって、彼らは私にとって大切になったのである。

このように、ある対象は、我われがその対象を大切に思うことによって、「大切さ」という価値を備える。[13] このことをもう少し詳しく説明しよう。ある対象を大切に思うようになるためには、その対象をめぐってケア心情ネットワークが形成される必要がある。そして、そのようなネットワークが形成されると、それにともなって、その対象は「大切さ」という価値を帯びるようになる。とは言っても、そのようなネットワークを構成する情動や欲求や注意は、はじめから整然とした秩序をもって生じるわけではない。はじめは、その対象をめぐってケア心情ネットワークの萌芽のようなものが形成されるだけである。だがそれは、徐々にしっかりとした秩序をもったネットワークに成長し、やがて、れっきとしたケア心情ネットワークになる。もちろん、ある対象をめぐってケア心情ネットワークの萌芽ができても、それがれっきとしたケア心情ネットワークにまで成長しない場合もある。その場合には、その対象を大切に思う、という状態にまではいたらない。しかし、その対象を大切に思う、という状態が成立しているかぎり、そこには、れっきとしたケア心情ネットワークがあるはずであり、そのネットワークは、今述べたような仕方で徐々に形成されるのである。そして、ある対象をめぐってそのような仕方でケア心情ネットワークが形成されると、それにともなって、その対象はしだいに「大切さ」を帯びるようになる。その「大切さ」は、はじめは、おぼろげなものであるが、ケア心情ネットワークがしっかりとした形をとるようになるにつれて、明確なものになる。私にとって親友は大切である。だが、彼らに出会ったとたんに、彼らが私にとって大切になったわけではない。彼らと付き合っているうちに、彼らをめぐってケア心情ネットワークの萌芽が形成され、それが徐々にしっかりとした形をとるようになり、それにともなって、彼らはしだいに私にとって大切になったのである。その「大切さ」は、はじめは、おぼろげなものであったが、ケア心情ネットワークがしっかりとした形をもつものに成長するにつれて、しだいに明確なものになった。以上のように、ある対象をめぐって徐々にケア心情ネットワークが形成されると、それにともなって、その対象はしだいに「大切さ」という価値を帯びるようになる。この意味で、ある対象は、我われがその対象を大切に思うことによって、「大切さ」という価値を備えるのである。

(1)に関する以上のような説明に対して、次のような懸念が寄せられるかもしれない。(1)では、ある対象を大切に思うことによって、その対象は「大切さ」という価値を備える、と言われているが、(1)に関する以上の説明では、ある対象をめぐってケア心情ネットワークが形成されることによって、その対象は「大切さ」という価値を備える、と説かれている。しかし、私がこの章の第1節で提示した「大切に思う」という心的態度に関する説明によれば、ケア心情ネットワークは、「大切に思う」という心的態度を構成する要素のひとつにすぎない。「大切に思う」という心的態度が成立するためには、その要素に加えて、〈「大切さ」と要請〉の知覚的認識という要素が必要になる。したがって、(1)に関する以上の説明は、正確な説明になっていないのではないか。

この懸念に応えるためには、もう少し話を進める必要がある。そこで、(2)を説明することにしよう。ある対象が(1)の説明で示された仕方で「大切さ」という価値を帯びると、その対象は大切なものとして感じられる。すなわち、その対象の「大切さ」が知覚的に認識される。そして、前節で述べたように、その対象の「大切さ」が知覚的に認識される、ということは、その「大切さ」から派生する様ざまな要請が知覚的に認識される、ということでもある。ところで、それらの要請の中には、その対象をめぐるケア心情ネットワークに沿った（情動や欲求や注意といった）心情を抱くことへの要請が含まれる。そして、それらの要請が知覚的に認識されると、それらの要請に反応して、そのケア心情ネットワークに沿った心情を抱くように促される。[14] そしてそのようにして、その対象をめぐるケア心情ネットワークが形成される。私の親友は、私にとって「大切さ」という価値を備えている。そして私は、その「大切さ」と（そこから派生する）要請を知覚的に認識している。すなわち彼らは、私にとって大切な存在として感じられ、さらに、彼らにとって良いことが生じることは「欲すべきこと」として感じられ、彼らにとって良いことが生じたという事実は「喜ぶべきこと」として感じられ、彼らにとって悪いことが生じたという事実は「悲しむべきこと」として感じられる。そして、これらの認識によって感じ取られる要請に反応して私は、彼らにとって良いことが生じることを欲したり、彼らにとって良いことが生じれば喜んだり、彼らにとって悪いことが生じれば悲しんだりするように促される。このようにして、彼らをめぐるケア心情ネットワークが形成されるのである。以上のように、ある対象が「大切さ」という価値を備えると、その「大切さ」と（そこから派生する）要請が知覚的に認識され、その認識によって、その対象をめぐるケア心情ネットワークに沿った心情を抱くように促され、そのけっか、その対象をめぐるケア心情ネットワークが形成される。この意味で、ある対象が「大切さ」という価値を備えることによって、我われはその対象を大切に思うのである。

　このように、「大切に思う」という心的態度と「大切さ」という価値の間には、(2)で描かれているような関係も成り立つ。もちろん、(1)の説明で述べたように、ある対象の「大切さ」は、はじめから明確なものであるわけではない。その対象をめぐって形成されるケア心情ネットワークが未熟な段階では、その「大切さ」はおぼろげなものにすぎない。したがって、その「大切さ」から派生する要請もおぼろげなものにすぎない。しかし、おぼろげなものでも、それらの要請があるかぎり、それらの要請は知覚的に認識され、その認識された要請に反応して、弱い仕方であれ、その対象をめぐるケア心情ネットワークに沿った心情を抱くように促される。そして、そのケア心情ネットワークがしっかりとした形をもつものに成長するにつれて、その対象に備わる「大切さ」も明確なものになる。また、それにともなって、その「大切さ」から派生する要請も明確なものになる。そのけっか、より強い仕方で、ケア心情ネットワークに沿った心情を抱くように促されるようになる。

以上のように、「大切に思う」という心的態度と「大切さ」という価値の関係には、(1)のように描くこともできるような側面もあるし、(2)のように描くこともできるような側面もある。[15]ところで、私が考えるに、これらの二つの側面は、互いに相まって、ケア心情ネットワーク、「大切さ」という価値、〈「大切さ」と要請〉の知覚的認識、という三つの要素の間に次のような循環的な依存関係を成り立たせている。(1)の説明で述べたように、ある対象をめぐってケア心情ネットワークが形成されると、それにともなって、その対象が「大切さ」という価値を帯びるようになるのであるが、そのケア心情ネットワークが形成されるのは、(2)の説明で述べたように、その対象が「大切さ」という価値を帯びると、その「大切さ」と（そこから派生する）要請が知覚的に認識され、その認識された要請に反応して、そのケア心情ネットワークに沿った心情を抱くように促されるからなのである。このように、その対象をめぐるケア心情ネットワークが「大切さ」という価値をもたらし、その価値が〈「大切さ」と要請〉の知覚的認識を生み、さらに、その知覚的認識のおかげで、その対象をめぐってケア心情ネットワークが形成される、という具合に、これら三つの要素（すなわち、ケア心情ネットワーク、「大切さ」という価値、〈「大切さ」と要請〉の知覚的認識という要素）は、その存在に関して循環的な仕方で依存しあっている。以上のように、ある対象を大切に思っているときには、これら三つの要素の間に、循環的な依存関係が成り立っている、と私は考える。

さて、この考えにもとづけば、(1)に関する私の説明に対して出されるかもしれない、先に示した懸念にも応えることができる。その懸念とは、(1)に関する私の説明では、ある対象をめぐってケア心情ネットワークが形成されることによって、その対象は「大切さ」という価値を備える、と説かれているが、「大切に思う」という心的態度が成り立つためには、〈「大切さ」と要請〉の知覚的認識も必要であり、したがって、(1)に関する私の説明は不正確ではないか、という懸念である。たしかに、説明の都合上、(1)を説明するときに、あたかも、ある対象をめぐるケア心情ネットワークだけによって、その対象は「大切さ」という価値を備えるかのように述べたが、今説明したように、ある対象を大切に思っているときには、その対象をめぐるケア心情ネットワーク、その対象が備える「大切さ」という価値、その対象に関する〈「大切さ」と要請〉の知覚的認識、という三つの要素が、その存在に関して循環的に依存しあっている。その意味で、それら三つの要素のひとつであるケア心情ネットワークの形成には、もうひとつの要素である〈「大切さ」と要請〉の知覚的認識が加担しているのである。もちろん、先に挙げた〈強迫性障害の例〉のように、ある対象をめぐってケア心情ネットワークが形成されているけれど、その対象に関する〈「大切さ」と要請〉の知覚的認識が欠けている場合はある。だが、そのような場合には、「大切に思う」という心的態度は成立しないし、したがってその対象は「大切さ」という価値を帯びない。「大切に思う」という心的態度が成立し、そのけっかその対象が「大切さ」という価値を帯びるときには、その心的態度を構成するケア心情ネットワークは、あくまで〈「大切さ」と要請〉の知覚的認識を通じて形成されるのである。だから、ある対象に対して「大切に思う」という心的態度が成立し、その心的態度を構成するケア心情ネットワークによってその対象が「大切さ」という価値を備えるときには、同時に、その対象に関する〈「大切さ」と要請〉の知覚的認識も、その価値の創出に（間接的ではあるが）貢献しているのである。

さて、ここで念のため、「大切に思う」という心的態度と、第二章で述べた「気遣い」という心的態度の違いを確認しておきたい。まず、どちらの心的態度も、その対象が備える価値の認識にもとづいて生じる。しかし、認識される価値が異なる。「大切に思う」という心的態度の場合には、対象の「大切さ」という価値が認識され、「気遣い」という心的態度の場合には、対象の「人としての価値」が認識される。さらに、それらの価値とそれぞれの心的態度の関係が異なる。「人としての価値」は、「気遣い」という心的態度とは独立に存在する。しかし「大切さ」という価値は、以上で説明したように、「大切に思う」という心的態度によって、その対象に与えられるのである。このように、「大切に思う」という心的態度は、第二章で述べた「気遣い」とは異なるのである。

3 反省的欲求による「大切に思う」の説明

ここまで、「大切に思う」という心的態度がどのような要素から成っているか、そして、その心的態度と「大切さ」という価値がどのような関係にあるか、ということについて語ってきた。この節では、「大切に思う care about」という心的態度に関するハリー・フランクファート Harry Frankfurt の見解を取りあげたい。我われは、自分の欲求についての欲求、すなわち、自分の欲求を対象とする欲求を抱くことがある。以下で説明するように、フランクファートは、そのような反省的欲求 reflective desires が「大切に思う」という心的態度の重要な構成要素になる、と考えている。この節では、この考え方を検討することで、そのような反省的欲求と「大切に思う」という心的態度がどのような関係にあるのかを考えてみたい。

我われは、行為や状態や出来事を対象とする欲求をもつ。このような欲求は「一階の欲求 first-order desires」と呼ばれる。「酒が飲みたい」とか「世界が平和であってほしい」とか「試験に受かりたい」という欲求は、一階の欲求である。我われは、一階の欲求についての欲求、すなわち、一階の欲求を対象とする欲求を抱くことがある。このような欲求は「二階の欲求 second-order desires」と呼ばれる。「〈酒を飲みたい〉という欲求をもちたい」とか「〈酒を飲みたい〉という欲求が消えてほしい」とか「〈酒を飲みたい〉という欲求にもとづいて行為したい」といった欲求はいずれも、「酒を飲みたい」という一階の欲求を対象とする二階の欲求である。

さて、フランクファートは、「Xを大切に思う」という心的態度は次の四つの要素から成り立つ、と考えている。(16)

(1)「Xにとって良いことが生じてほしい」という一階の欲求D_1をもっている。

(2)「D_1にもとづいて行為したい」という二階の欲求$D_{2\text{-}1}$をもっている。

(3)「D_1が消えずに持続してほしい」という二階の欲求$D_{2\text{-}2}$をもっている。
(4)$D_{2\text{-}1}$と$D_{2\text{-}2}$という二階の欲求に満足 satisfied している。

(1)では、「大切に思う」という心的態度を構成する要素のひとつとして、「大切に思っている対象にとって良いことが生じてほしい」という一階の欲求が挙げられている。[17] 私は親友のことを大切に思っている。(1)によれば、その気持ちを構成する要素のひとつとして「親友にとって良いことが生じてほしい」という一階の欲求がある。

(2)では、「(1)で言われている一階の欲求にもとづいて行為したい」という二階の欲求が「大切に思う」という心的態度を構成する要素のひとつとして挙げられている。「ある欲求にもとづいて行為する」とは、言い換えれば、「その欲求によって行為へと導かれる」ということである。実際に行われた行為へと導いた欲求のことをフランクファートは「意志 will」と呼んでいる。だから、(2)で言われている欲求は、「(1)で言われている欲求が意志になってほしい」という欲求である、と言い換えることもできる。(2)によれば、「〈親友にとって良いことが生じてほしい〉という欲求にもとづいて行為したい」あるいは「〈親友にとって良いことが生じてほしい〉という欲求によって行為へと導かれたい」という二階の欲求も、「親友を大切に思う」という私の気持ちを構成する要素のひとつなのである。

(3)では、「(1)で言われている一階の欲求が消えないで持続してほしい」という二階の欲求も「大切に思う」という気持ちを成り立たせている要素のひとつとして挙げられている。(3)によれば、「〈親友にとって良いことが生じてほしい〉という欲求が消えないで持続してほしい」という二階の欲求も、「親友を大切に思う」という私の気持ちを構成する要素のひとつである。フランクファートは、このような二階の欲求をもっているときには、(1)で言われている一階の欲求が消えそうなったら、それが消えないような方策をとるように促される、と主張している。彼は、そのような方策の具体例を挙げてはいないが、たとえば、「親友にとって良いことが生じてほしい」という欲求が薄れてきたら、これまでの親友との親しい交流を思い起こしたり、親友のありがたみを改めて噛みしめたりすることによって、その欲求を強化する、といったことが考えられるであろう。

(4)で言われている「満足」とは、現状に関して迷いがまったくなく、したがって、現状を変える気がまったくない、という状態を指す。(4)では、(2)と(3)で言われている二階の欲求をもっていることに関して、そのような意味で「満足」していることも「大切に思う」という心的態度を構成する要素のひとつである、と言われている。今述べたように、(2)と(3)によれば、親友のことを大切に思っている私は、「〈親友にとって良いことが生じてほしい〉という欲求にもとづいて行為したい」という二階の欲求と「〈親友にとって良いことが生じてほしい〉という欲求が消えないで持続してほしい」という二階の欲求を抱いているわけであるが、(4)によれば、さらに私は、それらの二階の欲求を抱いていることに満足している、すなわち、それらの二階の欲求を抱いているという現状を変える気はまったくない、という状態にあるわけである。

以上の説明からわかるように、フランクファートによれば、ある対象Xを大切に思っている、と言えるためには、「Xにとって良いことが生じてほしい」という一階の欲求ばかりでなく、その欲求を対象にした、(2)と(3)で言われているような二階の欲求も抱いていなければならない。これらの二階の欲求は、自分がもっている一階の欲求を対象としているという意味で「反省的」な欲求である。そして、これらの二階の欲求を通じて我われは、これらの欲求の対象である一階の欲求（ならびに、その一階の欲求によって導かれる行為）に主体的に関与 commit している、とフランクファートは考える。(2)と(3)で言われている二階の欲求はそれぞれ、その主体的関与において異なる役割をはたす。まず、(2)で言われている二階の欲求は、その対象である一階の欲求を是認する役割をはたす。次に、(3)で言われている二階の欲求は、その是認された一階の欲求が持続的に自分の行為の導き手になること（その意味で自分の生き方を左右すること）を肯定する役割をはたす。さらにフランクファートによれば、(4)の要素からわかるように、Xを大切に思っていると言えるためには、このような（二階の欲求を通じた）主体的関与に関してまったく迷いがない、という状態でなければならない。「まったく迷いがない」というのは、「心から wholeheartedly そう思っている」ということである。すなわち、「(1)で言われている欲求にもとづいて行為したい」という二階の欲求と「その欲求が消えないで持続してほしい」という二階の欲求は、まぎれもなく心全体から発しているということである。フランクファートは、(2)と(3)と(4)で言われている要素を通じて、(1)で言われている一階の欲求は、「本当の自分の気持ち」としての身分をもつ（すなわち、自分と同化される identified）と主張する。

さて、以上のようなフランクファートの分析は、それなりに説得力がある。というのは、その分析は多くの事例にあてはまるからである。私は、哲学の勉強をすることを大切に思っているのであるが、内省してみると、たしかに自分が(1)から(4)で言われている四つの要素に相当するものを備えているのがわかる。私は、「哲学の勉強をしたい」と思っているし、また、「哲学の勉強をすることにとって役だつことがあれば、それが生じてほしい」と思っている。これらの思いは(1)で言われている一階の欲求に相当するであろう。[18] また私は、「〈哲学の勉強をしたい〉という欲求にもとづいて行為したい」とも思っている。この思いは(2)で言われている要素に相当するであろう。さらに私は、「哲学の勉強をしたいという欲求が消えずに持続してほしい」とも思っている。この思いは(3)で言われている要素に相当するであろう。そのうえ、今述べた思いはいずれも、心からのものであり、これらの思いにはまったく迷いがない。このことは(4)の要素に相当するであろう。だから、フランクファートの分析は、哲学の勉強をすることを大切に思っている、という私の気持ちにうまくあてはまる。

また、この章の1－6で〈強迫性障害の例〉として述べたように、私は何度も戸締りの確認を繰り返してしまうが、戸締りの確認を繰り返すことを大切に思っているわけではない。フランクファートの分析は、このような事例にもうまくあてはまる。私は、いったん戸締りの確認をしても、「もう一度戸締りを確認したい」という強い欲求におそわれる。そのけっか、もう一度戸締りの確認をするわけであるが、その場を離れようとすると「もう一度戸締りを確認したい」という強い欲求に再びおそわれる。そして、同じことを際限なく繰り返してしまう。その意味で私は、「何度も戸締りの確認を繰り返したい」という欲求をもっていると言えるのかもしれない。すなわち、〈戸締りの確認を繰り返すことを大切に思っている、と言えるために必要な）⑴で言われている要素はそろっていると言えるのかもしれない。しかし私は「〈何度も戸締りの確認を繰り返したい〉という欲求にもとづいて行為したい」とも思っていないし、「〈何度も戸締りの確認を繰り返したい〉という欲求が消えずに持続してほしい」とも思っていない。したがって、⑵と⑶で言われている要素は欠けている。だから、フランクファートの分析によれば、私は戸締りの確認の繰り返しを大切に思っていないことになる。

フランクファートの分析は、これらの例ばかりでなく、多くの事例にあてはまる。その意味で、それなりに説得力がある。しかしその分析に対しては、アグニェズカ・ジャワースカ Agnieszka Jaworska が指摘しているように、以下のような懸念を寄せることができる（Jaworska 2007）。次の例を考えてみよう[19]。

〈幼い子供の例〉
ある日、夏子は研究室からひどく落ち込んで帰ってきた。彼女は、自分がだめな研究者であり（研究誌に応募した論文が却下されてしまった）、教師としても失格である（ある学生と成績のことで口論してしまった）ことを身にしみて感じたのである。それに、家に帰ってみると、自分ができの悪い母親であることもわかった（夕食用の鳥肉がまだ冷凍のままだった）。彼女は長椅子に倒れこんで泣いた。すると、まだ二歳にもならない息子が、心配そうに彼女を見つめ、少し考えた後で、洗面所に走っていった。彼は、バンドエイドの大きな箱をもって帰ってきて、バンドエイドを手当りしだい夏子の体じゅうに貼り始めた。息子の診たては見当違いであったが、彼の治療はとても功を奏し、夏子は泣き止んだ。そのけっか、息子の心配そうな表情も消えた。

〈認知症の例〉
冬子は、以前は有能で実績のある実業家であった。また、近所では料理上手として名が知られていた。そして、よく自宅でパーティーを開き、自慢の料理を人びとに振る舞っていた。しかし、八十歳をすぎたころから、認知症の症状が出始めて、記憶や会話に支障が出て、時々とんちんかんな事を言ったり、おかしなことをしたりするようになった。今では、その症状がかなり進んだので、春彦という家政夫の世話になっている。春彦は、冬子をあたかも小さな子供のように扱っているが、冬子は、不満も言わずに、楽しそうにすごしている。ただ冬子は、春彦が台所で料理をするときにだけ、決まって不機嫌になり、春彦が台所をひとりで仕切っていることに対してひどく不満げな様子になる。そこで春彦は、自分が料理をするときには、簡単な作業を冬子にまかせて、二人で一緒に料理を作ることにした。すると、冬子の機嫌はよくなり、不満げな様子を見せることはなくなった。

〈幼い子供の例〉の夏子の息子は、夏子が悲しんでいるのを心配して、バンドエイドを貼ってそれを治そうとし、さらに、夏子が泣き止んだら、安心した様子を示したわけであるが、これらのことは、夏子の息子が、夏子のことを大切な存在として感じていて、（未熟であるにせよ）夏子をめぐるケア心情ネットワークを形成しており、さらには、「夏子にとって良いことが生じてほしい」という欲求をもっている、ということを示しているのではないか。だから、夏子の息子は夏子のことを大切に思っている、と言ってよいのではないか。また、〈認知症の例〉の冬子は、春彦が台所を占領すると不機嫌になったけれど、春彦と一緒に料理をするようになってからは機嫌がよくなったわけであるが、これらのことは、冬子が、台所で自分が中心になって料理することを大切なことと感じていて、だから、そのことをめぐって（単純かもしれないが）ケア心情ネットワークを形成していて、さらには、「台所で自分が中心になって料理したい」という欲求をもっている、ということを示しているのではないか。したがって、冬子は台所で自分が中心になって料理することを大切に思っている、と言ってよいのではないか。

しかし、夏子の息子はまだ幼いし、また、冬子は認知症がかなり進んでいるので、二人ともフランファートの分析の⑵や⑶で言われているような二階の欲求をもっているとは考えにくい。夏子の息子は「お母さんが悲しまないでいることは、お母さんにとって良いことである」と（漠然とではあるにしても）思っているであろうし、そしてだから、「お母さんは悲しまずにいてほしい」という欲求も抱いているであろうが、「〈お母さんは悲しまずにいてほしい〉という欲求が消えないで持続してほしい」といった複雑な欲求を抱いているとは考えにくい。同じように、冬子は「台所で自分が中心になって料理したい」という欲求をもっているであろうが、「〈台所で自分が中心になって料理したい〉という欲求にもとづいて行為したい」とか「〈台所で自分が中心になって料理したい〉という欲求が消えないで持続してほしい」といった複雑な欲求を抱いているとは考えにくい。

以上のように、幼い子供や症状が進んだ認知症患者は、何かを大切に思うことはできても、フランクファートの分析の(2)と(3)で言われている二階の欲求をもつことができるとは考えにくい。したがって、それらの二階の欲求は、「大切に思う」という心的態度の構成要素ではないのではないか。フランクファートの分析に対しては、このような懸念を寄せることができる。

この章の1－7で挙げた〈蒸発の例〉の秋彦の気持ちも、考えようによっては、同じ懸念を生むと言えるかもしれない。〈蒸発の例〉の秋彦は、ある意味で、父親のことを大切に思っている。だから、心のどこかでは「父親にとって良いことが起きてほしい」と思っている。しかし、秋彦は「父親は自分にとっては大切な人ではない」と信じているわけであり、その信念が邪魔して、「〈父親にとって良いことが起きてほしい〉という欲求にもとづいて行為したい」とか「〈父親にとって良いことが起きてほしい〉という欲求が消えずに持続してほしい」という二階の欲求をもつことはできない、と考えることができるかもしれない。とすれば、〈蒸発の例〉の秋彦の例も、何かを大切に思っているのに、フランクファートの分析の(2)と(3)で言われている二階の欲求が欠けている例になるであろう。

以上のようなことにもとづいて私は、フランクファートの分析の(2)と(3)で言われている二階の欲求は「大切に思う」という心的態度の構成要素ではない、と主張したい。

しかし私は、反省的欲求を抱くことができるほど知的能力のある人の場合には、何かを大切に思っているときにはたいてい、フランクファートの分析の(2)と(3)で言われている二階の欲求を抱いている、と考える。だが、この私の考えが正しいとして、何かを大切に思っているときに、人はどのような仕方で、それらの二階の欲求を抱くようになるのであろうか。それには、少なくとも二つの仕方があると思われる。

ひとつめの仕方は、次のようなものである。[20] ある対象Xを大切に思っているときには、「Xにとって良いことが生じてほしい」という一階の欲求を抱く。この欲求をD_{1-1}としよう。しかし同時に、Xにとって良いことが生じるのを妨げるような事柄に対しても欲求をもつことがある。この欲求をD_{1-2}としよう。このような場合、D_{1-1}にもとづいて行為すれば、Xにとって良いことが生ずる可能性が高まり、D_{1-2}にもとづいて行為すれば、Xにとって良いことが生ずる可能性が低くなる。だから人は、Xを大切に思っているときには、合理的であるかぎり、「〈D_{1-2}ではなく〉D_{1-1}にもとづいて行為したい」という欲求を抱くようになる。すなわち、「〈Xにとって良いことが生じてほしい〉という一階の欲求にもとづいて行為したい」という二階の欲求を抱くようになる。フランクファートの分析の(2)で言われている二階の欲求は、このような仕方で「大切に思う」という気持ちから派生することがある。

(3)で言われている二階の欲求も、同じような仕方で「大切に思う」という気持ちから派生することがある。繰り返しになるが、ある対象Xを大切に思っているときには、「Xにとって良いことが生じてほしい」という一階の欲求D_{1-1}を抱く。ところで、D_{1-1}が消えてしまったら、自分がD_{1-1}にもとづいて行為しなくなるから、Xにとって良いことが生じる可能性は低くなる。だから人は、Xを大切に思っているときには、合理的であるかぎり、「D_{1-1}が消えずに持続してほしい」という欲求を抱くようになる。すなわち、「〈Xにとって良いことが生じてほしい〉という一階の欲求が消えずに持続してほしい」という二階の欲求を抱くようになる。

フランクファートの分析の(2)と(3)で言われている二階の欲求を抱くようになる二つめの仕方は、次のようなものである。ある対象Xを大切に思っているときには、その気持ちに沿った生き方をすることも大切に思っていることが多い。ところで、その気持ちに沿った生き方をすることを大切に思っているかぎり、「その気持ちに沿った生き方をしたい」という欲求がわいてくるにちがいない。そして、その気持ちに沿った生き方をするためには、「Xにとって良いことが生じてほしい」という欲求にもとづいて行為することが必要になる。だから人は、Xを大切に思っているときには、合理的であるかぎり、「〈Xにとって良いことが生じてほしい〉という欲求にもとづいて行為したい」という二階の欲求を抱くようになる。フランクファートの分析の(2)で言われている二階の欲求は、このような仕方で「大切に思う」という心的態度から生まれることもある。

(3)で言われている二階の欲求も、同じような仕方で生まれることがある。今述べたように、ある対象Xを大切に思っているとき、往々にして、「その気持ちに沿った生き方をしたい」という欲求がわいてくる。そして、その気持ちに沿った生き方をするためには、「Xにとって良いことが生じてほしい」という欲求にもとづいて行為することが必要になる。だから、「Xにとって良いことが生じてほしい」という欲求が消えてしまったら、Xを大切に思うという気持ちに沿った生き方ができなくなる。したがって人は、Xを大切に思っているときには、合理的であるかぎり、「〈Xにとって良いことが生じてほしい〉という欲求が消えないで持続してほしい」と思うようになる。

フランクファートが「大切に思う」という心的態度の構成要素とみなしている二階の欲求が生まれる仕方には、少なくとも、今述べたような二通りがあると思われる。だが、どちらの仕方にせよ、それらの二階の欲求は、あくまで、「大切に思う」という心的態度から派生するわけである。しかも、どちらの仕方にせよ、それを通じて二階の欲求を抱くようになるためには、ある程度の知的な思考能力が必要になる。だが、〈幼い子供の例〉の夏子の息子や〈認知症の例〉の冬子のような、幼い子供や症状が進んだ認知症患者は、そのような知的な思考能力をもっているとは考えにくい。にもかかわらず、先に述べたように、そのような人々も「大切に思う」という心的態度を抱くことはできるわけであり、したがって、フランクファートの分析の(2)と(3)で言われている二階の欲求は、「大切に思う」という心的態度を構成する要素ではない、と考えてよいであろう。

4 ケア型評価説の基本的な考え方

ここまで、「大切に思う」という心的態度は、どのようなものであるのかを説明してきた。ところで私は、幸福は「大切に思う」という心的態度を軸に構成される、と考える。この節では、この考え方にもとづいて私が組み立てた説を提案したい。先に述べたように、私はその説を「ケア型評価説」と名づける。

この章の第1節の冒頭で述べたように、「ケア型評価説」の「ケア」という言葉は、「大切に思う」という心的態度を指す。ある対象を大切に思っているときには、この章の1-6で述べたように、その対象を大切なものとして感じている。ところで、このような知覚的な認識は、その対象に関する一種の評価でもある。それはちょうど、桜の花を美しいと感じることが、桜の花に関する美的な評価であるのと同じである。「評価」という言葉を使ったのは、このような理由による。

ケア型評価説の基本的な考え方を定式化すると、次のようになる。

（CV1）大切に思っている事態が実現することは、常に（根本的な意味で）人にとって良いことであり（根本的な幸福価値をもち）、そして、そのことだけが（根本的な意味で）人にとって良いことである（根本的な幸福価値をもつ）。

（CV2）大切に思っている事態が実現しないことは、常に（根本的な意味で）人にとって悪いことであり（根本的なマイナス幸福価値をもち）、そして、そのことだけが（根本的な意味で）人にとって悪いことである（根本的なマイナス幸福価値をもつ）。

これらの定式で言われている「大切に思っている事態」とは、「大切に思う」という心的態度の対象になっている事態である。そしてその事態は、命題で表される。「事態が実現する」とは、その命題が真である、ということであり、「事態が実現しない」とは、その命題が偽である、ということである。さて、（CV1）によれば、大切に思っている事態が実現すれば、それだけ人の幸福は増し、人の幸福が増すのは、その事態が実現するときだけである。また、（CV2）によれば、大切に思っている事態が実現しなければ、それだけ人の不幸は増し、人の不幸が増すのは、その事態が実現しないときだけである。私は、「自分が健康である」という事態を大切に思っている。（CV1）によれば、私が健康であれば、それだけ私の幸福は増す。また、（CV2）によれば、私が健康でなければ、それだけ私の不幸は増す。

ところで、（CV1）も（CV2）も、「大切に思う」という心的態度の対象が事態である場合のことだけしか述べていない。だが、この章の1‐2で述べたように、事態だけが「大切に思う」という心的態度の対象になるわけではない。個物（個々の物や場所や生物や人物など）も「大切に思う」という心的態度の対象になる。では、個物が「大切に思う」という心的態度の対象である場合には、どう考えたらよいのであろう。この点について私は、次のように考える。我われは、個物を大切に思っているときにはたいてい、その個物に関する何らかの事態も大切に思っている。たとえば、我われは、ある個物を大切に思っているときにはたいてい、その個物にとって良いことであると我われが考える事態も大切に思っている。私は庭に植えた桃の木を大切に思っている。だから、「その木がすくすく育つ」ことも大切に思っている。そして私がそのように思うのは、「その木がすくすく育つ」ことはその木にとって良いことである、と考えているからである。あるいは、我われは、ある人を大切に思っているときには、その人が大切に思っていると我われが考える事態も大切に思うことがある。周囲と折り合いつけるのが苦手な私の友人が最近また転職をした。私は彼のことを大切に思っている。だから私は、「今度こそ彼が新しい就職先でうまくやっていく」ことを大切に思っている。そして私がそう思うのは、「今度こそ新しい就職先でうまくやっていく」ことを彼が大切に思っている、と私が考えているからである。このように我われは、個物を大切に思っているときには、その個物に関する何らかの事態も大切に思うことがある。そして、（CV1）によれば、そのような事態が実現すれば、それだけ我われの幸福が増し、また、（CV2）によれば、そのような事態が実現しなければ、それだけ我われの不幸が増すわけである。

ところで、「大切に思う」という心的態度には、程度の差がある。すなわち、XとYの両方を大切に思っているのであるが、Xを大切に思う度合と、Yを大切に思う度合を比べた場合に、Yを大切に思う度合の方が大きい、ということがある。だが、このような程度の差は、どのような言葉で表すのがよいのであろうか。この点に関して私は、確固たる見解をもちあわせてはいないが、ここでは「深さ」という言葉を使うことにしたい。たとえば、Xを大切に思う度合よりも、Yを大切に思う度合の方が大きいことを、「Xを大切に思う気持ちよりもYを大切に思う気持ちの方が深い」とか「XよりもYの方をより深く大切に思っている」という具合に表すことにしたい。ケア型評価説は、（CV1）と（CV2）に加えて、次のように主張する。

（CV3）大切に思っている事態が実現することがもつ幸福価値の大きさは、大切に思うという気持ちの深さによって左右され、その気持ちが深ければ深いほど、その幸福価値は大きくなる。

（CV4）大切に思っている事態が実現しないことがもつマイナス幸福価値の大きさは、大切に思うという気持ちの深さによって左右され、その気持ちが深ければ深いほど、そのマイナス幸福価値は大きくなる。

これらの主張によれば、大切に思うという気持ちが深ければ深いほど、その対象となる事態が実現することは、それだけ幸福を増大させ、その対象となる事態が実現しないことは、それだけ不幸を増大させる。このように、ケア型評価説によれば、幸福や不幸は、「大切に思う」という心的態度の深さによって左右されるわけであるが、この「深さ」

については、次の節で詳しく説明する。

ケア型評価説とは、(CV1)、(CV2)、(CV3) そして (CV4) の四つの主張から成る説である。

5 「大切に思う」の「深さ」

前節で述べたように、「大切に思う」という気持ちには程度の差がある。そして、それを「深さ」という言葉で表すことにする。この節では、「大切に思う」という心的態度の「深さ」と言うことで私がどのようなことを念頭においているのかをもう少し詳しく説明したい(21)。

5-1 「行うことなど考えられない」行為

我われは、個々の状況において、自分は何をすべきであるのか、あるいは、何をしたら最も適切であるのか、考えをめぐらせる。そのような思考は「実践的思慮 practical deliberation」と呼ばれる。実践的思慮を行うときには、いくつかの行為を選択肢として思い浮かべ、それらの選択肢を比較検討して、その中から、なすべき行為や適切な行為を選び出す。私は、東京の中を移動するときに、最も速くて快適な方法で目的地に行くにはどうしたらよいか考えることがある。そのような場合に私は、地下鉄を使うか、JRを使うか、JRと地下鉄の両方を使うか、といったいくつかの選択肢を思い浮かべ、それらの選択肢を速さと快適さの点で比較して、最も適切な行為を選ぶ。これは実践的思慮の一例である。私は、ある状況において、道徳的になすべきことは何であるのかを考えることがある。そのような場合に私は、いくつかの行為を選択肢として思い浮かべ、それらを比較検討して、道徳的な観点から見てどの行為が最も適切であるかを考える。これも実践的思慮の一例である。このように我われは、実践的思慮を行う場合、いくつかの行為を思い浮かべ、それらを比較検討して、その中から、なすべき行為や最も適切な行為を選び出す。このような仕方で、選択肢として思い浮かべられ、比較検討の対象となる行為を「実践的思慮の対象」と呼ぶことにしよう。

ここで注意してほしいのであるが、たとえ思い浮かべたとしても、選択肢として比較検討の対象にならない行為は、実践的思慮の対象ではない。ある行為が実践的思慮の対象となるためには、選択肢として比較検討されなければならない。私が借金を返すためのお金をどうしたら工面できるかを考えているときに、ある人から「今度の試験の問題を教えてくれたら、借金を返せるだけのお金をあげるよ」と言われたとしよう。そしてそのとき、試験問題の漏洩という行為が一瞬でも私の頭をよぎったとすれば、私はその行為を思い浮かべた、と言えるかもしれない。しかし、「そのような行為をすることなど考えられない」と思って、その行為を検討することなく却下したとすれば、その行為は実践的思慮の対象にはならなかったのである。しかし私が、必要なお金を手に入れるという観点から、その行為を他の行為と比較して、その行為の利点や欠点を検討し始めたとすれば、その行為は実践的思慮の対象になったのである。

さて我われは、ある対象を大切に思っているときには、その対象にとって悪いことを招く行為を実践的思慮の対象から除外する。[22] これは、「大切に思う」という心的態度に必ずともなう特徴である。「実践的思慮の対象から除外する」とは、すなわち、どのような行為を行うべきか、あるいは、どのような行為が最も適切であるかを考えるときに、その選択肢として思い浮かべないか、もしくは、思い浮かべたとしても比較検討の対象にはしない、ということである。我われはしばしば、ある行為が実践的思慮の対象から除外されていることを、「それを行うことなど考えられない」という仕方で表現する。ある対象を大切に思っているときには、その対象にとって悪いことを招く行為は、「行うことなど考えられない」行為になるのである。次の例を考えてみよう。

〈ギタリストの例〉

春彦は、大学で建築を学び、一級建築士の資格をもっている。また、子供のころからジャズが好きで、独学でジャズギターを学び、かなりの演奏技術を身につけた。彼は、大学を卒業するころには、建築に対する関心を失い、音楽にますます魅了されるようになった。そのけっか、ジャズギタリストになる道を選び、今ではプロのジャズギタリストとしてナイトクラブやライブハウスで演奏をして生計をたてている。だが、仕事の依頼は多くはなく、妻と一人娘の三人でやっと暮らせるだけの収入しかない。それでも、ゆくゆくは一流のジャズギタリストになることを目指して日々努力している。春彦は、そのように音楽に打ち込む生き方をとても大切に思っている。同時に春彦は、もっと収入を得て家族に楽な生活をさせたいとも思っている。だから、そのためにはどうしたらよいか考えて、空いた時間にはアルバイトをして、わずかながら家計の足しにしている。だが、たとえ今よりずっと多くの収入を得られる仕事があったとしても、プロのジャズギタリストをやめてその仕事に就くことなど、春彦にとっては考えられないことである。現に、建築設計事務所を開いた大学時代の友人から、専属の建築士として働かないかという誘いを再三受けたが、それをすべて断ってきた。建築士として働けば、今よりも数倍の収入を得られるが、プロのジャズギタリストをやめて建築士として働くことなど、彼には考えられないことなのである。

春彦は、音楽に打ち込む生き方を大切に思っている。だから、その生き方に反する（その意味で、その生き方にとって悪いことを招く）行為を行うことなど、彼にとっては考えられないことである。同時に春彦には、音楽に打ち込むこと以外にも、目指していることがある。収入を少しでも増やして家族の生活を楽にすることもそのひとつである。だが、それらの目的を実現するためにどうしたらよいか、実践的思慮をめぐらせるときに、音楽に打ち込む生き方にとって悪いことを招く行為は、その実践的思慮の対象から外される。その意味で、そのような行為を行うことは、彼にとっては考えられないことなのである。プロのジャズギタリストをやめて建築士として働くことは、そのような行為のひとつである。このように、ある対象を大切に思っているときには、その対象にとって悪いことを招く行為は、実践的思慮の対象から外される。そして、その意味で「行うことなど考えられない」行為になるのである。

ところで、我われが大切に思っている対象は、たいてい複数ある。Xを大切に思っていると同時に、YもZも、さらに、その他の物事も大切に思っている、ということがよくある。そして、Xを大切に思っていれば、今述べたように、Xにとって悪いことを招く行為は、実践的思慮の対象から外される。同時にYも大切に思っていれば、Yにとって悪いことを招く行為も、実践的思慮の対象から外される。ところが、このような状況にありながら、Xにとって悪いことを招く行為を避けるためには、Yにとって悪いことを招く行為を行わなければならず、Yにとって悪いことを招く行為を避けるためには、Xにとって悪いことを招く行為を行わなければならない、という場合に遭遇することがある。〈ギタリストの例〉には次のような続きがある。

〈ギタリストの例の続き〉

春彦は、娘のことを大切に思っている。だから、娘の健やかな成長を大切に思っている。半年前に、その娘が難病にかかった。適切な治療を受けなければ治らない。だが、治療費は高額で、ジャズギタリストとしての収入だけでは、とても賄いきれない。そこで、アルバイトを増やすことにした。妻も、パートの仕事を見つけて働き始めた。それでも治療費を払えるほど十分な収入を得ることができない。親戚や友人に借金して当座の治療費は工面できたが、彼らが貸してくれる金額にも限界がある。使い古しのギターや家財を質に入れても、得られる金額はたかがしれている。他に治療費を工面する方法をいろいろ考えたが、どれもうまくいきそうにない。プロのジャズギタリストをやめて、大学時代の友人の建築設計事務所で建築士として働けば、治療費を賄えることはわかっている。しかし春彦にとって、音楽に打ち込む生き方も大切である。だから、プロのジャズギタリストをやめることなど考えられない。しかし一方で、春彦にとって、娘の健やかな成長も大切である。だから、娘の治療をせずに済ますことなど考えられない。だからこそ、プロのジャズギタリストを続けながら娘の治療費を賄う方法をいろいろ模索したのである。しかし、そのどれをとっても、治療費を賄うのに十分なお金を手にできるようなものではない。娘の治療費を得るために春彦に唯一残された道は、プロのジャズギタリストをやめて建築士として働くことだけである。

春彦は、音楽に打ち込む生き方を大切に思っている、と同時に、娘の健やかな成長も大切に思っている。したがって、音楽に打ち込む生き方にとって悪いことを招く行為を行うことは、彼にとって考えらないことであるし、かつ、娘の健やかな成長にとって悪いことを招く行為を行うことも、考えられないことである。しかし春彦は、娘の健やかな成長にとって悪いことを招く行為（この場合、娘を治療しないで放っておくこと）を避けるためには、音楽に打ち込む生き方にとって悪いことを招く行為（この場合、プロのジャズギタリストをやめて建築士として働くこと）を行わなければならない状況に追い込まれている。ということは、音楽に打ち込む生き方にとって悪いことを招く行為（この場合、プロのジャズギタリストをやめて建築士として働くこと）を避けるためには、娘の健やかな成長にとって悪いことを招く行為（この場合、娘を治療しないで放っておくこと）を行わなければならない状況にある、ということでもある。このように我われは、XとYの両方を大切に思っていて、かつ、Xにとって悪いことを招く行為を避けるためには、Yにとって悪いことを招く行為を行わなければならず、Yにとって悪いことを招く行為を避けるためには、Xにとって悪いことを招く行為を行わなければならない、という状況に追い込まれることがある。この「Xにとって悪いことを招く行為を避けるためには、Yにとって悪いことを招く行為を行わなければならず、Yにとって悪いことを招く行為を避けるためには、Xにとって悪いことを招く行為を行わなければならない」ということを「Xにとって悪いことを招く行為とYにとって悪いことを招く行為が相反している」という言い方で表すことにしよう。我われは、XとYの両方を大切に思っていて、かつ、Xにとって悪いことを招く行為とYにとって悪いことを招く行為が相反している、という状況に追い込まれることがある。

ところで、そのような状況に追い込まれると、今までは「行うことなど考えられない」行為であった、Xにとって悪いことを招く行為、あるいは、Yにとって悪いことを招く行為が、「行うことが考えられる」行為に変わる（すなわち、実践的思慮の対象となる）ことがある。〈ギタリストの例の続き〉の次のような続きを見てみよう。

〈ギタリストの例のさらなる続き〉

春彦は、プロのジャズギタリストをやめることなく娘の治療費を工面する方法をいろいろ模索したのであるが、そのどれをとっても、うまくいかないことがわかった。そして、このような状況に追い込まれてみると、今までは考えられないことであった、プロのジャズギタリストをやめて建築士として働く、という選択肢が考えられるものとして浮かびあがってきた。そして、プロのジャズギタリストをやめて建築士として働くことの利点と欠点をまじめに検討し始めた。一方で、娘を治療せずに放っておくことは、相変わらず考えられないことであり続けた。

プロのジャズギタリストをやめて建築士として働くことは、音楽に打ち込む生き方にとって悪いことを招く行為である。だから、音楽に打ち込む生き方を大切に思っている春彦にとっては、「行うことなど考えられない」行為であった。また、娘を治療せずに放っておくことは、娘の健やかな成長にとって悪いことを招く行為である。だから、娘の健やかな成長を大切に思っている春彦にとっては、やはり「行うことなど考えられない」行為であった。しかし春彦は、これら二つの行為が相反する状況に追い込まれた。そしてそのけっか、プロのジャズギタリストをやめて建築士として働くことが、「行うことが考えられる」行為に変わった（実践的思慮の対象になった）のである。しかし、娘を治療せずに放っておくことは、相変わらず「行うことなど考えられない」行為であり続けた（実践的思慮の対象にならなかった）わけである。

だがなぜ、プロのジャズギタリストをやめて建築士として働くことは「行うことが考えられる」行為になって、娘を治療せずに放っておくことは「行うことなど考えらない」行為であり続けたのであろうか。それは春彦が、音楽に打ち込む生き方よりも娘の健やかな成長の方をより深く大切に思っているからである、と私は考える。私がこのように考えるのは、次の原理が成り立つと思っているからである。

（DC1）XとYの両方を大切に思っていて、Xを大切に思う気持ちよりもYを大切に思う気持ちの方が深いときには、Xにとって悪いことを招く行為とYにとって悪いことを招く行為が相反するような状況に追い込まれると、Yにとって悪いことを招く行為は「行うことなど考えられない」行為であり続けるが、Xにとって悪いことを招く行為は「行うことが考えられる」行為に変わる。そしてそうなるのは、他でもなく、Xを大切に思う気持ちよりもYを大切に思う気持ちの方が深いからである。

（DC1）は、Xを大切に思う気持ちよりもYを大切に思う気持ちの方が深い、ということの現れ方のひとつを挙げているにすぎない。だから、「大切に思う」という心的態度の「深さ」を正面から説明しているわけではない。そのような説明をするためには、（DC1）で言われていることが生じる仕組みを解明しなければならないであろう。だが、そのような解明は今のところ私にはできない。ただ、ここでは、（DC1）から次のことが導き出されることを指摘しておきたい。

（DC2）「大切に思う」という心的態度が深ければ深いほど、その対象にとって悪いことを招く行為は、「行うことが考えられる」行為になりにくい。

XとYとZの三つの異なる対象を大切に思っているとしよう。そして、Xを大切に思う気持ちよりもYを大切に思う気持ちの方が深く、また、Yを大切に思う気持ちよりもZを大切に思う気持ちの方が深いとしよう。この場合、（D

C1）によれば、Xにとって悪いことを招く行為とYにとって悪いことを招く行為が相反する状況では、Xにとって悪いことを招く行為は「行うことが考えられる」行為に変わるが、Yにとって悪いことを招く行為は「行うことなど考えられない」行為のままである。また、Yにとって悪いことを招く行為とZにとって悪いことを招く行為が相反する状況では、Yにとって悪いことを招く行為は「行うことが考えられる」行為に変わるが、Zにとって悪いことを招く行為はそのような変化を被らない。さらに、Xにとって悪いことを招く行為とZにとって悪いことを招く行為が相反する状況では、Xにとって悪いことを招く行為は「行うことが考えられる」行為に変わるが、Zにとって悪いことを招く行為は「行うことなど考えられない」行為であり続ける。（DC1）によれば、以上のような意味で、Yにとって悪いことを招く行為は、Xにとって悪いことを招く行為よりも「行うことが考えられる」行為になりにくく、Zにとって悪いことを招く行為は、Yにとって悪いことを招く行為よりも「行うことが考えられる」行為になりにくい。（DC2）が意味するは、このようなことである。

ところで、人が「大切に思う」という心的態度を抱くと、それによって、その態度の対象にとって悪いことを招く行為は、その人にとって「行うことなど考えらない」行為になるわけであるが、このような仕方で「行うことなど考えらない」行為になった行為は、（DC2）で言われているように、「大切に思う」という心的態度が深ければ深いほど、「行うことが考えられる」行為になりにくい。だから、次のように言える。

（DC3）「大切に思う」という心的態度によって「行うことなど考えられない」行為となった行為は、その心的態度が深ければ深いほど、「行うことが考えられる」行為になりにくい。

さて、「行うことが考えられる」行為になりにくい、ということは、言い換えれば、実践的思慮の対象になりにくい、ということである。そして、実践的思慮の対象になりにくければ、実際に行われることもそれだけ少なくなる。

だから（ＤＣ３）から、次のように言える。すなわち、「大切に思う」という心的態度によって「行うことなど考えられない」行為となった行為は、その心的態度が深ければ深いほど、「行うことなど考えらない」行為として、固く守られ、よほどのことがないかぎり、実行に移されることはない。「大切に思う」という心的態度は、このような仕方で、それが深ければ深いほど、それを抱いている人の生き方を特徴づける揺るぎがたい核を形成するのである。そしてその意味で、「大切に思う」という心的態度は、その心的態度を抱いている人の生き方を規定するのである。もちろん、「大切に思う」という心的態度は、それが深かろうが浅かろうが、その心的態度を抱いている人の生き方を様ざまな仕方で規定する。その人が何を大切に思っているかによって、個々の状況においてどのような欲求をもち、どのような情動を抱き、どのような事柄に注意を向けるか、といったことが左右される。だがさらに、「大切に思う」という心的態度は、今述べたように、このような仕方とは異なる仕方で、すなわち、その心的態度を抱いている人の生き方を特徴づける揺るぎがたい核を形成する、という仕方で、その人の生き方を形作るのである。

5-2　「行わないことなど考えられない」行為

今までは、「大切に思う」という心的態度によって、「行うことなど考えられない」行為が出現する、という話をしてきた。ところでこの話は、「大切に思う」という心的態度によって、「行わないことなど考えられない」行為が出現する、という話として語り直すことができる。〈ギタリストの例〉の春彦は、娘の健やかな成長を大切に思っているから、娘を治療せずに放っておくことは、彼にとって考えられないことである。ところで、「娘を治療せずに放っておく」ということは、「娘を治療する」という行為を行わない、ということに他ならない。だから、娘を治療せずに放っておくことなど考えられない、ということは、「娘を治療する」という行為を行わないことなど考えられない、ということになる。したがってこの場合、「大切に思う」という心的態度によって、「行わないことなど考えられない」行為も出現しているのである。また春彦は、音楽に打ち込む生き方を大切に思っているから、プロのジャズギタリストをやめることは、彼にとって考えられないことである。ところで、「プロのジャズギタリストをやめる」ということは、「プロのジャズギタリストを続ける」という行為を行わない、ということに他ならない。だから、プロのジャズギタリストをやめることなど考えられない、ということは、「プロのジャズギタリストを続ける」という行為を行わないことなど考えられない、ということになる。したがってこの場合も、「大切に思う」という心的態度によって、「行わないことなど考えられない」行為が出現している。

このように、ある対象を大切に思うことによって、「行わないことなど考えられない」行為が生まれる。[23] ところで、ある行為が「行わないことなど考えられない」行為である、ということは、その行為を行わないという選択肢が、実践的思慮の対象にはならない、ということである。すなわち、その行為は、それを行うかどうかの検討を許さない「行わざるをえない」行為として現れるのである。ところで、この章の5-1で述べたことから察せられるように、二つの異なる対象を大切に思っていて（その意味で「大切に思う」という心的態度を二つ抱いていて）、片方の「大切に思う」という心的態度によって出現した「行わないことなど考えられない」行為を行えば、もう片方の「大切に思う」という心的態度によって出現した「行わないことなど考えられない」行為を行うことできなくなるような状況、すなわち、それぞれの「大切に思う」という心的態度によって出現した「行わないことなど考えられない」行為が相反するような状況では、それらの「大切に思う」という心的態度のうち、より深い方によって出現した「行わないことなど考えられない」行為は、そのままであり続けるが、もう片方によって出現した「行わないことなど考えられない」行為は、「行わないことが考えられる」行為へと変化する。そしてこのことから、次のことが導き出される。

（DC4）「大切に思う」という心的態度によって「行わないことなど考えられない」行為となった行為は、その心的態度が深ければ深いほど、「行わないことが考えられる」行為になりにくい。

「行わないことが考えられる」行為になりにくい、ということは、それを行わないことが実践的思慮の対象になりにくい、ということである。だからそれだけ、それを行わないように導かれることは稀になる。その意味で、「大切に思う」という心的態度によって出現した「行わないことなど考えられない」行為は、「行わざるをえない」行為として固く守られている。そして（DC４）によれば、「大切に思う」という心的態度が深ければ深いほど、その守りは堅固になる。すなわち、その行為は、様ざまに状況が変化しても、「行わざるをえない」行為として、しぶとく残り続けるのである。そしてそのけっか、どんなことが起ころうと、人はその行為へと強く導かれるのである。このような仕方で、「大切に思う」という心的態度は、それが深ければ深いほど、それを抱いている人の生き方を特徴づける揺るぎがたい核を形成するのである。

以上のように、「大切に思う」という心的態度は、特定の行為を「行うことなど考えられない」行為や「行わないことなど考えられない」行為にする。そして、（DC３）や（DC４）で言われているように、「大切に思う」という心的態度は、それが深ければ深いほど、その心的態度によって「行うことなど考えられない」行為になった行為は、「行うことが考えられる」行為に変化しにくいし、また、その心的態度によって「行わないことなど考えられない」行為になった行為は、「行わないことが考えられる」行為に変化しにくい。すなわち、それらの行為は、様ざまに状況が変化しても、それを行うように導かれることがない行為として、あるいは、それを行わないように導かれることがない行為として、固く守られているのである。その意味で、「大切に思う」という心的態度は、それが深ければ深いほど、それを抱いている人の生き方を根本的なところで左右することになる。

「大切に思う」という心的態度の「深さ」ということで私が念頭においていることは、以上のようなことである。

第八章　ケア型評価説の利点と課題

前章では、ケア型評価説を提案し、それがどのような内容をもつ説であるかを説明した。この章では、ケア型評価説の利点を指摘して、ケア型評価説の魅力を少しでも浮き彫りにすることを試みる。また、あわせて、ケア型評価説が抱えている課題にも触れる。

1　ケア型評価説から見た諸説

私は、第三章で、快楽説に対する卑俗性批判を取りあげて、快楽説を批判的に検討した。第四章では、完成主義と客観リスト説（ならびに、快楽に関する感覚説をとる快楽説）が疎遠問題を抱えることを指摘した。また、第五章では、「虚しさによる批判」と「僥倖による批判」を提示して、欲求充足説を批判的に吟味した。さらに第六章では、情動評価説に関する問題を二つ指摘した。この節では、ケア型評価説の立場から、改めてこれらの説を批判的に考察し、そうすることを通じて、ケア型評価説の利点を示したい。

1-1 快楽説

まず、快楽説について考えてみよう。快楽説によれば、快楽を享受すれば、それだけ幸福は増す。しかし、快楽を感じても、それによって幸福が増しているとは思われない場合がある。私は若いころタバコを吸っていた。体内のニコチンが切れると「タバコを吸いたい」という強い欲求が生じて、その欲求に駆られてタバコを吸った。タバコを吸うことで体内にニコチンが摂取されると、それなりに快楽（満足感）を感じた。しかし、そのようにして得られる快楽は、私にはどうでもよかった。別に私の人生からタバコによる快楽がなくなったとしても、まったくかまわなかった。タバコが与えてくれる快楽が私にとって大切であるとは少しも思えなかった。むしろ、ニコチンが切れるたびにタバコへの強い欲求が生じることがとても煩わしかった。だから、折あるごとに、タバコをやめるにはどうしたらよいか考えた。すなわち、私にとって、タバコをやめることは、実践的思慮の対象（「行うことが考えられる」行為）であったわけである。そして、何度も禁煙に挑戦したすえにようやくのことでタバコをやめた。さてこの場合、タバコを吸うことで得た快楽によって、それだけ私の幸福は増したのであろうか。増してはいない、と私は考える。だが、そうであるとして、なぜ私の幸福は増していないのであろうか。それは私が、その快楽を享受することを少しも大切に思っていなかったからである。

もちろん、快楽説の言うように、快楽を享受することによって、幸福が増すこともある。私は夜になると酒を飲みたくなり、毎晩のように酒を飲んでいる。酒はおいしいし、酒を飲むと安らかな気分になる。すなわち、酒を飲むことによって私は快楽を享受している。そして、酒を飲むことによって得られる快楽は、私にとってとても大切である。だから私にとっては、酒をやめることなど考えられないことなのである。ところでこの場合、酒が与えてくれる快楽を享受することによって、それだけ私の幸福は増しているであろうか。増している、と私は答えたい。だが、そうであるとして、なぜ私の幸福は増しているのであろうか。それは私が、酒を飲むことで得られる快楽を大切に思っているからである。

以上のような例にもとづいて私は、次のように主張したい。快楽は、「大切に思う」という心的態度の対象になることもあるし、また、対象にならないこともある。このことは、快楽が（快楽に関する感覚説の言うように）独特の感覚であったとしても、（態度対象説の言うように）「好き」とか「気に入る」といった心的態度の対象になる感覚であったとしても、あるいは、（命題的態度説の言うように）一種の命題的態度であったとしても変わらない。ところで、今述べた〈タバコの例〉が示しているように、特定の快楽を享受することを大切に思っていない場合には、その快楽を享受しても幸福は増さない。また、今述べた〈飲酒の例〉が示しているように、特定の快楽を享受することを大切に思っている場合には、その快楽を享受することによって幸福は増す。このように、特定の快楽を享受することが、その人の幸福を増大させるかどうかは、その人がその快楽を享受することを大切に思っているかどうかによって決まるのである。

1-2　完成主義と客観リスト説

完成主義と客観リスト説は、いずれも疎遠問題を抱える。このことは、第四章の第4節で指摘した。一方、ケア型評価説は、疎遠問題に直面することはない。人がある事態を大切に思っているときには、その事態が生じることを欲したり、その事態が生じれば喜びを感じたりすることへの性向を備えている。だから、その性向が発現するのを妨げる要因がなければ、その人は実際にその事態を欲し、その事態が生じれば喜ぶのである。そして何よりもその人は、その事態を大切なものとして肯定的に評価している。このような仕方でその人の心は、「大切に思う」という心的態度の対象になっている事態に共鳴している。ところで、ケア型評価説は、大切に思っている対象の実現が人にとって良いことである、と主張する。したがって、ケア型評価説が人にとって良いとみなす事柄は、疎遠ではなく親密である。だからケア型評価説は、疎遠問題を抱えない。そしてこの点で、完成主義と客観リスト説よりも優れている。

さらに、ケア型評価説の立場から、完成主義と客観リスト説を次のように批判的に評価することができる。たしかに、我われが実際に大切に思っている事柄の多くは、完成主義や客観リスト説が幸福価値を備えているとみなす事柄と重なる。自分の仕事を成し遂げる、家族や友人との結びつきを深める、芸術やスポーツに親しむ、趣味を楽しむ、といった事柄を大切に思っている人は多いであろう。そして、これらの事柄は、我われの理性的な能力や情動的な能力、あるいは身体的な能力を発展させ発揮することに貢献するであろうし、また、我われはこれらの事柄を通して知識を得たり、快楽を享受したり、徳を身につけたりすることもできるであろう。しかし、完成主義や客観リスト説が幸福価値を備えているとみなす事柄であっても、人によっては、大切に思えない事柄もある。私は高校時代に、数学の授業で行列を習った。しかし私は、行列を学ぶことが自分にとって大切であるとはまったく思えなかった。それは、今にいたるまでずっと変わらない。私は今でも、行列を学ぶことをひとつも大切に思ってはいない。さて、このような私が行列を学んだとして、それによって、私の幸福は増すのであろうか。私が行列を学べば、私の理性的な能力は、それだけ発展するであろうし、知識も身に着くであろう。だから、完成主義や客観リスト説によれば、行列を学ぶことで私の幸福は増すことになる。しかし私には、私が行列を学ぶことで私の幸福が増す、とはどうしても思えない。だが、どうしてそう思えないのであろうか。それは私が、行列を学ぶことを少しも大切に思っていないからである。もちろん仮に私が、行列を学ぶことを大切に思っているとすれば、行列を学ぶことで、私の幸福は増すであろう。しかし実際には私は、行列を学ぶことを大切には思っていないのである。そういう私が行列を学んでも、私の幸福が増すとは思えない。このように、完成主義や客観リスト説が幸福価値を備えているとみなす事柄が本当に人の幸福に寄与するかどうかは、その人がその事柄を大切に思っているかどうかによって左右されるように思われる。

1-3 欲求充足説

先に述べたように、私は、戸締りに関する強迫性障害を負っている。一度戸締りの確認をしても、その場から離れた瞬間に、「もう一度戸締りの確認をしたい」という強い欲求が生じ、再び戸締りの確認をしてしまう。そして、それを際限なく繰り返す。だが私は、そのように戸締りの確認を繰り返すことを少しも大切に思っていない。その証拠に私は、その強迫的な行動を防ぐ手立てがあれば、すぐにでも採用したいと思っている。ところで、戸締りの確認を繰り返すたびに、「もう一度戸締りの確認をしたい」という私の強い欲求は充足されるわけであるが、このことによって、それだけ私の幸福は増しているのであろうか。私には、増しているとは思えない。だが、そうであるとして、なぜ私の幸福は増さないのであろうか。それは、強迫的な欲求に導かれて戸締りの確認を繰り返すことを私が少しも大切に思っていないからである。

一方、私はこの本を書き上げることをとても大切に思っている。だから、「この本をぜひとも完成させたい」と思っている。ところで、この本を書き上げてこの欲求を充足させることによって、それだけ私の幸福は増すのであろうか。私には、明らかに増すと思われる。だが、そうであるとして、なぜ私の幸福が増すのであろうか。それは、私がこの本を完成されることを大切に思っているからである。

以上のような例にもとづいて、私は次のように考える。欲求の充足は欲求の対象の実現をともなうわけであるが、人がその欲求の対象となっている事態を大切に思っている場合には、その欲求の充足は、その人の幸福を増大させる。一方、その人が欲求の対象となる事態を大切に思っていない場合には、その欲求の充足は、その人の幸福を増大させない。欲求の充足が人の幸福を増大させるかどうかは、その人がその欲求の対象となる事態を大切に思っているかどうかによって決まるのである。

さらに、第五章の第4節で示した、欲求充足説に対する「僥倖による批判」との関連で、次のことを述べておきたい。欲求充足説に対する「僥倖による批判」とは、ある事柄を欲していたわけではないが、その事柄が生じたことで期せずして幸福が増すことがあり、したがって、欲求充足説は誤りである、という批判である。私は、「僥倖による批判」は欲求充足説に対して有効である、と主張した。そして、その主張を支持する例として、〈庭仕事の例〉をもち出して、その例の秋彦は、庭仕事を始めたことで、幸福が増したと思われるが、それは、秋彦の欲求の充足によるのではない、と論じた。だが、秋彦の幸福が増したのは、欲求の充足によるのではないとすれば、何によるのであろうか。私が考えるに、それは、秋彦が庭仕事に安らぎを見出し、そのことを大切に思うようになったからではないか。そしてそうであるとすれば、〈庭仕事の例〉は、人の幸福は、欲求の充足によってではなく、大切に思っていることの実現によって増大する、ということを示す例になるであろう。

1-4　情動型評価説

情動型評価説によれば、〈ある事態に対して肯定的な情動型評価（「喜ぶ」とか「嬉しく思う」といった心的態度）を加える〉という要素と〈その事態が生じている〉という要素からなる複合体が成立すれば、幸福が増す。だが私は第六章の第2節で、情動型評価説の問題点のひとつとして、ある事態に対して肯定的な情動型評価を加えていて、かつ、その事態が生じても、幸福が増さないことがある、と主張した。その例として、私が高校時代に、自分の嫌っている同級生が何かに失敗すると、思わず喜んだ、という体験を挙げた。情動型評価説によれば、その同級生が何かに失敗して、それを私が喜んだときには、それだけ私の幸福は増したことになる。しかし、このような情動型評価説による判断は、正しいとは思われない。だが、なぜ正しいと思われないのであろうか。それは私が、「その同級生が失敗して、それを私が喜ぶ」という事態を大切に思っていなかったからである。たしかに、「その同級生が失敗して、それを私が喜ぶ」という事態を私が大切に思っていたとすれば、その同級生が失敗して、それを私が喜んだとき、私の幸福は増すであろう。しかし、今振り返ると、私はおそらく、そのような事態を大切に思ってはいなかったと思われる。むしろ私は、同級生の失敗を喜ぶ自分が嫌であったし、自分がその同級生の失敗を喜んだり、彼の成功を不満に思ったりすることを馬鹿らしいと思っていた。だから、そのような自分でなくなる方法があったらそれを採用したいと思っていた。すなわち私は、「その同級生が失敗して、それを私が喜ぶ」という事態を大切に思ってはいなかったのである。そしてそのような私が、その同級生の失敗を喜んでも、私の幸福が増すとは思われない。

次に、第六章の第3節で示した、情動型評価説に関するもうひとつの問題を考えてみよう。その問題とは、次のような問題であった。情動型評価説によれば、ある事態に対して肯定的な情動型評価を加えても、その事態が実際に生じていなければ、幸福は増さない。しかし、その事態が実際に生じていなくとも、その事態が生じていると信じていて、それを嬉しく思ってさえいれば、幸福が増す、と考えてもよいのではないか。実際にフェルドマンは、このように考えているが、フェルドマンは間違っているのであろうか。

この問題を例示するために私は、次の二つのケースを提示した。ひとつは、私の妻が実際に私を愛していて、その事実を知って私が、妻に愛されていることを嬉しく思っている、というケース（ケース1）であり、もうひとつは、実際には妻は私を愛してはいないが、妻に愛されていると私が誤って信じていて、そのことを嬉しく思っている、というケース（ケース2）である。さて、この二つのケースについては、次の三つの考え方が可能である。

(1)ケース1では私の幸福は増すが、ケース2では私の幸福は増さない。
(2)ケース2でも私の幸福は増すが、ケース1ほど増さない。
(3)ケース2でも、ケース1と同じだけ私の幸福は増す。

これらの考え方は、それぞれ次の見解を支持している。

（OB1）ある事態に対して肯定的な情動型評価を加え、かつ、その事態が実際に生じている場合には、幸福は増すが、生じていない場合には、幸福は増さない。

（ＯＢ２）ある事態に対して肯定的な情動型評価を加えていれば、その事態が実際に生じていなくても、幸福は増すが、生じている場合ほど増さない。

（ＯＢ３）ある事態に対して肯定的な情動型評価を加えていれば、その事態が実際に生じていても、生じていなくても、同じだけ幸福は増す。

（ＯＢ１）は、情動型評価説の言い分と一致するし、（ＯＢ３）はフェルドマンの言い分と一致する。では、これらの三つの見解のうちどれが最も妥当なのであろうか。この問いに対して私は、次のように答えたい。情動型評価を行っている当人が何をどれほど大切に思っているかによって、（ＯＢ１）があてはまる場合もあるし、（ＯＢ２）があてはまる場合もあるし、あるいは、（ＯＢ３）があてまる場合もある。

この答えで私が言いたいことを、第六章の第１節で示した〈白鵬の例〉と、今述べた〈妻の例〉を使って説明しよう。〈白鵬の例〉とは、私が偶然に大学病院で白鵬（と思しき人物）に出会って、それを嬉しく思った、という例である。この場合には、私が大学病院で出会った人物が実際には白鵬ではないとしても、私がそのとき嬉しく思った分だけ、私の幸福は増したと思われる。というのは、人生においてささやかな喜びを感じることを私は大切に思っているからである。そのような喜びがまったくない人生は、あまりに味気なく、私にとっては耐えがたいものである。そのような喜びを感じることは、私にとって大切なことなのである。だから、病院で出会った人物を白鵬であると勘違して、それで私が嬉しく思ったことで、私の幸福は、ほんの少しではあるが増したと思われる。だが私は、どんな喜びも大切に思っている、というわけではない。大切に思えない喜びもある。先に示した〈同級生の例〉において私が感じた喜びは、そのような喜びである。そして、そのような喜びの場合には、それを感じても、幸福が増すとは思えない。しかし、私が白鵬に出会って感じたような喜びは、私にとってはそれなりに大切であり、したがって、その喜びを感じたことで、私の幸福は、ほんの少しではあるが増したのである。

では、私の出会った人物が実際に白鵬である場合と、そうでない場合を比べた場合に、幸福の増し方に差があるであろうか。白鵬のような横綱に実際に出会えるかどうかは、私にとっては大切なことではない。私が相撲ファンであったら、白鵬のような横綱に実際に出会えるかどうかは、私にとって大切であったかもしれないが、私はそのような相撲ファンではない。だから、私の出会った人物が実際に白鵬であろうとなかろうと、私の幸福の増し方に差はないのではないか。とすれば、この場合には（OB3）があてはまる。しかし仮に、白鵬のような横綱に実際に会えるかどうかが、私にとって大切なことであるとすれば、私が出会った人物が実際に白鵬である場合の方が、そうでない場合よりも、私の幸福は多めに増すと思われる。とすれば、この場合には（OB2）があてはまることになる。

次に〈妻の例〉について述べよう。〈妻の例〉のケース1でもケース2でも、私は同じように喜びを感じている。しかし私は、ケース1では私の幸福は増すが、ケース2では私の幸福は増さない、と考える。というのは、第一に、私の妻が実際に私を愛しているかどうかは、私にとってはとても大切なことだからである。第二に、そのようなとても大切な事柄に関して誤った認識をして、そのけっか喜びを感じても、そのような喜びは私にとっては大切ではないからである。たしかに、先に述べたように、人生において喜びを感じることは、私にとって大切なことである。しかし、とても大切に思っていることに関する誤認のけっか得られる喜びは、そのかぎりではない。私は、そのような喜びを大切には思っていない。だから、ケース1では、私の幸福は増すが、ケース2では私の幸福は増さないと思われる。とすれば、〈妻の例〉には（OB1）があてはまることになる。

〈同級生の例〉、〈白鵬の例〉そして〈妻の例〉に関する以上の考察を踏まえて、私は次のように主張したい。情動型評価説によれば、〈ある事態に対して肯定的な情動型評価を加える〉という要素と〈その事態が生じている〉という要素からなる複合体が成立するときに、そして、そのような複合体が成立するときにのみ、幸福は増す。しかし、この情動型評価説の主張は、常に正しいとはかぎらない。たしかに、そのような複合体が成立することで幸福が増す場合もある。しかし、そのよう複合体が成立しても、幸福が増さない場合もあるし、あるいは、〈ある事態に対して肯定的な情動型評価を加える〉という要素が生じるだけで幸福が増す場合もある。そして、個々の状況がこれらの場合のどれにあてはまるかは、その状況において、情動型評価を加えている人が、〈ある事態に対して肯定的な情動型評価を加える〉という要素と〈その事態が生じている〉という要素からなる複合体の成立を大切に思っているかどうか、あるいは、〈ある事態に対して肯定的な情動型評価を加える〉という要素の単独での成立を大切に思っているかどうか、といったことによって左右される。

1-5 「大切に思う」という心的態度による決定

以上の考察にもとづいて、私は次のように結論したい。快楽説は、快楽の享受が幸福を構成すると主張し、完成主義は、人間本性を構成する能力の発展や発揮が幸福を構成すると主張し、客観リストは、知識、快楽、友愛関係、自律といった複数の要素を得ることが幸福を構成すると主張し、欲求充足説は、欲求の充足が幸福を構成すると主張し、情動型評価説は、肯定的な情動型評価とその対象の生起からなる複合体が幸福を構成すると主張する。しかし、これらの説が幸福を構成すると主張する事柄が成立しても、幸福が増すとはかぎらない。幸福が増すかどうかは、それらの事柄に対して「大切に思う」という心的態度が向けられているかどうかによって左右される。だから、幸福が増すかどうかを決めるのは、快楽の享受そのものでも、人間本性を構成する能力の発展や発揮そのものでも、知識、快楽、友愛関係、自律といった複数の要素そのものでも、欲求の充足そのものでも、また、肯定的な情動型評価とその対象の生起からなる複合体そのものでもなく、〈それらに対して向けられる〉「大切に思う」という心的態度なのである。そしてこの事情は、ケア型評価説によって、うまく説明することができる。この点で、ケア型評価説は、快楽説、完成主義や客観リスト説、欲求充足説や情動型評価といった説よりも優れていると言えるであろう。

2 「大切に思う」という心的態度と「生き方」

「大切に思う」という心的態度は、情動や欲求や注意に関する性向、ならびに、〈「大切さ」と要請〉の知覚的認識（すなわち、「大切さ」という価値の知覚的認識と「大切さ」から派生する要請の知覚的認識）から構成される心的複合体である。また、〈「大切さ」と要請〉の知覚的認識からは、たいてい、それに対応した信念が形成される。そして、「大切に思う」という心的態度を構成する、あるいは、その心的態度から派生する、これらの心的要素は、バラバラに存在するのではなく、共時的にも通時的にも相互に整合的に関係し合いながら、秩序あるネットワークを形成しているのである。この事情は、第七章の第1節で詳しく説明したので、ここでは詳しい説明は繰り返さないが、その概要は次のようなものである。

ある対象Xを大切に思っているときには、まず、Xをめぐってケア心情ネットワークが形成される。そして、Xをめぐるケア心情ネットワークが形成されると、そのネットワークを構成する性向の発現が何らかの要因によって妨げられないかぎり、次のようなことが起こる。まず、Xにとって良いことが生じることを欲し、また、Xにとって悪いことが生じないことを欲する。そして、Xにとって良いことや悪いことが生じるかどうかに影響を及ぼす可能性のある物事に注意を向ける。さらに、Xにとって良いことが生じれば喜び、Xにとって悪いことが生じれば悲しむ。Xにとって良いことが生じる可能性があれば期待を抱き、Xにとって悪いことが生じる可能性があれば危惧を抱く。Xにとって良いことが生じることを期待していたのに、そのことが生じなければ、その期待は落胆に変わる。Xにとって悪いことが生じるのではないかと危惧していたのに、そのことが生じなければ、その危惧は安堵に変わる。このように、Xをめぐる情動や欲求や注意が、相互に関連しながら、秩序ある仕方で生じる。

Xを大切に思っているときには、さらに、Xをめぐるこのようなケア心情ネットワークの形成にともなって、〈「大切さ」と要請〉の知覚的認識がなされるようになる。すなわち、Xは「大切なもの」として感じられ、同時に、その「大切さ」から派生する、様ざまな要請も感じられるようになる。たとえば、ある事柄YがXにとって良いことであれば、Yを促進する行為は「行うべき行為」として感じられ、Yが生じることは「欲すべきこと」として感じられ、Yが生じたという事実は「喜ぶべきこと」として感じられ、Yが生じなかったという事実は「落胆すべきこと」として感じられるようになる。また、ある事柄ZがXにとって悪いことであれば、Zを助長する行為は「行うべきでない行為」として感じられ、Zが生じることは「欲すべきでないこと」として感じられ、Zが生じたという事実は「悲しむべきこと」として感じられ、Zが生じなかったという事実は「安堵すべきこと」として感じられるようになる。さらに、これらの要請の知覚的認識が形成されると、それに後押しされてケア心情ネットワークがさらに維持され強化される。また、これらの知覚的認識は、たいていの場合、信念になる。たとえば、Xを大切に思っているときには、Yを促進する行為は「行うべき行為」として感じられるわけであるが、この知覚的認識からは、たいていの場合、「その行為を行うべきである」という信念が生まれる。また、Yが生じたという事実は「喜ぶべきこと」として感じられるわけであるが、この知覚的認識からは、たいていの場合、「その事実は喜ぶべきことである」という信念が生まれる。

「大切に思う」という心的態度を構成する、あるいは、その心的態度から派生する心的要素は、以上のような仕方で、共時的にも通時的にも相互に整合的に関係し合いながら、秩序あるネットワークを形成している。そのために、「大切に思う」という心的態度は、我われの情動や欲求や注意、さらには、意図や行為を大きく左右する。Xをめぐってケア心情ネットワークが形成されると、我われの欲求や情動や注意は、そのネットワークに沿った仕方で生じるように傾向づけられる。そして、Xの「大切さ」から派生する要請の知覚的認識によって、その傾向は維持されていく。さらに、Xの「大切さ」から派生する要請に関する知覚的認識は、たいてい、信念になるわけであるが、その中でもとくに、行為に関する信念は、実践的思慮を構成する要素として機能して、我われがどのような意図を抱くのかを左右する。たとえば、Xにとって良い事柄Yを促進するような行為について「その行為を行うべきである」という信念が形成されると、その行為は実践的思慮の対象となり、そのけっか、場合によっては、その行為への意図が形成されて、その行為へと実際に導かれることになる。このような仕方で、「大切に思う」という心的態度は、我われがどのような実践的思慮を行い、どのような意図をもち、どのような行為を行うのか、ということも大きく左右する。

さらにまた、「大切に思う」という心的態度は、次のような仕方でも、我われの意図を左右する。第七章の第5節で述べたように、ある対象を大切に思うことによって、「行うことなど考えられない」行為が出現する。そしてその行為は、実践的思慮の対象から除外され、したがって、その行為を行おうという意図が生じることはない。もちろん、二つの異なる対象を大切に思っていて（その意味で「大切に思う」という心的態度を二つ抱いていて）、それぞれの「大切に思う」という心的態度によって出現した「行うことなど考えられない」行為が相反するような状況では、それらの「大切に思う」という心的態度のうち、より深い方によって出現した「行うことなど考えられない」行為は、そのままであり続けるが、もう片方によって出現した「行うことなど考えられない」行為は、「行うことが考えられる」行為へと変化する。しかし、そのようなことがないかぎり、「大切に思う」という心的態度によって出現した「行うことなど考えられない」行為は、実践的思慮の対象から外されたままでいるわけで、したがって、その行為を行おうという意図が生じることはない。また、第七章の第5節で指摘したように、ある対象を大切に思うことによって、「行わないことなど考えられない」行為も出現する。すなわち、それを行わないという選択肢が実践的思慮の対象にならないような行為が出現するのである。もちろん、二つの異なる対象を大切に思っていて、それぞれの「大切に思う」という心的態度によって出現した「行わないことなど考えられない」行為が相反するような状況では、それらの「大切に思う」という心的態度のうち、より深い方によって出現した「行わないことなど考えられない」行為は、そのままであり続けるが、もう片方によって出現した「行わないことなど考えられない」行為は、「行わないことが考えられる」行為へと変化する。しかし、そのようなことがないかぎり、「大切に思う」という心的態度によって出現した「行わないことなど考えられない」行為は、それを行うかどうかの検討を許さない「行わざるをえない」行為であり続け、したがって、それを行わないことを意図することはない。「大切に思う」という心的態度は、以上のような仕方でも、我われが何を意図するかを大きく左右するのである。

以上のように、「大切に思う」という心的態度は、我われが何に対してどのような情動を抱くのか、何をどのくらい欲するのか、また何にどのくらい注意を払うのかを決定づけ、さらには、どのような実践的思慮を行い、どのような意図を抱くのかを大きく左右する。しかも、「大切に思う」という心的態度は、長い時間にわたって持続する。ある対象を一日しか大切に思わない、ということはない。いったん何かを大切に思ったら、たいてい、その思いは、数か月あるいは数年は続くものである。ときには、生涯にわたって続くこともある。したがって、「大切に思う」という心的態度は、長きにわたって、我われの情動や欲求や注意や意図や行為を左右し続けるのである。そして、それら情動や欲求や注意や意図や行為は、バラバラに生じるのではなく、共時的にも通時的にも相互に整合的に結びつき合いながら秩序をもって生じるのである。その意味で、「大切に思う」という心的態度は、それを抱いている人の生き方を形作る、と言うことができる。

このように、「大切に思う」という心的態度は、それを抱いている人の生き方を形作るとすれば、その心的態度の対象となる事態が実現することは、その人の生き方を反映した事柄が世界の中に実現する、ということを意味する。だからケア型評価説は、人の生き方を反映した事柄が世界に実現することがその人の幸福を構成する、と説いていると言えよう。そして私は、この点がケア型評価説の最大の魅力である、と考える。また、先に述べたように、ケア型評価説は、疎遠問題に直面することはない。人がある事態を大切に思っているとき、その人はその事態が生じることを欲し、その事態が生じれば喜びを感じるように傾向づけられている。そしてその人は、その事態を大切なものとして肯定的に評価している。このような仕方でその人の心は、「大切に思う」という心的態度の対象になっている事態に共鳴し、その意味でその事態は、その人にとって親密である。さらに、今述べたように、その事態は、その人の生き方を反映しているわけであるから、「肯定的な心的態度の対象である」という意味よりも包括的な意味で、その人自身と親密な関係にある。ケア型評価説は、そのような意味で親密な関係にある事態が実現することこそが、その人の幸福を構成する、と主張しているのである。

3　ケア型評価説の課題

ケア型評価説は、以上のような利点や魅力を有しているが、様ざまな課題も抱えている。この節では、それらの課題のいくつかを示しておきたい。

3-1　時間の問題

ケア型評価説は、ある事態を大切に思っている時点と、その事態が実現する時点は必ずしも同じではない、ということから生じる、次のような課題を抱える。ある時点t_1において、ある人Ｐが、ある事態Ｘを大切に思っているのであるが、その時点では、まだＸは実現していないとしよう。そして、時点t_1よりも後のある時点t_2において、Ｘが実現したとしよう。だが、t_2においてＰは、もはやＸを大切に思っていないとしよう。この場合、Ｘを大切に思っている時点と、Ｘが実現した時点は異なるけれど、何しろＰが大切に思っている事態が実現したわけであるから、ケア型評価説の主張である（ＣＶ1）によれば、それだけ、Ｐの幸福は増すことになる。しかし、この結論を受け入れることに、ためらいを覚える人もいるであろう。というのは、t_2においてＰは、もはやＸを大切に思っていないわけであるが、そのようなときにＸが実現してもＰの幸福は増さないのではないか、という疑念がわいてくるからである。次のような例を考えてみよう。

〈裏切りの例〉
夏子は、恋人であった秋彦に裏切られた。だから秋彦と別れた。夏子は、裏切られるときまでは、秋彦のことを大切に思っていた。ところで、ちょうど夏子が秋彦と別れる前、秋彦は、なかなか自分の希望する職業に就くことができずに苦労していた。夏子は秋彦のことを大切に思っていたから、彼が自分の希望する職業に就くことは、夏子にとっても大切なことであった。だから夏子も、彼が自分の希望する職業に就けるように協力した。だが、別れた今となっては、秋彦のことを大切に思ってはいないし、したがって、彼が自分の希望する職業に就くかどうかなど、夏子にとってはどうでもよいことになっている。

さてこの場合、秋彦と別れた今、秋彦が自分の希望する職業に就いたとして、それによって、夏子の幸福は増すであろうか。今では夏子は、秋彦が自分の希望する職業に就くことを大切に思ってはいない、ということを考えると、夏子の幸福が増すかどうかは、とても疑わしく思えてくる。

以上の疑念に対して、次のような応答がなされるかもしれない。t_1におけるPの幸福と、t_2におけるPの幸福を分けて考える必要がある。たしかに、t_2においては、PはXを大切に思っていないから、t_2においてXが実現しても、t_2におけるPの幸福は増さないかもしれない。しかし、t_1においては、PはXを大切に思っているわけであるから、t_2においてXが実現することによって、t_1におけるPの幸福は増すことになる。〈裏切りの例〉で言えば、別れた今となっては、秋彦が自分の希望する職業に就いたとしても、それによって、今の夏子の幸福は増さないかもしれないが、秋彦のことを大切に思っていた（したがって、秋彦が希望通りに就職することを大切に思っていた）別れる前の夏子の幸福は増す、というわけである。

しかし、この応答に対して私は、次のように反論したい。時点t_2は、時点t_1よりも時間的に後であり、時点t_1は、時点t_2よりも時間的に前である。したがって、t_2におけるXの実現によってt_1におけるPの幸福が増すとすれば、時間的に後の時点の出来事が、時間的に前の時点まで遡って、「Pの幸福が増す」という変化をもたらしたことになる。だが、このようなことが起こりうるのであろうか。たしかに、時間的に後の時点の出来事が時間的に前の時点に（ある種の）変化をもたらすことはある。私が今、妻と不仲になって離婚したとしたら、そのことによって、私が二十六年前に彼女とした結婚は、二十六年間で終わる結婚であったことになる。すなわち、私が妻と離婚する、という現在の出来事は、私が二十六年前に彼女とした結婚という過去の出来事に対して、「二十六年間で終わる」という新たな属性を付与することになる。[1] しかし、「幸福が増す」という変化は、このような種類の変化なのであろうか。このような変化とは異なる種類の変化なのではないか。現在の私の離婚が二十六年前の私の結婚に与えた今述べたような変化は、「実質的な」変化ではない。というのは、現在において私が妻と離婚しても、二十六年前に私と妻が婚姻届を出して東京で結婚式をあげた、という過去の事実はまったく変わらないからである。「幸福が増す」という変化は、このような変化とは異なり、「実質的な」変化なのではないか。そして、そうであるとすると、仮にt_2におけるXの実現によってt_1におけるPの幸福が増すとすれば、その変化は「実質的な」変化でなければならない。しかし、t_1においてPが大切に思っている事態Xが、t_2において実現しても、それによって、t_1に「実質的な」変化が生じるとは思えない。別れた今になって、秋彦が自分の希望する職業に就いたとしても、それによって、別れる前の過去に「実質的な」変化がもたらされることはないであろう。したがって、t_1においてPが大切に思っている事態Xがt_2において実現しても、やはり、t_1におけるPの幸福は増さないのではないか。

　以上で述べた私の反論が説得力をもつとすれば、この節の冒頭で述べた疑念に対する「t_1におけるPの幸福が増す」という応答が有効であるかどうかは怪しくなる。だが、残念ながら、以上で述べた私の反論には、不十分な点がある。まず、そこで使われている「実質的な」という言葉が何を意味するのか、曖昧であることを認めざるをえない。そして、「実質的な」という言葉の意味が明確になったとしても、「幸福が増す」という変化が本当に「実質的な」変化でないのかどうか、検討する必要がある。しかし、「実質的な」という言葉の意味を明確にしたり、「幸福が増す」

という変化が「実質的な」変化であるかどうかを検討したりするためには、込み入った哲学的（形而上学的）な議論を展開しなければならない。だが私には、そのような議論を展開することは今のところできない。だから、私が今提示した反論は、この節の冒頭で述べた疑念に対する「t_1におけるPの幸福が増す」という応答への決定的な打撃にはならないかもしれない。しかし、いずれによせ、この節の冒頭で述べた疑念に対してどのように対処するか、ということは、ケア型評価説に課せられた課題のひとつであろう。

そこで私は、この節の冒頭で述べた疑念に対してケア型評価説がとりうる、もうひとつの方策を提案したい。それは、ケア型評価説の主張である（CV1）に次のような但し書きを添えることで、その疑念が生じないようにする、という方策である。

（CV1-1）ただし、（CV1）が成立するのは、「大切に思う」という心的態度が生じている時間と、その心的態度の対象である事態が実現する時間が重なっている場合にかぎられる。

この但し書きで言われている、二つの時間が「重なっている場合」とは、「大切に思う」という心的態度が生じている間にその心的態度の対象である事態が実現する場合か、あるいは、その心的態度の対象である事態が実現している間にその心的態度が生じる場合のどちらかである。また、ちなみに（CV1）とは、次のような主張であった。

（CV1）大切に思っている事態が実現することは、常に（根本的な意味で）人にとって良いことであり（根本的な幸福価値をもち）、そして、そのことだけが（根本的な意味で）人にとって良いことである（根本的な幸福価値をもつ）。

さて、t_1において P が大切に思っていた事態 X が t_2 において実現したとしても、t_2 において P が X を大切に思っていないとすれば、P が X を大切に思っている時間と、X が実現する時間は重ならないので、（CV1‐1）によれば、P の幸福は増さないことになる。したがって、（CV1‐1）をケア型評価説に付加すれば、この節の冒頭で述べた疑念が生じることはない。

このように、（CV1‐1）をケア型評価説に付加するという方策をとることで、ケア型評価説は、この節の冒頭で述べた疑念を招かなくなるわけであるが、この方策には、さらなる利点がある。すなわち、ケア型評価説に対しても「虚しさによる批判」を向けることができるが、この方策によって、その批判をかわすことができるのである。

私は第五章の第3節で、〈大学教員の例〉を使って、欲求充足説に対する「虚しさによる批判」を紹介し、その批判が欲求充足説に対して有効である、と論じた。〈大学教員の例〉の概要は次のようなものである。冬子は、「大学教員になりたい」と思った。そして努力して大学教員になった、しかしまもなく、この職は自分に向いていないと思い始め、その思いは徐々に強くなり、やがて、虚しさを覚えるようになり、ついには失意のうちに退職した。この場合、「大学教員になりたい」という冬子の欲求は充足されたが、虚しさを覚えたので、冬子の幸福が増したとは言いがたい。この例のように、欲求が充足されても、虚しさを覚えたので、幸福が増したとは言いがたい場合があるから、欲求充足説は誤りである、ということが「虚しさによる批判」の主旨である。同じような批判は、ケア型評価説にも向けることができる。〈大学教員の例〉とよく似た次のような例を考えてみよう。

〈大学教員の例の改変版〉

冬子は、大学に入ったころから、大学教員という職業に魅力を覚えるようになり、やがて、将来自分が大学教員になることを大切に思うようになった。そして、ずっとその思いを抱き続けながら、大学院に進み、順調に業績をあげて、大学に職を得た。実際に大学教員になってみると、教育、研究、校務などすべてが冬子の予想した通りであった。しかし彼女は、まもなく、この職は自分に向いていないと思い始め、その思いは徐々に強くなり、やがて、虚しさを覚えるようになり、熱意も失い、最後には、大学で働くことが嫌になって、失意のうちに退職した。(2)

この例の冬子は、大学教員になることを大切に思っていて、それが実現したわけであるが、大学教員になってみると虚しさを覚えた。だから、大学教員になったことで冬子の幸福が増したとは言いがたい。この例のように、大切に思っていた事態が実現したにもかかわらず、幸福が増さないことがある。したがって、ケア型評価説は誤りである。たとえば、このような仕方で、ケア型評価説に対して「虚しさによる批判」を展開することは可能である。

しかし、ケア型評価説に（CV1-1）を付加すれば、この批判をかわすことができる。第七章の1-4で述べたように、ある事態を大切に思うという気持ちには、その事態が生じれば喜んだり満足したりする、という性向がともなう。したがって、その事態が生じたときには、その性向の発現が妨げられないかぎり、実際に喜んだり満足したりするはずである。ところで、「ある事態が生じていることに虚しさを覚える」ことと「その事態が生じていることに喜びや満足を覚える」ことは、相容れないであろう。そして、〈大学教員の例の改変版〉の冬子は、大学教員の生活に虚しさを覚えたわけである。だから冬子は、大学教員の生活に満足も喜びも覚えてはいないはずである。したがって冬子は、いざ大学教員になってみたら、大学教員の生活を大切に思えなくなった、ということになろう。とすれば、次のように言える。冬子が大学教員になる以前においては、冬子は「大学教員になる」という事態を大切に思っていたが、そのときには、その事態はまだ実現していない。そして冬子は、その事態が実現したときには、その事態を大切に思えなくなった。したがって、〈大学教員の例の改変版〉の冬子に関しては、（CV1-1）で言われている条件は満たされていないことになる。だから、（CV1-1）によれば、冬子の幸福は増さないことになる。したがって、このケア型評価説に（CV1-1）を付加すれば、〈大学教員の例の改変版〉はケア型評価説への反例にならない。このように、ケア型評価説に（ＣＶ１‐１）を付加することによって、ケア型評価説は「虚しさによる批判」をかわすことができるわけであり、そのことも（ＣＶ１‐１）をケア型評価説に付加する利点になる。

ところで、（ＣＶ１）に（ＣＶ１‐１）を添えるとすれば、（ＣＶ２）にも、次のような但し書きを添えることが自然であろう。

（ＣＶ２‐１）ただし、（ＣＶ２）が成立するのは、「大切に思う」という心的態度が生じている時間と、その心的態度の対象である事態が実現していない時間が重なっている場合にかぎられる。

この但し書きで言われている、二つの時間が「重なっている場合」とは、「大切に思う」という心的態度が生じている間にその心的態度の対象である事態が実現しない場合か、あるいは、その心的態度の対象である事態が実現している間にその心的態度が生じない場合のどちらかである。また、ちなみに（ＣＶ２）とは、次のような主張であった。

（ＣＶ２）大切に思っている事態が実現しないことは、常に（根本的な意味で）人にとって悪いことであり（根本的なマイナス幸福価値をもち）、そして、そのことだけが（根本的な意味で）人にとって悪いことである（根本的なマイナス幸福価値をもつ）。

（ＣＶ２）に（ＣＶ２‐１）を添えることにも、次のような利点がある。ある時点t_1において、ある人Ｐは、ある事態Ｘを大切に思っていたが、t_1よりも後のある時点t_2においては、もはやＸを大切に思ってはいないとしよう。この場合、t_2においてＸが実現していないとすれば、それだけ、Ｐの不幸は増すのであろうか。（ＣＶ２）によれば、増すことになる。しかし、この結論に対しては、t_2においてＰは、もはやＸを大切に思っていないのであるから、Ｐ

の不幸は増さないのではないか、という疑念がわいてくる。〈裏切りの例〉で言えば、秋彦と別れた今では、もはや夏子は、秋彦が自分の希望する職業に就くことを大切に思っていないわけであるが、そのようなときに、秋彦が相変わらず自分の希望する職業に就けないとしても、それによって夏子の不幸は増さないのではないか、というわけである。もちろん、この疑念に対しては、今の夏子の不幸は増さないが、別れる前の夏子の不幸が増す、という応えが返ってくるかもしれない。しかし、先に述べたように、このような応えが妥当かどうか見きわめるためには、込み入った哲学的（形而上学的）な議論が必要になる。しかし、（CV2）に（CV2-1）を添えることで、この疑念が生じないようにすることもできる。というのは、今の夏子は、秋彦が自分の希望する職業に就くことを大切に思っていないのであるから、（CV2-1）によれば、秋彦が相変わらず自分の希望する職業に就けないとしても、それによって、夏子の不幸が増すことはないからである。

（CV1-1）と（CV2-1）をケア型評価説に付加することは、以上のような利点を備えている。しかし、次のような新たな問題も生んでしまう。ある人が生前に大切に思っていたことが、その人の死後に実現したとしよう。この場合には、その人の幸福は増すのであろうか。たとえば、春彦という人物が、ある事業を完成させることを大切に思っていたとしよう。だが、その事業が完成する前に春彦は死んでしまったとしよう。そして、残された人がその事業を引き継いで、その事業を完成させたとしよう。この場合、その事業の完成によって春彦の幸福は増すのであろうか。人は死後には存在しなくなり、したがって、人の死後には、その人が何かを大切に思う、という事態は起こりえないと思われる。とすれば、（CV1-1）が付加されたケア型評価説からは、「人が生前に大切に思っていたことが死後に実現しても、その人の幸福は増さない」という判断が導き出される。今の例で言えば、残された人が事業を完成させたとしても、春彦の幸福は増さない、というわけである。しかし、この判断は正しいのであろうか。春彦が大切に思っていた事業が完成すれば、それがたとえ春彦の死後であっても、やはり、それだけ春彦の幸福は増す、と考える人はいるであろうし、その考えはそれなりに説得力があるのではないか。だが、今述べたように、（CV

１－１）が付加されると、ケア型評価説は、この考えに反する判断をくだすことになる。ケア型評価説は、この点についてどのように考えたらよいのであろうか。同じことは、（ＣＶ２－１）についても言える。（ＣＶ２－１）によれば、生前に大切に思っていたことが死後に実現しなくとも、不幸は増さないことになる。春彦が生前に大切に思っていた事業が彼の死後に完成しないままであっても、春彦の不幸は増さない、というわけである。しかし、この判断は正しいのであろうか。この場合、春彦の不幸は増す、と考える人もいるであろうし、その考えはそれなりに説得力がある。ケア型評価説は、この点についてどのように考えたらよいのであろうか。

以上のように、（ＣＶ１）に（ＣＶ１－１）を添え（ＣＶ２）に（ＣＶ２－１）を添える、という方策は、いくつかの利点もあるが、今述べたような問題も新たに生んでしまう(3)。私としては、この方策を推したいが、そのためには少なくとも、今述べたような問題をどのように解決するかを考えなくてはならない。このようなことも含めて、この節の冒頭で述べた疑念に対してどのように対処したらよいのかということは、ケア型評価説が抱えている課題のひとつである。

３－２　誤認の問題

第七章の１－７で述べたように、信念は命題を対象とする心的態度である。ところで、真である命題を対象としている信念を「正しい信念」と呼び、偽である命題を対象としている信念を「間違った信念」と呼ぶことにしよう。我われは、間違った信念にもとづいて、ある事態を大切に思うことがある。そのような場合に、その事態の実現によって我われの幸福は増すのであろうか。この問いに対してどのように答えるべきかということも、ケア型評価説が直面する課題のひとつである。そこでこの節では、この課題について考えてみたい。

だが、その前に、ここで言われている「信念にもとづいている」と、その反対である「信念にもとづいていない」ということで、私がどのようなことを念頭においているのかを示しておきたい。

（B）ある人Pが、ある対象Xを大切に思っていて、かつ、間違った信念Bを抱いているとしよう。この場合に、Xを大切に思うというPの気持ちがBにもとづいているとすれば、そのときには、仮にPが「Bは間違っている」と気づいたとしたら、それによって、Xを大切に思うというPの気持ちは消滅する。また、Xを大切に思うというPの気持ちがBにもとづいていないとすれば、そのときには、仮にPが「Bは間違っている」と気づいたとしても、それによって、Xを大切に思うというPの気持ちは消滅しない。

ここで念頭においている「信念にもとづいている」と「信念にもとづいていない」とは、以上のようなことである。

さて、人が間違った信念にもとづいて、ある事態を大切に思っている場合、その事態が実現することによって、その人の幸福は増すのであろうか。（CV1）によれば、その人の幸福は増すことになる。というのは、（CV1）によれば、人がある事態を大切に思っている場合には、その気持ちが間違った信念にもとづいていようといまいと、その事態が実現すれば、その人の幸福は増すことになるからである。次の例を考えてみよう。

〈同情心の例〉

春彦には、友達がいない。いつも孤独である。そんな春彦が、仕事で冬子という女性と知りあった。冬子は、春彦にとても優しくしてくれる。春彦は「冬子が自分にそうしてくれるのは、冬子が自分のことを友達として大切に思っているからである」と思うようになった。そして春彦も、その冬子の思いに応えるように、彼女のことを大切に思うようになった。そのけっか、仕事を通じてとはいえ、冬子と一緒にすごすことを大切に思うようになった。しかし実際には冬子は、春彦のことを友達として大切に思っているわけではない。冬子が春彦に優しくしているのは、友達のいない春彦への単なる同情心から、そうしているにすぎない。もし春彦がこのことを知ったら、とてもがっかりして、冬子のことを大切には思わなくなるであろうし、そしてそのけっか、冬子と一緒にすごすことも大切には思わなくなるであろう。

この例において、冬子は春彦のことを友達として大切に思っているわけではない。だから、「冬子は自分のことを友達として大切に思っている」という春彦の信念は間違っている。そして、それが間違っていることに気づいたら、春彦は冬子のことを大切に思わなくなり、そのけっか、冬子と一緒にすごすことも大切に思わなくなる。だから、冬子と一緒にすごすことを大切に思うという春彦の気持ちは、その間違った信念にもとづいているのである。(4) さて、〈CV1〉によれば、〈同情心の例〉において、冬子と一緒にすごすことによって春彦の幸福は増すことになる。というのは、先に述べたように、〈CV1〉によれば、人がある事態を大切に思っている場合には、その気持ちが間違った信念にもとづいていようといまいと、その事態が実現すれば、その人の幸福は増すことになるからである。

しかし、これに反対して、次のように考えることもできる。

〈FB1〉人が間違った信念にもとづいて、ある事態を大切に思っている場合には、その事態が実現しても、その人の幸福は増さない。

私としては、〈FB1〉に賛成する方に心が傾いている。というのは、人がある事態を大切に思っていても、その気持ちが間違った信念にもとづいている場合には、ある意味でその人は、その事態を「本当に」大切に思っているわけではないと思われるからである。すなわち、その場合の「大切に思う」という気持ちは、その人の「本当の」気持ちではないと思われるからである。だが私は、ここで言われている「本当」がどのようなことを意味するのか、明確に説明することはできない。ただ、次のようなことは言える。私が、ある会社との間の雇用契約に同意したとしよう。

そして、その同意は間違った信念にもとづいていたとしよう。たとえば、私は月給三十万円を支給されると思って契約に同意したのであるが、それは私の勘違いであって、実際には月給は二十万円であったとしよう。そして私は、月給が二十万円であることを知っていたら、その会社との雇用契約に同意しなかったとしよう。この場合に、たしかに私は、その会社との雇用契約に同意はしたのであるが、ある意味で私は、その雇用契約に「本当に」同意したわけではない、と言えるであろう。これと同じような意味で、人がある事態を大切に思っていても、その気持ちが間違った信念にもとづいている場合には、その人はその事態を「本当に」大切に思っているわけではない、と言えるのではないか。[5]

（FB1）が正しいとすれば、ケア型評価説を修正する必要がある。では、どのように修正したらよいのであろうか。私は、（CV1）に次のような但し書きを添えればよいと考える。

（CV1-2）ただし、（CV1）が成立するのは、「大切に思う」という心的態度が、間違った信念にもとづいていない場合にかぎられる。

（CV1-2）によれば、冬子と一緒にすごすことを大切に思うという春彦の気持ちは間違った信念にもとづいているから、春彦が冬子と一緒にすごしても、春彦の幸福は増さないことになる。ところで、（CV1）に（CV1-2）を添えるとすれば、（CV2）にも、次のような但し書きを添えることが自然であろう。

（CV2-2）ただし、（CV2）が成立するのは、「大切に思う」という心的態度が、間違った信念にもとづいていない場合にかぎられる。

（CV2－2）の背後には、次のような考えがある。

（FB2）人が間違った信念にもとづいて、ある事態を大切に思っている場合には、その事態が実現しなくても、その人の不幸は増さない。

私としては、この考えにも賛成する方に心が傾いている。というのは、やはり、人がある事態を大切に思っていても、その気持ちが間違った信念にもとづいているのであれば、その気持ちはその人の「本当の」気持ちではなく、だから、その気持ちの対象となっている事態が実現しなくとも、その人の不幸には影響を与えないように思われるからである。以上のように、私は（FB1）と（FB2）に賛成する方に心が傾いていて、したがって、ケア型評価説に（CV1－2）と（CV2－2）を付加したいという気持ちがある。しかし一方で、あらゆる場合に（FB1）や（FB2）が妥当であると言い切れるか、というと少し迷いもある。[6]次の例を考えてみよう。

〈娘の結婚の例〉

秋彦には、夏子という一人娘がいる。秋彦は、夏子のことを大切に思っている。だから、夏子にとって良いことが実現することは、秋彦にとって大切なことである。ところで秋彦は、「一流企業に勤めている良家の男性と結婚することが、夏子にとって良いことである」と固く信じている。だから秋彦は、そのような男性と夏子が結婚することをとても大切に思っている。しかし実際には、そのような男性と結婚することは、夏子にとっては良いことではないのである。もし秋彦がこのことに気づいたら、そのような男性と夏子が結婚することを大切に思わなくなるであろう。

この例では、一流企業に勤めている良家の男性と結婚することは、実際には夏子にとって良いことではない、と想定されている。したがって、「一流企業に勤めている良家の男性と結婚することは、夏子にとって良いことである」という秋彦の信念は間違っていることになる。ところで、秋彦がこの間違った信念をもつにいたる仕方には、少なくとも二通りある。ひとつめは、秋彦が「人にとって良いこと」（幸福）に関して間違った考えをもっていて、だから、その（夏子の結婚に関する）間違った信念をもつにいたる、という仕方である（ケース1）。たとえば、ケア型評価説が「人にとって良いこと」に関する正しい説であるとしよう。しかし秋彦は「人にとって良いこと」に関して「人にとって良いこととは、何はともあれ社会的地位と裕福な暮らしを手に入れることである」という間違った考えをもっていたとしよう。そしてだから、「一流企業に勤めている良家の男性と結婚することは、夏子にとって良いことである」と信じているとしよう。この場合には、「人にとって良いこと」に関する秋彦の考え方が間違っているために、秋彦は（夏子の結婚に関する）間違った信念をもってしまったのである。二つめは、秋彦が「人にとって良いこと」に関しては正しい考えをもっているが、夏子に関する事実誤認をしているために、その（夏子の結婚に関する）間違った信念をもつにいたる、という仕方である（ケース2）。たとえば、ケア型評価説が「人にとって良いこと」に関する正しい説であるとしよう。そして秋彦は、ケア型評価説は正しい、と考えていたとしよう。ところが秋彦は、夏子が何を大切に思っているかに関して事実誤認をしていたとしよう。すなわち、夏子は一流企業に勤めている良家の男性と結婚することを大切には思っていないのに、秋彦は夏子がそう思っていると勘違いしているとしよう。そしてそのために、「一流企業に勤めている良家の男性と結婚することは、夏子にとって良いことである」と信じているとしよう。この場合には、夏子に関する事実誤認のために、その（夏子の結婚に関する）間違った信念をもってしまったわけである。

ケース2は、〈同情心の例〉と似ている。というのは、どちらも具体的な事実に関する誤認によって間違った信念をもってしまったケースだからである。そしてこのような場合には、大切に思うという気持ちがその間違った信念にもとづいているとすれば、その気持ちの対象である事態が実現しても、幸福は増さないし、その事態が実現しなくても、不幸は増さないと思われる。すなわち、（ＦＢ１）や（ＦＢ２）があてはまると思われる。一方ケース１は、具体的な事実に関する誤認ではなく、「人にとって良いこと」に関する間違った原理を採用してしまったために、間違った信念をもってしまったケースである。このような場合には、大切に思うという気持ちがその間違った信念にもとづいているとしても、その気持ちの対象である事態が実現すれば、幸福が増し、また、その事態が実現しなければ、不幸が増すのではないか、という気もする。すなわち、このような場合には、（ＦＢ１）や（ＦＢ２）があてはまらないのではないか、という気もするのである。しかし、そうであるとしても、その理由は明確にはわからない。その理由は、たとえば、具体的な事実に関する誤認は、それが誤認であることは比較的容易に判明するが、「人にとって良いこと」に関する原理となると、どのような原理が正しいのかを知ることは非常に難しい、という事情に関係しているのかもしれない。あるいは、そのような原理の場合には、それに関して間違った信念をもっていたとしても、それにもとづいて生じた「大切に思う」という気持ちは、本人の「本当の」気持ちである、と言えるからなのかもしれない。しかし私は今のところ、この点に関して明確な考えをもつことができない。

　いずれせよ、以上のようなことを含めて、（ＦＢ１）や（ＦＢ２）が本当に妥当であるのか、したがって、ケア型評価説に（ＣＶ１－２）や（ＣＶ２－２）という但し書きを付すべきあるのか、ということを決めるためには、もっと議論を重ねなくてはならない。そして、そのような議論を重ねることも、ケア型評価説が果たさなければならない課題のひとつである。

３－３　卑俗性批判

　ケア型評価説に対して、次のような批判が寄せられるかもしれない。たしかに、ある事態が実現することによって人の幸福が増すためには、ケア型評価説の言うように、その人がその事態を大切に思っていなければならないであろう。この点においては、ケア型評価説の言い分は正しい。しかし、ケア型評価説によれば、人が大切に思っている事態が「高貴な事柄」であろうが「卑俗な事柄」であろうが、何しろその事態が実現すれば、その人の幸福が増すことになるわけであるが、本当にそう言えるかどうかは疑問である。その事態が「高貴な事柄」である場合には、その事態が実現すれば、その人の幸福は増すけれど、その事態が「卑俗な事柄」である場合には、その事態が実現しても、その人の幸福は増さないのではないか。

この批判は、ケア型評価説に対する卑俗性批判とみなすことができる。第三章の第3節で述べたように、「高貴な事柄」とは、いわゆる「高尚な」、「健全な」、あるいは「有徳な」事柄である。それに対して「卑俗な事柄」とは、いわゆる「低俗な」、「不健全な」、あるいは「邪悪な」事柄である。この批判によれば、大切に思っている事態がこのような「卑俗な事柄」である場合には、その事態が実現しても、幸福は増さない、というわけである。私の印象では、この批判に共感する人は多い。実際に、私が研究会などでケア型評価説の話をすると必ずこの種の批判を浴びる。

では、ケア型評価説は、この批判にどのように対処したらよいのであろうか。少なくとも、二つの道が考えられる。ひとつめは、この批判が抱えている弱点を指摘して、その説得力を弱める、という道である。二つめは、この批判で言われていることを受け入れて、ケア型評価説を修正する、という道である。

ひとつめの道の可能性を探ってみよう。ケア型評価説に対する卑俗性批判が、それなりの説得力をもつためには、何が「高貴な事柄」で、何が「卑俗な事柄」であるのかを示すことができなければならないであろう。だが、そのようなことを示すことはとても難しい。たとえば、完成主義にならって、「人間の本性」を構成する性質や能力の発展や発揮に寄与する事柄は「高貴な事柄」であり、それらの性質や能力の発展や発揮を損なう事柄は「卑俗な事柄」である、という基準に訴えるという方法が考えられるかもしれない。しかし、第四章の第2節で述べたように、「人間の本性」とは何か、という問いに答えることは非常に難しい。だから、この方法は、それほどうまくはいかないのではないか。あるいは、我われの直観に頼る、という手もあるかもしれない。しかし我われの直観も、あまりあてにならない。パチンコをすることは、卑俗なのであろうか。パチンコをするためには、パチンコ台にコインを入れて、後はダイヤルを握って良い角度で玉を出し続ければよいだけであるから卑俗である、と言われるかもしれない。では、麻雀をすることは、どうであろうか。麻雀をするためには、記憶力や確率に関する推理力、さらには、効率的に役を作る構成力が必要であるから高貴である、と言うこともできるかもしれない。では、雀球は、どうであろうか。雀球とは、パチンコ台のような盤上で玉を小さなポケットに入れて麻雀の役を作るという、パチンコと麻雀を融合したようなゲームである。我われの直観は、このゲームをすることを卑俗とみなすのであろうか、それとも、高貴とみなすのであろうか。あるいは、会社で同僚を蹴落として出世することや、テレビで野球中継を見ながらひいきの球団を応援することは、どうであろうか。我われの直観は、これらのことを、卑俗であると判断するのであろうか、それとも、高貴であると判断するのであろうか。このように考えると、直観に頼っても、うまくいくとは思われない。このように、何が「高貴な事柄」で、何が「卑俗な事柄」であるのかを示すことは、なかなか難しい。このことは、卑俗性批判が抱える難点のひとつであろう。

さらに、ケア型評価説に対する卑俗性批判が一定の人びとの共感を得るのは、それらの人びとが、人に関する異なる種類の評価を混同しているからではないか、という疑いをもつことができる。そして、もしこの疑いが正しければ、それも卑俗性批判の弱点のひとつになるであろう。

人を評価する仕方には、様ざまなものがある。その人が「立派な人」であるのか「ろくでもない人」であるのか、ということは、そのひとつであろう。また、その人が「幸福な人」であるのか「不幸な人」であるのか、ということも、そのひとつであろう。そして、これらの評価の仕方は、それぞれ異なる種類の評価として区別されるべきであろう。ところで、ケア型評価説に対する卑俗性批判に共感する人びとは、「高貴な事柄」を大切に思う人は「立派な人」であり、「卑俗な事柄」を大切に思う人は「ろくでもない人」である、と決めつけているのではないか。しかも、「立派な人」であるのか「ろくでもない人」であるのか、という評価と、「幸福な人」であるのか「不幸な人」であるのか、という評価を混同して、それらの評価を同一視してしまっているのではないか。だから、大切に思っている事態が「卑俗な事柄」である場合には、その事態が実現しても、幸福は増さない、と考えてしまうのではないか。ケア型評価説に対する卑俗性批判の背後には、人に関する以上のような評価の混同があって、卑俗性批判の説得力は、少なくとも部分的には、その混同に負っているのかもしれない。そうであるとすれば、そのような混同を取り除けば、卑俗性批判の説得力は弱まるであろう。

以上のように、ケア型評価説に対する卑俗性批判に関しては、何が「高貴な事柄」で、何が「卑俗な事柄」であるかを示すことは難しい、という難点を挙げることができるし、さらに、卑俗性批判の背後には、人に関する評価の混同があるかもしれない、という疑いもある。このような弱点に訴えて卑俗性批判の説得力を弱めることが、卑俗性批判に対処するためにケア型評価説がとりうる、ひとつめの道である。

しかし私は、このひとつめの道がケア型評価説に対する卑俗性批判への対処の仕方のひとつであることは認めつつ、一方で、それは思ったほど有効ではないかもしれない、という懸念も抱いている。私は、何が「高貴な事柄」で、何が「卑俗な事柄」であるのかを示すことは難しい、と述べたが、一概にはそうは言えないのかもしれない。先に述べたように、「高貴な事柄」とは、いわゆる「高尚な」、「健全な」、あるいは「有徳な」事柄であり、「卑俗な事柄」とは、いわゆる「低俗な」、「不健全な」、あるいは「邪悪な」事柄であるわけなのであるが、たしかに、「高尚な」事柄と「低俗な」事柄の間の線引き、あるいは、「健全な」事柄と「不健全な」事柄の間の線引きは、難しいかもしれないが、「有徳な」事柄と「邪悪な」事柄の間の線引きは、それほど難しくはないかもしれない。何が「有徳な」事柄で、何が「邪悪な」事柄であるのかに関しては、多くの人びとの直観は一致していると思われるから、その直観に頼って「有徳な」事柄と「邪悪な」事柄をそれなりに明確に区別することは可能かもしれない。とすれば、「高貴な事柄」と「卑俗な事柄」の区別は、少なくとも部分的には、それほど難しくないと言えよう。また、ケア型評価説に対する卑俗性批判に共感する人びとは人に関する評価の混同をおかしているのではないか、という私の言い分に対しても、「そのような混同はおかしていない」と言われてしまえば、こちらから論拠を挙げて言い返すことはできそうにない。

このようなことを考えると、そしてまた、多くの人びとがケア型評価説に対する卑俗性批判に共感することを考えると、その批判で言われていることを受け入れて、ケア型評価説を修正した方がよいのかもしれない。これが、卑俗性批判に対処するためにケア型評価説がとりうる、二つめの道である。だが、この二つめの道をとるとして、どのような修正をほどこしたらよいのであろうか。その修正のひとつとして、次のような但し書きを（CV1）に添えることが考えられる。

（CV1-3）ただし、（CV1）が成立するのは、「大切に思う」という心的態度の対象となる事態が、「卑俗な事柄」でない場合にかぎられる。

だが、この修正案を採用すると、次のような疑問が生じる。「大切に思う」という心的態度の対象となる事態が「高貴な事柄」である場合は、この但し書きを満たすことになる。ところで、「高貴さ」には、程度の差が存在するであろう。とても高貴な事柄もあれば、高貴ではあるがたいして高貴ではない事柄もあるにちがいない。この「高貴さ」の程度は、大切に思っている事態の実現によって生じる幸福の増大に影響を与えるのであろうか。すなわち、その事態が高貴であればあるほど、その事態の実現によって生じる幸福の増大の幅は大きくなるのであろうか。もし、大きくなるとすれば、次のような問題が生じる。第七章の第5節で述べたように、「大切に思う」という心的態度にも程度（「深さ」）の差がある。したがって、大切に思っている事態の「高貴さ」と、大切に思う気持ちの「深さ」の、どちらがより強く幸福の増大に影響を与えるのか、ということが問題となる。たとえば、大切に思っている事態はとても高貴であるが、大切に思うという気持ちはたいして深くない場合と、大切に思っている事態はたいして高貴ではないが、大切に思うという気持ちはとても深い場合とでは、どちらの場合の方が、大切に思っている事態の実現によって生じる幸福の増大の幅は大きいのであろうか。あるいは、大切に思っている事態の「高貴さ」の程度は、その事態の実現によって生じる幸福の増大に影響を与えないのであろうか。このように、（CV1‐3）のような但し書きを付加すると、新たな疑問が生じるが、卑俗性批判の言い分を受け入れて、（CV1‐3）のような但し書きを付加することも、卑俗性批判に対処するためにケア型評価説がとりうる道のひとつであることには変わりはない。

以上のように、ケア型評価説に対する卑俗性批判に対処する道としては、少なくとも二つ考えられる。ひとつめは、この批判が抱えている弱点を指摘して、その説得力を弱める、という道である。二つめは、この批判で言われていることを受け入れて、ケア型評価説を修正する、という道である。どちらの道を進む方がよいのかを含めて、卑俗性批判に対する最善の対処方法を検討することも、ケア型評価説が抱えている課題のひとつである。

3‐4　獲得過程の問題

ケア型評価説によれば、「大切に思う」という心的態度がどのような仕方で獲得されようと、その心的態度の対象となる事態が実現すれば、幸福は増すことになる。これに対して、次のような批判が寄せられるかもしれない。「大切に思う」という心的態度の対象となる事態の実現によって幸福が増すかどうかは、その心的態度がどのような過程を通じて獲得されたのか、ということによって左右される。すなわち、「大切に思う」という心的態度の獲得過程には、⑴それを通じて「大切に思う」という心的態度が獲得された場合、その心的態度の対象となる事態の実現によって幸福が増すような獲得過程もあれば、⑵それを通じて「大切に思う」という心的態度が獲得された場合、その心的態度の対象となる事態が実現しても幸福が増さないような獲得過程もある。（⑴と⑵の冒頭の「それ」は、それぞれの最後にある「獲得過程」を指す。）たとえば、洗脳、教化 indoctrination、催眠術などによる獲得過程は、⑵の代表例である。したがって、「大切に思う」という心的態度が洗脳、教化、催眠術などを通じて獲得された場合には、その心的態度の対象である事態が実現しても、幸福は増さない。

この批判を「獲得過程による批判」と名づけよう。そして、この批判で言われている⑴の獲得過程を「増進型獲得過程」と呼び、⑵の獲得過程を「非増進型獲得過程」と呼ぶことにしよう。さて、ケア型評価説は、「獲得過程による批判」に対してどのように応じればよいのであろうか。この批判が主張するように、「大切に思う」という心的態度の獲得過程には、本当に増進型ばかりでなく非増進型もあるとすれば、ケア型評価説は、この批判を受け入れて、たとえば、次のような但し書きを（CV1）に添えるべきであろう。

（CV1-4）ただし、（CV1）が成立するのは、「大切に思う」という心的態度の獲得過程が増進型である場合にかぎられる。

しかし、「大切に思う」という心的態度の獲得過程には、増進型だけしかないとすれば、ケア型評価説は、（CV1）に（CV1-4）のような但し書きを添える必要はない。したがって、「獲得過程による批判」に対してどのように応じればよいかを考えるためには、「大切に思う」という心的態度の獲得過程には、本当に増進型ばかりでなく非増進型もあるのかどうか、検討する必要がある。ところで、「大切に思う」という心的態度の獲得過程には、増進型ばかりでなく非増進型もあるとすれば、それが増進型であるのはどのような場合であり、非増進型であるのはどのような場合であるのかを決める基準があるにちがいない。だから、ケア型評価説が「獲得過程による批判」に対してどのように応じればよいのかを考えるためには、まずは、そのような基準があるのかどうか、あるとすれば、それはどのような基準であるのか、検討しなければならないであろう。しかし、そのような検討をきちんと行うためには、多くの思索を重ねる必要がある。(7) ここでは、そのような思索の端緒となるような議論のひとつを展開してみたい。

先に示した「獲得過程による批判」においては、非増進型獲得過程の例として、洗脳、教化、催眠術などによる獲得過程が挙げられている。すなわち、洗脳、教化、催眠術などを通じて「大切に思う」という心的態度が獲得された場合には、その対象となる事態が実現しても幸福は増さない、というわけである。[8] しかし、洗脳、教化、催眠術などによる獲得過程が非増進型であるとしたら、それはなぜなのであろうか。

　この問いに対しては、次のような答えが返ってくるかもしれない。人が洗脳、教化、催眠術などを通じて「大切に思う」という心的態度を獲得した場合には、その心的態度は、その人自身から発したのではなく、外から与えられたのである。そして、「大切に思う」という心的態度が外から与えられた場合には、その心的態度の対象となる事態が実現しても、その人の幸福は増さないのである。一方、人の抱いている「大切に思う」という心的態度が、外から与えられたのではなく、その人自身から発したのであれば、その心的態度の対象となる事態の実現によって、その人の幸福は増す。この答えを支えている考え方を定式化すると、次のようになる。

（ＰＡ１）「大切に思う」という心的態度が外から与えられたのではない場合には、その獲得過程は増進型であり、外から与えられた場合には、その獲得過程は非増進型である。

　しかし、この考え方に対しては、すぐに次のような反論が出されるであろう。我われは、何かを大切に思うにいたる過程において、様ざまな事柄から影響を受ける。たとえば、学校や家庭での教育もそのひとつであろう。また、友人の言動、読んだ本の内容、テレビの番組、ＳＮＳからの情報などからも影響を受けるであろう。このように考えると、我われの抱いている「大切に思う」という心的態度のうち、外から影響を受けないものは皆無なのではないか。そしてその意味では、我われの抱いている「大切に思う」という心的態度はすべて、「外から与えられた」と言えるのではないか。そして、そうであるとすれば、（ＰＡ１）によると、大切に思っている事態の実現によって幸福が増すようなケースはまったくない、ということになってしまう。しかし、これは受け入れがたい。

この反論に対しては、次のような応答が返ってくるかもしれない。ここで言われている「外から与えられた」とは、単に「影響を受けた」という意味ではなく、「心を操作されて与えられた」という意味である。たとえば通常の学校教育は、我われが何を大切に思うかに影響を与えるかもしれないが、我われの心を操作して、我われが特定の事柄を大切に思うように仕向けるわけではない。同じことは、通常の読書や友人関係、または、通常のテレビ番組やSNSからの情報についても言える。一方、洗脳、教化、催眠術などを通じて特定の事柄を大切に思うようになる場合には、我われの心は操作されているのである。この応答を反映した形で（PA1）を書き換えると、次のようになる。

（PA1＊）「大切に思う」という心的態度が心の操作を通じて獲得されたのではない場合には、その獲得過程は増進型であり、心の操作を通じて獲得された場合には、その獲得過程は非増進型である。

たしかに、（PA1）を（PA1＊）のように修正すれば、今述べた反論には対処できるかもしれないが、（PA1＊）に関しては、次のような疑問が生じる。どのような場合に、心が操作されていると言えるのであろうか。そしてそもそも、「心を操作する」とは、どのようなことなのであろうか。これらの問いに答えることは、とても難しい。私は、日本国憲法を貫く三つの原理である、主権在民、基本的人権の尊重、平和主義をとても大切に思っている。そして私がそう思うようになったのは、私が小学校で受けた教育の影響が大きいと思われる。私が小学生であった一九六〇年代はまだ、ほとんどの教師が第二次世界大戦を体験しており、戦前の日本の在り方や戦争に対する反省もあってか、彼らが日本国憲法の三つの原理の素晴らしさを熱心に生徒に説いていたのを私は今でもはっきり覚えている。この場合、私は小学校の教育によって心が操作されて、日本国憲法の三つの原理を大切に思うようになったのであろうか。戦前や戦中には、小学校で皇国教育がなされていた。そして、皇国教育によって、国体を維持し天皇に忠誠を尽くすことを大切に思うようになった人びとは多くいるであろう。そのような人びとは、皇国教育によって心が操作されて、そのように思うようになったのであろうか。私が小学校で受けたのは教育であって教化ではないから、私が日本国憲法の三つの原理を大切に思うようになったのは、私の心が操作されたからではないが、皇国教育は教育ではなく教化であるから、皇国教育によって国体の維持と天皇への忠誠を大切に思うようになった人びとは、心が操作されたのである、と言われるかもしれない。しかし、「教育」と「教化」は、どこが異なるのであろうか。教育は心を操作するわけではないが、教化は心を操作する点が異なる、と答えても、「心を操作する」とはどのようなことであるのかを説明しないかぎり、話は前に進まない。

さらに、（PA1＊）に対して、次のような反論を寄せることができる。人が「心の操作」を通じて特定の事態を大切に思うようになったとしても、その人がその獲得過程を是認していたり、その獲得過程に納得していたりする場合には、その事態の実現によってその人の幸福は増すのではないか。次の例を考えてみよう。

〈催眠療法の例〉

秋彦と彼の妻の関係は冷え切っている。秋彦は、どうしても妻のことを大切に思えない。だから、妻との暮らしも大切には思えない。したがって、妻と離婚をした方がよいかもしれないと思うこともある。しかし、離婚をすると、子供たちの精神的な成長に悪影響を与えるかもしれない。だから秋彦は、できれば離婚は避けたいとも思っている。だが、このまま妻との冷え切った関係を続けていくのは耐えがたいし、しかも、そのような夫婦のもとで育つ子供たちはとても辛い思いをするであろう。そこで秋彦は、妻のことを大切に思えるようになることを目指して、催眠療法を受けることにした。その催眠療法は効果があり、秋彦は妻のことを大切に思うようになった。そしてそのけっか、妻との暮らしも大切に思うになった。さらに秋彦は、自分が催眠療法によってそのように思うようになったことに納得している。

このような催眠療法が実際に存在するかどうかはわからないが、ここでは存在すると仮定しよう。このような催眠療法は、患者の心を操作して特定の心的態度をもつように仕向ける療法である、と言えるかもしれない。秋彦は、そのような催眠療法によって妻のことを大切に思うようになり、そのけっか、妻との暮らしも大切に思うようになったわけである。さてこの場合、秋彦が妻と暮らすことによって、秋彦の幸福は増すであろうか。催眠療法によって「妻のことを大切に思う」という気持ちを獲得したことに秋彦が納得していることを考えると、「増す」と答えてもおかしくはないように思われる。

この反論で言われているように、「大切に思う」という心的態度が「心の操作」を通じて獲得されたとしても、その心的態度を抱いている人がその獲得過程を是認していたり、それに納得していたりすれば、その心的態度の対象である事態の実現によって、その人の幸福は増すことがあるように思われる。だが、そうであるとすれば、「大切に思う」という心的態度の獲得過程が増進型であるのか、それとも、非増進型であるのかは、その心的態度を抱いている人がその獲得過程に対して「是認する」とか「納得する」といった肯定的な心的態度を向けているかどうかによって決まる、と考えた方がよいのかもしれない。すなわち、（ＰＡ１＊）で言われているように考えるのではなく、次のように考えた方がよいのかもしれない。

（ＰＡ２）人が「大切に思う」という心的態度を抱いている場合に、その人がその心的態度の獲得過程に対して「是認する」とか「納得する」といった肯定的な心的態度を向けていれば、その獲得過程は増進型であり、その人がその心的態度の獲得過程に対して「是認する」とか「納得する」といった肯定的な心的態度を向けていなければ、その獲得過程は非増進型である。

この定式について、二つのことを述べておきたい。ひとつめは、この定式の中の「「是認する」とか「納得する」といった肯定的な心的態度を向けている」という語句の意味に関することである。この語句の意味を文字どおりにとれば、「実際に是認していたり、納得していたりする」ということになる。しかし、人が何かを大切に思っているときに、そう思うようになった過程に注目することは稀であり、したがって、実際にその過程を是認していたり、その過程に納得していたりするケースは少ないであろう。だが、その過程に注目していない場合でも、「その人が仮にその過程に注目したとすれば、その人はその過程を是認したり、その過程に納得したりするであろう」と言える場合がある。ここでは、そのような場合にも、「「是認する」とか「納得する」といった肯定的な心的態度を向けている」と言うことができるという意味で、この語句を使用することにする。また、「「是認する」とか「納得する」といった肯定的な心的態度を向けていない」という語句についても、同様の使い方をする。すなわち、人が何かを大切に思っているとき、そう思うようになった過程に実際に注目していなくとも、「その人が仮にその過程に注目したとすれば、その人はその過程に対して是認も納得もしないであろう」と言える場合には、「「是認する」とか「納得する」といった肯定的な心的態度を向けていない」と言うことができるという意味で、この語句を使用することにする。

二つめは、次のようなことである。（PA2）では、「是認する」とか「納得する」といった肯定的な心的態度を向けているのか、それとも、向けていないのか、ということが問題となっているが、それらの心的態度を向けていたり、向けていなかったりする時点として念頭においているのは、どの時点であるのか、はっきりさせておく必要があろう。そのような時点としてはいろいろ考えられるが、「大切に思う」という心的態度が生じている時点を念頭におくのが最も適切であると思われる。〈催眠療法の例〉で言えば、秋彦が催眠療法を受けたけっか、妻との暮らしを大切に思うようになった、その時点において、催眠療法によってそう思うようになったことを是認したり納得していたりするかどうかが問題となる、と考えるのが最も適切であろう。

さて、〈催眠療法の例〉のようなケースを考えると、（PA1＊）よりも（PA2）の方を採用した方がいいのかもしれない。しかし（PA2）は、次のような問題を抱える。（PA2）によれば、「大切に思う」という心的態度が洗脳、教化、催眠術などを通じて獲得されたとしても、その心的態度の主体がその獲得過程に対して「是認する」とか「納得する」といった肯定的な心的態度を向けていれば、その獲得過程が増進型になるわけであるが、今度は、その「是認する」とか「納得する」といった心的態度が洗脳、教化、催眠術などを通じて獲得された場合には、どうなるのであろうか。また、それらの心的態度が洗脳、教化、催眠術などを通じて獲得されていない場合には、どうなるのであろうか。話をわかり易くするために、記号を使って整理してみよう。

(1)ある人Pは、ある対象Xに対して「大切に思う」という心的態度Cを抱いている。
(2)Cは、洗脳、教化、催眠術などを通じて獲得された。
(3)Pは、Cの獲得過程に対して「是認する」とか「納得する」といった肯定的な心的態度A_1を向けている。

（PA2）によれば、これら三つの事態が成立しているときには、Xの実現によってPの幸福は増すことになる。すなわち、Cの獲得過程は、増進型になる。しかし、常にこのように言えるかどうかは、検討が必要である。というのは、A_1について次の二つの可能性が考えられるからである。

(4)A_1は、洗脳、教化、催眠術などを通じて獲得された。
(5)A_1は、洗脳、教化、催眠術などを通じて獲得されていない。

さて、(1)、(2)、(3)に加えて、(4)が成立している場合には、Xの実現によってPの幸福は増すのであろうか。すなわち、Cの獲得過程は、増進型になるのであろうか。また、(1)、(2)、(3)に加えて、(5)が成立している場合には、どうなるのであろうか。

この問いに対しては、次のような答えが返ってくるかもしれない。まず、(1)、(2)、(3)に加えて、(5)が成立している場合には、Xの実現によってPの幸福は増す（すなわち、Cの獲得過程は増進型になる）。だが、(1)、(2)、(3)に加えて、(4)が成立している場合には、Xの実現によってPの幸福は増すかどうか（すなわち、Cの獲得過程は増進型になるかどうか）は、PがA_1の獲得過程に対して「是認する」とか「納得する」といった肯定的な心的態度A_2を向けているかどうかによって左右される。すなわち、PがA_1の獲得過程に対してA_2を向けていれば、Xの実現によってPの幸福は増す（Cの獲得過程は増進型になる）が、向けていなければ、増さない（Cの獲得過程は非増進型になる）。この答えを反映した形で（ＰＡ２）を書き換えると、次のようになる。

（ＰＡ２＊）ある人Pが「大切に思う」という心的態度Cを抱いているとき、次のいずれかの場合には、Cの獲得過程は増進型である。

①PがCの獲得過程に対して「是認する」とか「納得する」といった肯定的な心的態度A_1を向けていて、かつ、A_1は洗脳、教化、催眠術などを通じて獲得されていない。

②PがCの獲得過程に対して「是認する」とか「納得する」といった肯定的な心的態度A_1を向けていて、かつ、A_1は洗脳、教化、催眠術などを通じて獲得されたが、PがA_1の獲得過程に対しても「是認する」とか「納得する」といった肯定的な心的態度A_2を向けている。

また、ある人Pが「大切に思う」という心的態度Cを抱いているとき、次のいずれかの場合には、Cの獲得過程は非増進型である。

③PがCの獲得過程に対して「是認する」とか「納得する」といった肯定的な心的態度A_1を向けていない。

④PがCの獲得過程に対して「是認する」とか「納得する」といった肯定的な心的態度A_1を向けているが、A_1

は洗脳、教化、催眠術などを通じて獲得されていて、かつ、PはA_1の獲得過程に対して「是認する」とか「納得する」といった肯定的な心的態度A_2を向けていない。

しかし（PA2＊）に関しては、少なくとも二つの疑問を寄せることができる。ひとつめの疑問は、①に関するものである。①によれば、A_1が洗脳、教化、催眠術などを通じて獲得されていなければ、Cの獲得過程は増進型になる。しかしどうして、A_1が洗脳、教化、催眠術などを通じて獲得されていない場合には、Cの獲得過程は増進型になるのであろうか。この疑問に対して、次のような答えが返ってくるかもしれない。A_1が洗脳、教化、催眠術などを通じて獲得されていない場合には、A_1の獲得過程においてPの心が外から操作されていないから、Cの獲得過程は増進型になるのである。しかしこの答えは、（PA1＊）の場合と同じように、「心を操作する」とはどのようなことであるのか、心が操作されている場合とそうでない場合をどのように見分けるのか、といったことをうまく説明できなければ、あまり説得力がない。

二つめの疑問は、②に関するものである。②で言われているA_2が洗脳、教化、催眠術などを通じて獲得されたとしたら、どうなるのであろうか。Cの獲得過程は、はたして増進型になるのであろうか。この問いに対しては、PがA_2の獲得過程に対して「是認する」とか「納得する」といった肯定的な心的態度A_3を向けていれば、Cの獲得過程は増進型になるが、PがA_2の獲得過程に対してA_3を向けていなければ、Cの獲得過程は非増進型になる、という答えが返ってくるかもしれない。だがこの答えに対しては、A_3も洗脳、教化、催眠術などを通じて獲得されたとしたら、どうなるのであろうか、と問うことができ、しかも、同じことがA_4、A_5、……と続いていく可能性があるわけで、その場合には、無限後退に陥ってしまって、Cの獲得過程が増進型であるのか非増進型であるのかが決まらなくなる。このことに対しては、どのように対処すればよいのであろうか。

ここまで見てきたように、（PA2）や（PA2＊）で言われている考え方に対して、様ざまな疑問を寄せることができる。そしてさらに、その考え方に関しては、次のような根本的な懸念もある。第七章の第3節で例として挙げたような、幼い子供や症状が進んだ認知症患者を考えてみよう。それらの人びとは、「大切に思う」という心的態度を抱くことはできるわけであり、したがって、それらの人びとの幸福も当然、ケア型評価説によって説明されるべき対象になる。ところで、（PA2）や（PA2＊）で言及されている人Pに関しては、自分が抱いている心的態度の獲得過程に対して「是認する」とか「納得する」といった肯定的な心的態度を向けることができるような高度な理性的能力を有している、という想定がなされている。だが、幼い子供や症状が進んだ認知症患者は、そのような高度な理性的能力を備えているとは考えにくいのではないか。とすれば、（PA2）や（PA2＊）で言われている考え方を採用すると、それらの人びとの幸福を扱うことができなくなる。

以上のことを考えると、Cの獲得過程が増進型であるのか非増進型かを区別する、もっと説得力のある基準を見つけるためには、（PA2）や（PA2＊）が指し示している路線とは異なる路線を模索しなければならないようにも思われる。

先に述べたように、「獲得過程による批判」に対してどのように応じればよいのか、ということもケア型評価説の抱えている課題のひとつである。そして、この課題をこなすためには、まずは、「獲得過程による批判」が主張するように、「大切に思う」という心的態度の獲得過程には、増進型ばかりでなく非増進型もあるのか、そして、あるとすれば、それが増進型であるのはどのような場合であり、非増進型であるのはどのような場合であるか、ということを検討しなければならない。そこで私は、その検討のための糸口となりそうな議論を少し展開してみたが、それを見ても推測できるように、その検討をきちんと行なうためには、かなり複雑な議論を積み重ねなければならないであろう。

4 ケア型評価説の推奨

以上のように、ケア型評価説は、いくつかの課題を抱えている。しかしだからと言って、ケア型評価説が他の諸説よりも劣っているわけではない。というのは、他の諸説も、同じような課題を抱えるからである。欲求が生じる時点と、欲求が充足される時点は、必ずしも同じではないから、時間の問題は、欲求充足説にもあてはまる。(9) 欲求や情動が誤った信念にもとづいて生じることもあるから、誤認の問題は、欲求充足説や情動型評価説に関しても問うことができる。卑俗性批判は、第三章で見たように、快楽説に向けることができるし、また、人は卑俗な事柄を欲求したり、卑俗な事柄に関して肯定的な情動型評価を抱いたりすることがあるから、欲求充足説や情動型評価説も卑俗性批判の対象になる。さらに、欲求や情動型評価が、洗脳、教化、催眠術などを通じて獲得される場合もあるから、獲得過程の問題は、欲求充足説や情動型評価説についてもあてはまる。

こう考えると、いずれの説もそれぞれ、それなりの課題を抱えているわけで、その意味では、優劣をつけるのは難しいかもしれない。しかし私は、ケア型評価説を推したい。その理由は三つある。ひとつめの理由は、次のようなものである。他の説が抱えているが、ケア型評価説は免れている問題がいくつかあり、その点でケア型評価説は優れている。第四章で見たように、完成主義や客観リスト説、ならびに、快楽に関する感覚説を採用する快楽説は、疎遠問題を抱えているが、ケア型評価説は、疎遠問題を抱えることはない。第五章で見たように、欲求充足説に対しては、「虚しさによる批判」と「僥倖による批判」を向けることができるが、この章の3-1で述べたように、ケア型評価説は、(CV1-1)を付加することで「虚しさによる批判」を回避できるし、この章の1-3の最後で述べたように、ケア型評価説を採用すれば、なぜ「僥倖」が生じるのかをうまく説明でき、したがって、ケア型評価説に対しては「僥倖による批判」を向けることはできない。

二つめの理由は、次のようなものである。この章の第1節で論じたように、他の諸説が幸福を構成する事柄と考えている事柄が、本当に幸福を構成するかどうかは、それらの事柄に対して「大切に思う」という心的態度が向けられているかどうかによって左右されると思われる。そして、その事情は、ケア型評価説によってうまく説明できる。この点で、ケア型評価説は、他の諸説よりも優れている。

三つめの理由は次のようなものである。この章の第2節で述べたように、「大切に思う」という心的態度は、それを抱いている人の生き方を形作る。したがって、その心的態度の対象となる事態が実現することは、その人の生き方を反映した事柄が世界の中に実現する、ということを意味する。だからケア型評価説は、人の生き方を反映した事柄が世界に実現していくことがその人の幸福を構成する、という考え方でもある。これは、とても魅力的な考え方であると私には思われる。

以上の三つの理由にもとづいて、私はケア型評価説を推奨したい。そして最後に、次のことを言い添えておきたい。人が何を大切に思うか、ということは、その人がその人であって他の誰かではない、ということ（自己同一性）を構成する重要な要素なのではないか[10]。我われは、ある対象を大切に思っているとき、「その対象を大切に思わなくなったら、自分ではなくなる」という感覚におそわれることがあるが、このようなことは、「大切に思う」という心的態度が、自己同一性を構成する要素であることの現われではないか。そして、「大切に思う」という心的態度が自己同一性を構成する重要な要素であるとすれば、ケア型評価説は、「自分が自分であって他の誰かではない」という痕跡を世界に刻むことが幸福を構成する、という考え方である、と言うこともできるかもしれない。

注

第一章

（1）「～にとって良い」という表現がもちうるこれらの意味に関してはRosati 2009を参考にした。
（2）この点に関しては、この章の第3節で説明する。
（3）この点に関しては第二章の第3節で詳しく論じる。
（4）第二章の注6でも述べるように、この考えを支える基本的な枠組みは、スティーヴン・ダーウォール Stephen Darwall ならびにコニー・ロザティ Connie Rosati の著作から学んだ（Darwall 2002, 2006a, 2006b; Rosati 2006, 2008）。これから述べることは、その枠組みにそって私なりに思索をめぐらせて得られた見解である。また、その枠組みの原型は、カントにまで遡ることができるかもしれない（この点については、Korsgaard 1983, 256-259を参照）。
（5）本書では、前後の言いまわしに応じて、「我われ」の代わりに「いかなる人」とか「人びと」という言葉を使うことがあるが、それらはすべて同じことを意味する。
（6）このような場合があることは、水野俊誠からの質問によって気づいた。十年前に亡くなった私の友人は、彼が亡くなる前に見つけた仕事をとても大切に思っていた。だから私は、彼がその仕事をやりとげることができたなら、それは、彼にとって良いことになったであろうと思っている。しかし彼はそれをやりとげる前に亡くなり、今はこの世にはいない。だから今の私にできることは、彼がその仕事をやりとげることができればよかったと願うことだけである。

（7）ロザティは、このように関係を表す良さを「関係的良さ relational good」と呼んでいる（Rosati 2008）。

（8）「端的な良さ」は「内在的良さ intrinsic good」とは異なる。良さの区別には「内在的良さ」と「外在的良さ extrinsic good」という区別もある。ある対象の内在的良さとは、その対象の「内在的性質」だけに依存する良さである。一方、ある対象の外在的良さとは、その対象の「外在的性質」だけに依存する良さである。（「内在的良さ」と「外在的良さ」のこのような区別の仕方は、Moore 1922, 260; Korsgaard 1983, 254-255 にもとづいている。この区別の仕方が正しいかどうかは、論争の的になっているが（たとえば Kagan 1998）、ここではこの問題には立ち入らない。）対象の内在的性質とは、その対象がそれ以外のものとの関係を通してもつ性質ではなく、その対象がそれ自体でもつ性質であり、対象の外在的性質とは、その対象がそれ以外の対象との関係を通してもつ性質である。しかし、ある性質が内在的であるのか外在的であるのかを見きわめるのが難しい場合もある。たとえば、ペンを考えてみると、その質量は、おそらく内在的性質であろう。しかしそのペンの色は、ペンがそれ自体でもっている性質ではなく、それを照らす光やそれを見る人といった、ペン以外のものとの関係を通してペンがもつ性質かもしれない。そうであるとすれば、ペンの色は外在的性質になる。だが一方でペンの色は、そのペンのもつ「夏目漱石によって使われた」とか「机の上にある」という性質に比べれば、より内在的であると言いたくもなる。というのは、「夏目漱石によって使われた」とか「机の上にある」という性質は、夏目漱石や机といった、明らかにそのペン以外のものとみなすことができるものとの関係を通して生じる性質であるが、それに比べるとペンの色は、ある意味でペン自体がもっていると言ってもおかしくはない気もするからである。ペンといった物理的な物ではなく、倫理学、正義、平和といった抽象的なものや、「春彦は快楽を享受している」といった事態についての内在的性質と外在的性質の区別になるともっと難しい。このように、内在的性質と外在的性質の区別が難しい場合があり、そのために、内在的良さと外在的良さの区別も難しくなることがある。にもかかわらず、外在的であると断言してかまわないような良さがある。たとえば、希少性にもとづく価値などはそのひとつであろう。縁にギザギザのない十円玉は、それが希少であるという理由だけで、良い（価値がある）と言われている。この良さは、明らかに外在的であろう。というのは、あるものが希少であるかどうかは、そのものに類似したものが他に多く存在するかどうかによって決まるから、希少性に関しては「対象がそれ以外のものとの関係を通してもつ性質」と断言してもかまわないと思えるからである。そしてこの良さは、同時に端的な良さになりうる。このように、端的な良さであると同時に外在的であるような良さが存在する。だから、「端的な良さ」は「内在的良さ」とは異なる。

（9）「～する必要がない」という語は「～するべきであるわけ

ではない」あるいは「～することは要請されてはいない」ということを意味する。これ以降も「～する必要がない」という語は、この意味で使用する。

(10) あることが実際に端的に良いとしよう。すると、この段落の冒頭で述べた考え方によれば、我われは、そのことが実現するように振る舞うか、それが無理であれば、その実現を欲するように要請されていることになる。さて私が、この要請に反する行為をしたり、この要請に反する欲求をもったりしたとしよう。この場合に私は、ある種の間違いをおかしていることになるが、ここで言われている「論理的な間違い」とは、この種の間違いではない。あるいは私が、「あることが端的に良い」と思っていて、そのけっか、「我われは、そのことが実現するように振る舞うか、それが無理であれば、その実現を欲するべきである」と判断したとしよう。にもかかわらず私は、この判断に反する行為をしたり、この判断に反する欲求をもったりしたとしよう。この場合にも私は、ある種の間違いをおかしていることになるが、ここで言われている「論理的な間違い」とは、この種の間違いでもない。ここで言われている「論理的な間違い」とは、私が「あることが端的に良い」と思っているにもかかわらず、「我われは、そのことを実現するように振る舞う必要もないし、その実現を欲する必要もない」と思っている、という間違いである。

(11) 「端的な良さ」の意味のうちに含まれる要請が限定的であるとすれば、どのような要請や考慮事項が、それよりも優先されるのか、ということが問題になるであろう。しかしここでは、この問題に立ち入る必要はない。(GS) で言われている要請が限定的であるとすれば、その要請は、それに対立する要請や考慮事項の方が優先される場合でも、要請として存在し続ける、ということを確認しておくだけで十分である。

(12) 「端的な良さ」の意味に含まれる要請は限定的であることを示すためには、(GS) の「べきである」という表現のかわりに、「べき理由がある」という表現を使った方が、わかりやすいのかもしれない。すなわち、(GS) を次のように書き換えた方がよいのかもしれない。

(GS＊) 「Xは端的に良い」という文は、その意味のうちに、「我われは、Xが実現するように振る舞うか、それが無理であれば、Xの実現を欲するべき理由がある」ということを含んでいる。

あることをなすべき理由があっても、そのことをなすべきでない理由や、そのことをなす必要がない理由があるかもしれない。そして、それらの理由の方が、そのことをなすべき理由よりもまさっている場合には、すべてを考慮に入れたうえでは、そのことをなすべきではない、あるいは、なす必要がない、ということになる。このように、「べき理由がある」という言葉を使った方が、問題となっている要請が限定的であることが明確になるかもしれない。しかし、「べき理由がある」という言葉は日本語として使い勝手が悪いので、ここでは「べきである」という言葉を使うことにする。

(13) 本書では「〜とは言えない」は「〜ということは真ではない」ということを意味し、「〜と言える」は「〜ということは真である」ということを意味するものとして使用する。

　またここでは、この私の見解の是非が問題になっているのではない。私が「倫理学の存続は春彦にとって良い、とは言えない」と思っている、ということが重要なのである。次の夏子の場合にも、ここで重要なのは、私が「倫理学の存続は夏子にとって良い」と思っている、ということであり、その思いの是非ではない。

(14) ここでの「Pのために」は「振る舞う」と「欲する」にかかっているのであって、「べきである」にかかっているのではない。すなわち、ここで言われているのは、〈Pのために、Xが実現するように振る舞う〉ことや〈Pのために、Xの実現を欲すること〉が我われに要請されている、ということであって、〈Xが実現するように振る舞う〉ことや〈Xの実現を欲する〉ことがPのために我われに要請されている、ということではない。すぐ後に出てくる（F2）や（GF＊）についても同じである。

第二章

(1) この節で展開される「〜のために」の意味に関する説明は、Bradley 2006; Darwall 2002, 1-2, 2006a, 580-581; Rønnow-Rasmussen 2011 58; Velleman 1999a, 610, 1999b, 88-94, 99, 2006, 41-42 を参考にして組み立てた。

(2) 先にも述べたように、ここで言われている「人としての価値」という言葉は、「人が人であるかぎり備えている価値」を意味する。もちろん、人が人であるかぎり備えている価値とはどのような価値であるのか、ということが問題になるが、この問題に関する私の考えは、この章の第2節で語ることにする。

　また、本書では、「価値」という言葉と「良さ」という言葉を同じ意味で使う。ただ前後の言いまわしによって使いわけているだけである。

(3) 私は、スティーヴン・ダーウォール Stephen Darwall の著作を通して、この種の気遣いがあることに気がついた。ダーウォールはいくつかの著作の中で「気遣い care for」という心的態度に言及し、それは、次のような要素からなると述べている。

⑴相手を気遣いに値するとみなしている（Darwall 2002, 8, 38, 2006a, 582, 2006b, 641）。

⑵相手にとって良いことを、相手のために、それ自体を目的として欲している（Darwall 2002, 1）。

⑶相手が苦しい思いをしたら、悲しんだり心配したり、相手が楽しい思いをしたら、喜んだり安心したりする、といった情動的な反応への傾向性をともなう（Darwall

2002, 2)。

ダーウォールの「気遣い」は「相手が気遣いに値する」という認識をともなうが、私の言う「気遣い」は「相手が人としての価値を備えている」という認識をともなう。気遣いに値するものと我われがみなすものは、人にかぎられるわけではない。たとえば、動物などのような可感的（感覚をもつ）存在者 sentient beings もその中に含まれるであろう（Darwall 2006b, 645）。したがって、ダーウォールの言う「気遣い」は、私がここで念頭においている「気遣い」よりも、その対象領域が広い。一方、私がここで念頭においている「気遣い」は、その対象が人にかぎられる。私は、そのような気遣い、すなわち、相手が人としての価値を備えているからこそ相手に向けられるような「気遣い」が実際に存在する、と考える。

ダーウォールは、相手が人としての価値を備えているからこそ相手に向けられるような態度は、気遣いではなく、むしろ「尊重 respect」であると主張する（Darwall 2002, 14）。ダーウォールによれば、尊重とは、相手が自分（相手自身）にとって良いと思っていることを相手が実現したり促進したりするのを妨害せずに許容する、という態度である（Darwall 2002, 14-15）。ダーウォールはさらに、相手を尊重しているときには、相手が自分にとって良いと思っていることが実際には相手にとって悪いことであるとわかっていても、相手がそれらのことをすることを許さなければならない、とまで述べている（Darwall 2006c, 127）。（ここまでくると、ダーウォールが「尊重」と呼んでいる態度が、本当の意味で相手に対する尊重であるのか少し疑問に思われてくる。というのは、相手を本当に尊重していたら、相手が行おうとしていることが相手にとって悪いことであるとわかっている場合には、それを行わないように制するべきではないかとも思われるからである。）たしかに、このような意味での尊重も、相手が人としての価値を備えているからこそ相手に向けられる態度であるかもしれないが、それに加えて、本文で説明したような「気遣い」もそのような態度のひとつである、と私は考える。ここでは、そのような気遣いに注目したい。

（4）自己嫌悪に関する以下の理解は、Darwall 2002, 5-7, 2006a, 581, 2006b, 642; Velleman 1999a, 610, 2006, 41-42 を参考にしている。

（5）「私のために」という言葉は、「振る舞ったり」と「欲したり」にかかっている。さらに、ここでは「我われ」ではなく「いかなる人」という言葉を使っているが、第一章の注5でも述べたように、本書では「我われ」も「いかなる人」も、そして「人びと」も、すべて同じ意味で使っており、いずれも「人」という存在者すべてを指し、前後の言いまわしに応じてそれらを使いわけているだけである。

（6）この結論にいたるにあたって私は、ダーウォールとロザティの著作から多くを学んだ（Darwall 2002, 2006a, 2006b; Rosati 2006, 2008）。この章では、彼らの考え方を参考にして私なりに思索したことを述べている。

ダーウォールは「〜にとっての良さ」の意味に関して、少しずつ言い方の異なるいくつもの分析を提示しているので、彼が本当に言いたいことを見きわめるのは難しい（この点についてはFeldman 2006を参照）。だが私の見るところ、ダーウォールが提示している分析は基本的には二つに絞られる。そして彼は、それら二つの分析は同じことを言っていると主張する。ひとつめの分析は、次のように定式化できる(Darwall 2002, 7-9; 2006a, 580, 582)。

（D1）XはPにとって良い＝我われがPを気遣っているかぎり、我われはPのためにXを欲するべきである。

この分析に対しては、次のような反論が考えられる。（D1）によれば、仮にPが気遣いに値しないとしても、我われがPを気遣ってさえいれば、我われはPにとって良いことをPのために欲するべきであることになる。しかし、実際にはPが気遣いに値しないのであれば、我われは、Pにとって良いことをPのために欲するべきである、とは言えないのではないか（私は成田 2013 で、この点に関して詳しく論じた）。この反論に対しては、次のような応えが返ってくるかもしれない。たとえPが気遣いに値しないとしても、Pを気遣っているかぎり、その趣旨からすれば、やはり、Pにとって良いことをPのために欲するべきではないか。たとえば、Pにとって良かれと思ってYを欲しても、実際にはYではなくXがPにとって良いことであるときには、たとえPが気遣いに値しなくとも、「Pを気遣っているかぎり、その趣旨からすれば、YではなくXをPのために欲するべきである」と言えるかもしれない（この可能性は、小林靖典によって指摘された）。ダーウォールが（D1）で言いたいのは、おそらく、このようなことなのであろう。しかし、そうであるとしても、この場合に、なぜ我われはXをPのために欲するべきなのであろうか。その「べし」の根拠は何なのであろうか。ダーウォールは、その根拠を、我われがPを気遣っているときに受け入れている仮定に求める。その仮定とは、「Pが気遣いに値する」という仮定である（Darwall 2002, 8, 2006a, 582, 2006b, 641）。我われは、Pを気遣っているかぎり、「Pが気遣いに値する」ということを受け入れており、このことを仮定としておけば、「我われはPにとって良いことを欲するべきある」と言える、というわけである。ダーウォールはこのように論じて、（D1）で言いたいことは、次のような定式によっても表すことができる、と明言する（Darwall 2006b, 642）。これが二つめの分析である。

（D2）XはPにとって良い＝Pが気遣いに値するならば、我われはPのためにXを欲するべきである。

しかし、（D1）と（D2）を文字どおりにとれば、それらが同じことを言っているというダーウォールの主張には無理がある。私は、（D1）よりも（D2）の方がダーウォールの言いたいことをより忠実に表している、と考える。

だが（D2）も、ダーウォールが言いたいことを完全には表していない、と私は考える。なぜなら彼は、ある人にとって良いことをその人のために欲するべき理由は、その人の（「気遣いに値する」という）価値に由来する、と述べているからである（Darwall 2002, 6, 8, 2006b, 643-644）。この発言によれば、（D2）の「Pが気遣いに値する」という部分と「PのためにXを欲するべきである」という部分は、前者が後者の理由になっている、という関係にある。このことを明確にする形で、（D2）を言い換えると、次のようになる。

（D3）XはPにとって良い＝Pが気遣いに値するならば、まさしくPが気遣いに値するからこそ、我われはPのためにXを欲するべきである。

ダーウォールが本当に言いたいことは、（D3）で表されていることなのではないか、と私は推測する。

（D3）は、人の幸福を構成する「〜にとっての良さ」の意味の分析として、少なくとも二つの点で改善の余地がある。第一に、（D3）のように分析できる「〜にとっての良さ」は、人の幸福を構成する「〜にとっての良さ」にはかぎらない。Pが人であるとしても、Pは同時に生物でもあり、可感的存在者でもある。したがってPは、人としてばかりでなく、生物としても、あるいは、可感的存在者としても、気遣いに値する。だが、Pが人として気遣いに値するからこそPのために欲するべきことと、Pが生物として、あるいは、可感的存在者として気遣いに値するからこそPのために欲するべきことは、異なるであろう。だから、（D3）で言われている「〜にとっての良さ」は、人の幸福だけにあてはまるような「〜にとっての良さ」ではない。第二に、（D3）によれば、あることが〜にとって良いときに、我われに要請されるのは、そのことを欲することだけになる。しかし、そのときには、そのことが実現するように振る舞うことも要請されるのではないか。むしろ、そのように振る舞うことが原則として要請されており、そう振る舞うことが無理である場合にだけ、せめて欲することが要請されるのではないか。

幸福を構成する「〜にとっての良さ」の意味としてロザティが考えていることは、以下のような定式で表すことができる（Rosati 2008, 344）。

（R）XはPにとって良い＝Pの価値に照らして、あるいは、Pの価値への関心から、Pをその受益者としてXを促進するべき理由がある。

「Pをその受益者として」という部分は、Xの促進による利益の受け手がPであることを示している。「Pの価値」とは、ロザティによれば、「Pの倫理的価値」である。「Pの倫理的価値」という言葉で彼女が何を意味しているのかは明確でない。仮にそれがPの人としての価値であるとすれば、ロザティの考え方は、（GF）で表した私の考え方ととても近い。だが、そうであるとしても、「〜にとっての良さ」が要請することを、その良さを備えていることの促進だけにかぎっている点では異なる。（GF）によれば、その良さを備えていることを実現するように振る舞うことばかりでなく、それが無理であるときには、その実現を欲することも我われに課せられるのである。

（7）芸術的価値との類比という発想はRosati 2008, 344からヒントを得た。

（8）人としての価値が以上のような特徴をもつことは、デイヴィド・ヴェルマン David Velleman から学んだ（Velleman 1999b, 98-99, 101-103, 2008, 200）。ヴェルマンも述べているように、人としての価値に関するこのような捉え方は、カントにその原型をもとめることができるであろう。

（9）このような反論の可能性は、水野俊誠によって指摘された。

（10）行為者相対性に関する以上の説明は、トマス・ネーゲル Thomas Nagel の考え方にもとづく（Nagel 1986, 152-153）。ただ、ネーゲルは、行為の規範的理由（特定の行為を行うべき理由）に関する行為者相対性を念頭においているが、ここではその考え方を「要請」にあてはめている。

（11）行為者中立性に関する以上の説明も、ネーゲルの考え方にもとづく（Nagel 1986, 152-153）。「すべての人は世界の平和を守るべきである」とか「すべての人はキリスト教を信ずるべきである」といった要請も行為者中立的な要請である。これらの要請の場合にも、要請されている行為（「世界の平和を守る」という行為や「キリスト教を信ずる」という行為）を述べるために、その行為の行為者（すなわち、すべての人それぞれ）に言及する必要はない。これとは異なり、「すべての人は、自分の国の平和を守るべきである」とか「すべての人は、自分の親が信仰している宗教を信ずるべきである」という要請は、行為者相対的な要請になる。というのは、これらの要請で要請されている行為を述べるためには、それらの行為の行為者（すべての人それぞれ）に言及する必要がある。そしてその言及は、「自分」という言葉によってなされている。

（12）ムアは同じ箇所で、「あるものが私にとって良い」という文は「私がそのものを所有することは良い」ということを意味する、とも述べているが、ここでは、本文で挙げたムアの発言だけに注目する。

（13）「XがPの人生の中に生じている」という事態は、どのような事態なのであろうか。Pが生きている間にXがどこかで生じている、ということであろうか。あるいは、それに加えて、PがXを意識していたり知っていたりすることも含むのであろうか。この点に関する批判的検討は、ロザティによってなされている（Rosati 2008, 332-339）。

　また、リーガンのこの考えによると、「〜にとって良い」の「〜」に入る人は、その端的な良いことが生じている単なる場所としての役割を与えられているにすぎない。一方、（GF）で示された考え方によると、「〜」に入る人の人としての価値から「〜にとっての良さ」にともなう要請が派生するわけであるから、「〜」に入る人は、その良さの根源としての役割が与えられている。

（14）以上は、リーガンの議論を私なりに解釈し要約したものである。私は成田 2013で、リーガンの議論を異なる仕方で要約した。ロザティも Rosati 2008で、リーガンの議論に関する彼女の解釈を展開している。リーガンの議論を理解するうえで私は、ロザティの解釈から多くを学んだ。

（15）私は成田 2013では、ダーウォールの見解を頼りにして、リーガンの議論への応答を展開した。ロザティは Rosati 2008で、リーガンの議論に対する詳細な批判的検討を行っている。

（16）（GF）の場合と同じように、「Pのために」という語は、「振る舞う」と「欲する」にかかっているのであって、「べきである」にかかっているのではない。すなわち、「＝」の後で言われていることは、「〈Pのために、Xが実現しないように振る舞う〉ことや〈Pのために、Xが実現しないことを欲する〉ことが、要請されている」ということであって、「〈Xが実現しないように振る舞う〉ことや〈Xが実現しないことを欲する〉ことが、Pのために要請されている」ということではない。

第三章

（1）「快楽」の「楽」という字が表しているように、ここで言われている「快楽」は「楽しい」という心の状態も含む。私は成田 2010で「快さ」と「楽しさ」の共通点と相違点について考察した。

（2）ここでは質的快楽説は、ミルが基礎を築いたと書いたが、その起源は、クリスプが指摘するように、プラトン（『国家』第九巻：581c–583a）まで遡ることができるかもしれない（Crisp 1998, 117）。また、質的快楽説には、ミルのもの以外にも様ざまな形態がありうる。この章の5‐2を見ればわかるように、ここで検討の対象とするのは、ミルの質的快楽説とは少し異なる形態の質的快楽説である。

（3）快楽説に対する様ざまな批判については、Feldman 2004, chap. 3; Crisp 2006a, chap. 4; Bradley 2015, chap. 2; Fletcher 2016a, chap. 1; 森村 2018, 第1章などで説明されている。

（4）第二部の冒頭の1‐1で説明したように、「幸福価値」とは「〜にとっての良さ」を意味する。したがって、ここでの括弧の内で言われていることは、先に示した定式（HN1）と実質的に同じことである。今後も（HN1）は、このように短縮した形で表現することがある。

（5）第二部の冒頭の1‐1で説明したように、「マイナス幸福価値」とは「〜にとっての悪さ」を意味する。したがって、ここでの括弧の内で言われていることは、先に示した定式（HN2）と実質的に同じことである。

（6）素朴な快楽説は、Crisp 1997, 21-23; Feldman 2004, 25-30; Bradley 2015, 16-17 などで説明されている。

（7）第八章の3－3で述べるように、私自身は、「高貴な事柄」と「卑俗な事柄」の区別ができるかどうかに関して懐疑的であるが、議論の都合上、このような区別ができることを前提にして話を進める。

（8）卑俗性批判は、Crisp 1997, 23-25, 2006a, 111-112; Feldman 2004, 38-40; Bradley 2015, 22-23; Fletcher 2016a, 19-22 などで紹介されている。ガイ・フレッチャー Guy Fletcher は、ここで私が「卑俗性批判」と呼んでいる批判とよく似ているが、少し異なる批判を紹介している。すなわち彼は、卑俗な快楽と高貴な快楽だけに焦点を合わせ、「それらが強度と持続時間の点で同じであれば、高貴な快楽を得た方がより幸福になる」と主張する批判を紹介している。ただ、このように快楽だけに焦点を合わせ、その快楽を生み出す事柄を議論の外においてしまうと、批判の力は弱まる。だから私は、快楽と事柄の複合体である「卑俗快楽状態」と「高貴快楽状態」に言及する批判を取りあげる。クリスプやフェルドマンは、卑俗快楽状態から成る人生を取りあげ、「それはあまり幸福な人生でない」あるいは「それは、少なくとも、高貴快楽状態から成る人生よりも幸福な人生ではない」と主張するタイプの卑俗性批判を紹介している。だが、人生の幸福を考えるためには、人生全体の幸福を（人生が含む不幸も考慮しながら）どのように算出するかを示さなければならず、かなり議論が複雑になるので、ここでは、彼らが示したタイプの卑俗性批判については検討しない。

（9）この従来の感覚説を唱えている論者としては、G・E・ムアを挙げることができる（Moore 1903, 12-13）。また、デイヴィド・ヒューム David Hume やジェレミー・ベンサムもこの従来の感覚説を採用している、という解釈もある（Gosling 1969, 24; Sumner 1996, 87-89）。さらに、ジェイムズ・ミル James Mill やJ・S・ミルの著作の中にも、従来の感覚説を思わせる叙述が見られる（Sumner 1996, 89 を参照）。私は成田 2008 や成田 2010 で、この従来の感覚説の詳しい説明を試みた。

（10）異質性問題は、Brandt 1979, 37; Sumner 1996, 92-93; Feldman 1997, 83-84, 132-133; Crisp 2006a, 103-104; Heathwood 2007, 25-26 などで指摘されている。

（11）以下は、Crisp 2006a, 109-110 で書かれていることを私なりに解釈し整理したものである。

（12）「確定可能体」ならびに「確定体」とは何か、という問題は難解であり、それをめぐって多くの議論がなされているので、私には正確に説明することはできない。クリスプも、「確定可能体」と「確定体」についての説明はしていない。そこでここでは、ジョン・サール John Searle による説明を紹介しておきたい（Searle 1967）。

「確定可能体」と「確定体」は、二つの性質あるいは概念の間にある一種の包摂関係を表す。XはYにとって確定可能体であり、YはXにとって確定体であるときには、XはYよりも一般的であり、YはXよりも特殊である。たとえば色と赤は、この関係にある。色は赤にとって確定可能体であり、赤は色にとって確定体である。

「類」と「種」も、このような意味での包摂関係を表す。そして種は、それが属する類と、その種を同じ類に属する他の種から区別する性質との連言によって定義される。「人間」という種は、それが属する「動物」という類と、人間を他の動物から区別する「理性的」という性質との連言によって、すなわち「動物であり、かつ、理性的である」として定義される。そして、種の定義に現れる類と、その種を同じ類に属する他の種から区別する性質は、お互いに論理的（概念的）に独立である。「動物」は「理性的」を含意しないし、「理性的」は「動物」を含意しない。

確定体も、それが属する確定可能体と、その確定体を同じ確定可能体に属する他の確定体から区別する性質との連言によって定義される。赤は、色と、赤を他の色と区別する性質（赤いという性質）との連言によって、すなわち「色であり、かつ、赤い」として定義される。しかし、類と種の場合とは異なり、確定体の定義に現れる確定可能体と、その確定体を同じ確定可能体に属する他の確定体から区別する性質は、お互いに論理的に（概念的に）独立ではない。「赤」は「色」を含意する。

以上がサールの説明である。クリスプが「確定可能体」と「確定体」を以上のように理解しているかどうかはわからないが、彼の言う「確定可能体としての快の感覚」と「確定体としての快の感覚」の間には、以上の説明に沿うような関係が成り立つと思われる。「肩をもんでもらうときに感じる快の感覚」という確定体としての快の感覚は、「快の感覚であり、かつ、肩をもんでもらうときに感じる快の感覚に特有の仕方で快い」という具合に、〈確定可能体としての快の感覚〉と〈肩をもんでもらうときに感じる快の感覚を他の確定体としての快の感覚から区別する性質〉との連言によって定義される、と考えられる。そして、この連言を構成する要素は、論理的に独立ではないであろう。「肩をもんでもらうときに感じる快の感覚に特有の仕方で快い」ということは、「快の感覚である」ということを含意しているように思われる。

(13) クリスプは、苦痛についてはまったく説明していない。だが、苦痛についても感覚説をとり、同じ説明を苦痛にも適用して、確定体としての苦痛の感覚と確定可能体としての苦痛の感覚を区別しようと試みることは可能であると思われる。

(14) 態度対象説は、リチャード・ブラント Richard Brandt が提唱している（Brandt 1979, 40-41）。サムナーによれば、ヘンリー・シジウィック Henry Sidgwick も態度対象説を採用している（Sumner 1996, 90-91）。

(15) この修正案については、Feldman 1997, 89; Crisp 2006a, 106を参照。

(16) この修正案は、ブラントによって提示されている（Brandt 1979, 38-41）。

(17) この反例については、Gosling 1969, 65; Crisp 2006a, 106を参考にした。

(18) 私は、以上の議論の原型を成田 2008と成田 2010で示した。その後、この議論と類似した議論をクリス・ヒースウッド Chris Heathwood が展開しているのに気づいた（Heathwood 2007）。ただ、ヒースウッドの分析は、（感覚を快楽にする）態度として欲求を採用している点で、私の提示した分析（Ａ５）と異なる。

ところで、苦痛についても態度対象説が成り立つとすれば、苦痛は次のように規定できるであろう。

（Ａ６）苦痛とは、それにともなう感覚質自体のために、それを感じているときに、それを感じることが嫌いになったり気に入らなかったりするような感覚のことである。

(19) フェルドマンは、快楽を構成する命題的態度には必ず「その対象である命題は真である」という信念がともなっている、と考えている（Feldman 2004, 59-60）。

(20) 命題的態度説によれば、苦痛とは、命題を対象とした「気に入らない」という心的態度である（Feldman 2010, 113）。

(21) フェルドマンは、「喜ぶ」とか「嬉しく思う」という命題的態度は常に感覚をともなうわけではない、と主張する（Feldman 2004, 56, 2010, 143-147）。だが、そう主張するとき、彼が「感覚」として念頭においているのは、身体のどこかに位置づけられるような感覚であるように思われる。しかし私は、身体のどこかに位置づけられない漠とした快い感覚も存在し、「喜ぶ」とか「嬉しく思う」という命題的態度には常にそのような感覚がともなうのではないか、と考える。

(22) 以下の説明は、Crisp 2006a, 111-116で書かれていることを私なりに解釈し再構成したものである。

(23) このことは、Crisp 1996, 26, 2006a, 102-103, 116-117などから読み取れる。

(24) 以下の説明は、Crisp 2006a, 113-114の叙述にもとづいて私が構成したものである。

(25) 確定可能体としての快の感覚を感じている人がその感覚をどのくらい快く思うかを左右する要素としてクリスプが考えているのは、その感覚にともなう確定体としての快の感覚の強度や持続時間ではなく、その確定体としての快の感覚を生み出している感覚（肩もみの例で言えば、肩をもんでもらっているときに感じるジーンとした痛み）の強度や持続時間である、と読める箇所もある（Crisp 2006a, 114）。この点でクリスプの説明は曖昧である。だが、ここでは本文に書いたような解釈を採用する。

(26) 確定可能体としての快の感覚には、強度も持続時間もないから、ここで言う「快さの程度」は、強度や持続時間では言い換えられない。だが、そのような「快さの程度」とはどのようなものであるのか、明確に理解するのは難しい。そこに、クリスプの理論の難解さがある。

(27) ここでは、異なる確定体としての快楽（本文の例で言えば、酒に酔うときに感じる快楽と学生と議論しているときに感じる快楽）の強度と持続時間は、両方とも比較できるかのように書いた。そうしたのは、クリスプの叙述を読むと、彼がそう考えているようにも見えるからである（Crisp 2006a, 114）。しかし、異なる確定体としての快楽の持続時間はともかく、それらの強度が比較できるかは疑問である。しかしここでは、この疑問には立ち入らないことにする。

(28) 質的快楽説はミルの幸福論の一角を占めるにすぎない。複雑で精緻なミルの幸福論の全体像を描くことは非常に難しいが、それに挑んでいるものとして、たとえば水野 2014 がある。

(29) フレッチャー自身は、質的快楽説を支持しているわけではない。ただ、質的快楽説は不整合である、というムアなどによってなされた批判（この章の注36を参照）に対して、（Q－HN1）を主張する質的快楽説は整合的である、ということを示そうとしているだけである（Fletcher 2008, 464-466）。

(30) 快楽とは何かについては感覚説をとりながら、快楽の幸福価値について（Q－HN1）を採用するような、質的快楽説を考えることも可能である。その快楽説においては、快の感覚の強度と持続時間が快楽の強度と持続時間になり、異なる種類の快の感覚がもつ特有の感覚質（クリスプの言う「確定体としての快の感覚」の感覚質）が快楽の質になる、と考えることができるであろう。

(31)（ ）の中の「それ」は、「好き」とか「気に入る」といった態度が向けられる感覚を指す。また、態度対象説の見解を正確に言うためには、この（ ）内で書かれている条件を書き加えなければならないが、そうすると記述が煩瑣になるので、以後はこの条件を省略する。

(32) ここでは（A5）を前提にしているから、感覚が生じているときに感覚に向けられている心的態度だけが問題になる。したがって、感覚が生じているとき以外の時点においてその感覚に向けられる心的態度は除外される。

(33)「命題的態度の対象である事柄」と書いたが、命題的態度の対象は命題なので、正確に書けば「命題的態度の対象である命題の内容となっている事柄」となる。しかし、このように書くと煩雑になるので、ここでは「命題の内容となっている」という部分を省いた表現を使う。

(34) 価値補正型快楽説の様ざまな問題点は Zimmerman 2007; Crisp 2006b; 米村 2017 などで指摘されている。

(35) Q－快楽説に対する以上の指摘は、質的快楽説に関するフレッチャーの議論に負っている（Fletcher 2008, 467）。

(36) 質的快楽説は（論理的な）不整合に陥る、という批判が

G・E・ムアなどによって出された（Moore 1903, sec. 48）。すなわち、快楽の質の高低が快楽の幸福価値の決定要因のひとつであることを認めてしまうと、必然的に、快楽以外のものが幸福価値をもつことを認めることになり、それは、「快楽だけが、幸福価値をもつ」（ＨＮ１）という快楽説の基本原則と矛盾することになる、というわけである。しかし私は、この反論は当たらないと考える。というのは、（質的快楽説のひとつである）Ｑ-快楽説の内容を構成する（Ｑ-ＨＮ１）から（Ｑ-ＨＮ４）はいずれも、快楽説の基本原則（ＨＮ１）と矛盾することはないからである（Fletcher 2008, 464-467）。

同じような反論は、価値補正型快楽説に対しても向けられるかもしれない。すなわち、快楽の対象となる事柄の価値によって快楽の幸福価値が左右されることを認めてしまうと、快楽説の基本原則（ＨＮ１）と矛盾してしまう、というわけである。しかしこの反論も当たらない。というのは、価値補正型快楽説の構成要素のうち、原則（ＨＮ１）と矛盾するものはひとつもないからである（Feldman 2004, 121）。

第四章

（1）完成主義者の多くは、「人間 a human being」ということで生物種としての「人間」を念頭においている。生物種としての「人間」は、「人 a person」とは異なる。その違いを正確に述べることは私にはできないが、たとえば、生まれたばかりの乳児は人間であるが、人ではない。一方、『ブレードランナー』のレプリカントは人間ではないけれど、「人」と呼んでも差支えないであろう。ところで、この（ＰＮ１）によれば、人間ではないけれど人である存在者（たとえば、レプリカント）の場合でも、その幸福は、人間の本性を構成する性質や能力の発達や発揮によって増すことになる。しかし、そのような存在者は、人間ではないわけであるから、その幸福が人間の本性を構成する性質や能力の発達や発揮によって増す、と主張することは、ちぐはぐな感じがする。したがって、この（ＰＮ１）は、人間であって人であるような存在者だけを念頭においている、と考えることにしよう。そして、すぐ後で述べる（ＰＮ２）についても同様に考えることにしよう。

（2）このことからわかるように、完成主義は、人間の本性を構成する性質や能力を完全な perfect ものにしなければ幸福は得られない、と言っているわけではない。だから、「完成主義」という呼び名は適切でないかもしれない。このような事情もあって、「発達主義 developmentalism」という呼び名を使う論者もいる（Kraut 2007）。

（3）ハーカは、幸福に関する完成主義を提唱しているわけではなく、「端的に良い人生」に関する完成主義を提唱しているのであるが、彼の完成主義を幸福にあてはめることは可能なので、多くの論者が、幸福に関する完成主義を語るさいに、彼の議論を引き合いに出している。それにならって、ここではハーカの理論を幸福に関する完成主義と見立てて議論を進めていきたい。またクラウトは、「人間の本性」という概念から演繹的に理論を展開しているわけではなく、むしろ幸福に関する我われの常識的判断にもとづいて帰納的に理論を築いているので、生粋の完成主義者ではないかもしれない。だが彼は、人間が生涯の初期段階においてすでに本性としてnaturally 備えている能力の発達が幸福を構成する、と主張しているし（Kraut 2007, 131）、さらに、我われが常識的に幸福の要素とみなすものは「本性」という概念によって統合されることを認めているので（Kraut 2007, 146-147）、彼も完成主義を提唱しているとみなすことができるであろう。また、クラウトは、「発揮」という言葉は使用せず、「開花 flourishing」という言葉を使用しているが、彼の言う「開花」とは、能力を発達させて発揮することであると解釈できる。

　なお、幸福に関する完成主義を論じたものとしては、Bradley 2015, chap. 4; Bradford, 2016; Fletcher 2016a, chap. 4 などがある。

（4）クラウトは「理性能力」ではなく「認知能力 cognitive power」という言葉を使っているが（Kraut 2007, 164）、ここではハーカの用語にそろえて「理性能力」と呼ぶことにする。

（5）以下の議論を組み立てるにあたって、Hurka 1993, chap. 2; Dorsey 2010; Bradley 2015, chap. 4; Fletcher 2016a, chap. 4; Bradford, 2016 を参考にした。

（6）このような性質や能力を「特性」と呼ぶのは適切でないかもしれないが、他に適当な言葉が見つからないので「特性」という言葉を使うことにする。

（7）このような意味での「特徴」は、生物種の自然的（本性的）良さ natural goodness がそこから導き出される性質としてフィリッパ・フット Philippa Foot が念頭においているものと同じかもしれない（Foot 2001, chap. 2, chap. 3）。

（8）このような反論の可能性は、中根杏樹から指摘された。

（9）複数の事柄ではなく、ひとつの事柄を挙げる説も客観リスト説とみなす論者もいるが（Fletcher 2016a, 49-50）、そうすると、快楽説も快楽というひとつの事柄を挙げている客観リスト説、完成主義も「人間の本性の発達と発揮」というひとつの事柄を挙げている客観リスト説になる。しかしここでは、快楽説や完成主義と、ここで言う「客観リスト説」を区別するために、複数の事柄を挙げる説のみを「客観リスト説」と呼ぶことにする。

　客観リスト説の代表例としてはFinnis 2011, chaps. 3-4 を挙げることができる。また、客観リスト説は、Bradley 2014; Fletcher 2013, 2016a, chap. 3, 2016b; 森村 2018, 第3章などで検討されている。

（10）人にとって悪いこと（不幸）に関して、客観リスト説はどのように考えるであろうか。この点について客観リスト説は、あまりはっきり述べていないが、おそらく「リストに挙げられた事柄の喪失が常に（根本的な意味で）人にとって悪いことであり、そして、それだけが（根本的な意味で）人にとって悪いことである」と主張するのではないか。

(11)「心がそれに共鳴するような要素」という表現の「それ」は、この表現の最後にある「要素」を指す。今後もこの表現を使うが、それらについても同様である。

(12)同様の考えは、Rosati 1996, 298-299; Noggle 1999, 303でも提示され、Fletcher 2016a, chap. 3, appendixでは「疎外alienation」の問題として詳しく論じられている。

(13)フレッチャーはFletcher 2013で、当人の心がそれに共鳴するような要素を含む事柄（たとえば、友情とか自尊心）だけをリストに載せることによって、疎遠問題を抱えないような客観リスト説を構築しようと試みている。その試みをここでは検討しないが、その試みは少し場あたり的であるような気もする。

(14)第三章の注3でも記したように、快楽説に対する様ざまな批判については、Feldman 2004, chap. 3; Crisp 2006a, chap. 4; Bradley 2015, chap. 2; Fletcher 2016a, chap. 1; 森村 2018, 第1章などで説明されている。

第五章

(1)快楽をそれ自体で欲しているが、同時に、健康でいたいと思っていて、「快楽を享受すれば健康を維持する可能性が高まる」と思っているから、快楽を欲してもいる、といった場合のように、同一の対象に対して同時に外在的欲求と内在的欲求をもつことがある。

(2)「私の死後に妻が再婚しなかったら、……私の欲求は充足されたのである」と述べたが、次の節で説明するように、どのような場合に欲求が充足されるのかは、かなり複雑なことなので、このようには簡単に言えないかもしれない。しかし、ここでは話を簡単にして前に進むことにする。

(3)これは、ヘンリー・シジウィックの解釈による（Sidgwick 1907, Book I, chap. 9, sec. 3）。

(4)この解釈については、Sumner 1996, 122を参照。

(5)欲求充足説に対する批判については、Crisp 1997, 52-57; Bradley 2015, chap. 3; Fletcher 2016a, chap. 2; Heathwood 2005, 2016; 森村 2018, 第2章などが参考になる。

(6)欲求の対象が命題であるかどうかは議論の余地があるかもしれないが、欲求の対象を命題であるとみなすことで、欲求充足説が念頭においている「欲求の充足」は理解しやすくなるので、欲求の対象は命題である、という前提で話を進める。

(7)「条件つき欲求」と「条件なし欲求」に関する以下の説明は、クリス・マクダニエルKris McDanielとベン・ブラッドリーBen BradleyがMcDaniel and Bradley 2008で展開している議論にもとづいて、私なりに組み立てたものである。ただし、マクダニエルとブラッドリーは、ここで私が言う「条件なし欲求」にあたるものを、常に真であるような条件を備えた「条件つき欲求」とみなしている。

(8)「約束の対象が実現すれば、（約束が）履行されたことになる」という言い方は不正確かもしれない。というのは、約束が履行されるためには、適切なプロセスをへて約束の対象が実現されなければならないかもしれないからである。たとえば、約束を守るつもりがまったくないのに、偶然のなりゆきで約束したことをやらざるをえなくなった場合に、「約束が履行された」と言えるかどうかは、議論の余地があろう。しかしここでは、「約束の対象が実現すれば、（約束が）履行されたことになる」という想定のもとで議論を進めていく。

（9）約束が「効力を失う」ということも「履行されたのか履行されていないのかを問うにふさわしいものではなくなる」ことである。

（10）私は条件つき欲求の条件を「〜ならば」という表現で表しているが、その表現が必要条件を意味する場合もあるし、十分条件を意味する場合もある。条件つきの欲求の条件が必要条件である場合には、その条件が満たされないことを欲求の主体が知った場合には、その欲求の対象が実現されようがされまいが、欲求の主体には、どちらでもよいことに思えてくる。本文では「土曜日に風邪が治っていたら、飲み会に参加したい」という欲求を〈必要条件つきの欲求〉とみなして話を進めている。

しかし、条件つき欲求の条件が十分条件である場合には、その条件が満たされないことを欲求の主体が知ったにもかかわらず、その欲求の対象が実現されるかどうかが、欲求の主体には、関心事であり続け、どちらでもよいことには思えないことがある。というのは、同じ事柄を対象とする〈十分条件つきの欲求〉を他にもっている場合には、その他の欲求の条件が満たされているかどうかが欲求の主体にわからないかぎり、その他の欲求の対象が実現されるかどうかは、欲求の主体の関心事であり続けると思われるからである。私が「彼女が出席するなら、そのパーティーに出席したい」という〈十分条件つきの欲求〉をもっていて、かつ、「私がパーティーに出席する」ことを対象とする他の〈十分条件つきの欲求〉、たとえば、「美味しいワインが飲めるなら、そのパーティーに出席したい」という〈十分条件つきの欲求〉をもっているとすれば、彼女が出席しないことを私が知ったとしても、そのパーティーで美味しいワインが飲めるかどうか知らないかぎり、パーティーに出席するかどうかは、私には、関心事であり続け、したがって、どちらでもよいことにはならないであろう。ただ、このようなケースは少ないと思われるので、本文に「たいてい」と書いた。

（11）以下の議論は、私が成田2018で展開した議論を修正したものである。また、同じような議論はL・W・サムナーL. W. Sumnerやティム・E・テイラーTim E. Taylorによっても提示されている（Sumner 1996, 129-133; Taylor 2012, 62-67）。私の以下の議論は、サムナーやテイラーの議論と異なる点もかなりあるが、以下の議論を組み立てるさいに私は、彼らの議論から多くを学んだ。

（12）この例は、サムナーが挙げている例そのものではなく、それに手を加えて簡略にしたものである。また、この例で使われている「大学教員になる」という表現は、「大学教員として就職が決まる」という意味にもとれるし、「大学教員という職に就いて、それで生計をたて、生活していく」という意味にもとれるが、ここでは、後者の意味でこの表現を使用する。

(13) テイラーは「虚しさによる批判」を「失望問題 disappointment problem」と呼んでいる（Taylor 2012, 63-65）。だが、「失望」という語は、欲求の不充足を含意しているように思われるので、ここでは「虚しさ」という語を使うことにする。

(14) この立場については、Brandt 1979, chap. 6; Griffin 1986, 11-17; Railton 1986, 54; Sumner 1996, 130-131; Bradley 2015, 41-43; Fletcher 2016a, 37-41; 森村 2018, 第2章などを参照。Brandt 1979, chap. 6は、「～にとっての良さ」（幸福）について語っているのではないが、「理想的欲求充足説」との関連でよく引き合いに出される。

(15) この章の2-4で示したように、条件つき欲求には、二つの種類がある。ひとつは、外在的欲求であり、もうひとつは、条件つきの内在的欲求である。したがって、冬子の欲求がこのような条件つき欲求であるのは、それが外在的欲求である場合か、あるいは、条件つきの内在的欲求である場合である。すなわち、冬子が「虚しさを覚えることのない生活を送りたい」という欲求をもっていて、かつ、「大学教員になればそのような生活を送ることができる」と思ったから、「大学教員になりたい」と思った、という場合か、あるいは、ただ単に大学教員の生活に心惹かれて、大学教員の生活をそれ自体のために欲して「大学教員になりたい」と思ったのであるが、その欲求に「大学教員になったときに虚しさを覚えないならば」という条件がついている、という場合である。

(16) （DF1）と対をなす（DF2）に関しても、同じような条件を設けることができるかもしれない。だがここでは、そのことが欲求充足説にとってどのような意味をもつか、という問題には立ち入らない。

(17) 「僥倖による批判」は、サムナーやテイラーによって提示されている（Sumner 1996, 132-133; Taylor 2012, 65-66）。サムナーとテイラーは、私が「僥倖」と呼んでいる現象を「思いがけない喜び Pleasant surprise」と呼んでいる。

第六章

(1) テイラーは、これらの心的態度による評価は、これらの心的態度とは独立に存在する客観的な価値基準にもとづいてなされる評価ではなく、その評価によってその対象に価値が付与されるという意味で主観的な評価 subjective valuing である、と主張している（Taylor 2012, 72-73）。

(2) テイラーがこれらの心的態度を情動とみなしているかどうかは定かではないが、私は情動であると考える。

(3) 情動を評価のひとつの形態とみなす論者としては、たとえば、信原幸弘やベネット・W・ヘルムBennett W. Helmを挙げることができる。信原は、情動は事物の側に客観的に存在する価値的性質を感受する働きを備えている、と主張する（信原 2017, 第1章、第2章）。そのような感受は、客観的な評価と言えよう。またヘルムは、情動には、その対象となる事柄の価値（彼の言葉で言えば「価値的性質 import」）を感知する働きがあると主張して、情動が客観的な評価と同じ側面をもつことを認めているが、同時に、その対象の価値は（合理的なパターンに沿って生ずる）情動の複合体によって構成されると主張して、情動が主観的な評価と同じ側面ももつことを認めている（Helm 2001, chap. 3）。

（4）あらゆる情動は、今述べたように、一種の評価として働くわけであり、そしてそれらは、肯定的な評価と否定的な評価に分けられるであろう。とすれば、あらゆる情動が肯定的な情動型評価か否定的な情動型評価のいずれかに分類されることになるが、ここでは、「肯定的な情動型評価」という言葉は「満足する」、「喜ぶ」、「嬉しく思う」といった心的態度だけを指す言葉として、また、「否定的な情動型評価」は「不満に思う」、「悲しむ」、「残念に思う」といった心的態度だけを指す言葉して用いることにする。

（5）テイラーは「情動型評価」という言葉を使ってはいない。また、この定式で言われていることは、テイラーの主張を私なりに解釈してまとめたものである。さらに、この定式で言われていることは、テイラーの説の一部にすぎない。というのも彼は、快楽や苦痛も幸福価値やマイナス幸福価値をもつ、と考えており、この定式で言われていることと快楽説との混合説を採用しているからである。しかしここでは、テイラーの説から快楽説を除いた部分に注目して話を進めていきたい。

（6）テイラーは、情動型評価が行われていると言えるためには、その評価の対象となる事態が実際に生じていなければならない、と述べている（Taylor 2012, 74-75）。このことから私は、テイラーが複合体説を採用していると解釈する。

（7）情動型評価説に関する様ざまな問題は、テイラーによって議論されている（Taylor 2012, chaps. 6 & 7）。

（8）テイラーも同じような問題を取りあげて、それに対する彼なりの解答を示している（Taylor 2012, 132-135）。私が第八章で示す解答は、彼の解答とは異なる。

（9）経験機械はロバート・ノージック Robert Nozick が考案した機械である（Nozick 1974, 42-43）。

（10）私は、経験機械が呼び起こす哲学的な問題の一端を成田 2007で示した。

（11）フェルドマンは基本的には、（OB3）を支持しているが、（OB2）と一致するような「真理補正型 truth-adjusted 快楽説」も提示している（Feldman 2004, 111-112）。真理補正型快楽説とは、「喜ぶ」とか「嬉しく思う」という命題的態度の幸福価値は、その態度の強度や持続時間ばかりでなく、その態度の対象である事態が実際に生じているのか、それとも、生じていないのか（すなわち、その命題的態度の対象である命題が真であるのか、それとも、偽であるのか）によって左右される、という説である。真理補正型快楽説によれば、ある事態を私が嬉しく思っていて、その事態が実際に生じているケース（ケース1）と、その同じ事態を私が（同じだけ強く、同じだけ長い時間）嬉しく思っているけれど、その事態が実際には生じていないケース（ケース2）を比べた場合に、両方のケースにおいて私の幸福は増すが、ケース1の方がケース2よりも多く増すことになる。

（12）（OB1）から（OB3）のうちのどれが最も妥当であるか、という問題を考えるうえで参考になる文献としては、Sumner 1996, 94-98; Crisp 1997, 45-51, 2006a, 117-125; Feldman 2004, 41-43, 109-114; Taylor 2012, 60-62; Bradley 2015, 27-30; Fletcher 2016a, 14-19; 森村 2017, 第1章; 荻原 2018 などがある。

第七章

（1）幸福が「大切に思う」という心的態度を軸に構成される、という考え方は、ハリー・フランクファート Harry Frankfurt によっても表明されている（Frankfurt 1999, 157）。しかしフランクファートは、その考え方を詳しく展開していない。また、後で述べるように、「大切に思う」という心的態度に関するフランクファートの分析は、私が本書で提示する分析とは異なる。

（2）「大切に思う」という心的態度に関するこの考え方は、アグニェズカ・ジャワースカ Agnieszka Jaworska（Jaworska 2007）やベネット・W・ヘルム Bennet W. Helm（Helm 2001, 2010）やジェフリー・セイドマン Jeffrey Seidman（Seidman 2009, 2010, 2016）から学んだ。これらの三人はいずれも「care about」という心的態度を考察しているが、ジャワースカとセイドマンが「care about」として念頭においているものは、私が「大切に思う」ということで念頭においているものと同じか、あるいは、それに非常に近いものであると思われる。しかし、ヘルムが「care about」として念頭においている心的事象は、私が「大切に思う」ということで念頭においている心的事象よりも、その範囲が広い。私は、個々の情動や欲求は、「大切に思う」という心的態度の構成要素であるけれども、それ自体では「大切に思う」という心的態度ではないと考える。一方、ヘルムは、個々の情動や欲求も「care about」のひとつの形態であると考えている。このように私が「大切に思う」ということで念頭においていることは、ヘルムが「care about」として念頭においていることとは異なるが、私はヘルムの議論から多くの示唆を得た。

（3）ここで言われていることは正確ではない。というのは、「大切に思う」という心的態度の対象にとって良い（あるいは、悪い）ことが生じた（または、生じている）としても、あるいは、そのようなことが生じる（または、生じている、または、生じた）可能性があるとしても、そのことを知らなければ、肯定的な（あるいは、否定的な）情動は生まれない。

また、「大切に思う」という心的態度の対象にとって良い（あるいは、悪い）ことが生じていないとしても、生じた（または、生じている）と信じてさえいれば、あるいは、そのようなことが生じる（または、生じている、または、生じた）可能性がないとしても、その可能性があると信じてさえいれば、肯定的な（あるいは、否定的な）情動は生まれる。だから、正確に書くとすれば、以上のようなことを書き込まなければならない。しかし、それを書き込むと叙述が煩瑣になるので、ここでは省略することにする。以下でも、同じように不正確な書き方をするが、その場合にも、今述べたようなことが省略されているものと理解してほしい。

　また、ここで言われている「生じた」という言葉は、「大切に思う」という心的態度の対象にとって良い（あるいは、悪い）ことが、「大切に思う」という心的態度が生じている時点よりも以前に生じた、ということを表し、「生じている」という言葉は、その時点と同時に生じている、ということを表し、「生じる」という言葉は、その時点よりも以後に生じる、ということを表している。

（4）この辺の事情は、Helm 2001, 67-70, 2010, 57-61 で詳しく説明されている。だた、ヘルムは、情動の一般的な性質として、このようなネットワークの形成を説いているのであって（ここで私が問題にしている）「大切に思う」という心的態度との関係で、このようなネットワークの形成に言及しているのではない。

（5）ここで「欲する」という言葉で表している「欲求」は、大ざっぱに言うと、心にわいてくる「～したい」とか「～であってほしい」といった気持ちのことである。このような欲求を「現象としての欲求」と呼ぼう。現象としての欲求は、たとえば、ノンレム睡眠に陥っているときには生じない。そして、ここで言われている「欲することへの性向」とは、現象としての欲求が生じることへの性向である。このような性向も欲求とみなすことができる。このような欲求を「性向としての欲求」と呼ぼう。性向としての欲求は、ノンレム睡眠に陥っているときにももつことができる。私は、テレビでパリの様子が映しだされると「死ぬ前に一度はパリに行ってみたい」という気持ちがわいてくる。これは、現象としての欲求である。私は「死ぬ前に一度はパリに行ってみたい」と日頃から思っていて、その思いは、ノンレム睡眠に陥っている私にも帰属させることができる。この欲求は、性向としての欲求である。

（6）この章の注3で書いたことは、ここでも当てはまる。すなわち、ある事態が「大切に思う」という心的態度の対象にとって良い（あるいは、悪い）ことであるとしても、そのことを知らなければ、それが生じて（あるいは、生じないで）ほしいという欲求は生まれない。また、ある事態が「大切に思う」という心的態度の対象にとって良く（あるいは、悪く）ないとしても、良い（あるいは、悪い）と信じてさえいれば、それが生じて（生じないで）ほしいという欲求は生まれる。だから、正確に書くとすれば、以上のようなことを書き込まなければならない。しかし、煩雑さをさけるために、このような書き込みは、省略することにする。

(7)「影響を及ぼす可能性のある物事」と書いたが、正確に書くとすれば、「影響を及ぼす可能性があることがわかっている物事、あるいは、影響を及ぼすと信じている物事」と書くべきであるが、ここでも煩雑さを避けるために省略した。

(8) ここでは「べし」とか「要請」という言葉を使っているが、これらの言葉は、第一章の第2節でも記したように、必ずしも義務とか責務を表すわけではない。むしろ、「適切である」とか「理に適っている」とか「すべき理由がある」という意味で使っている。また、ここで言われている「要請」は、「限定的な要請」である。「限定的な要請」については、第一章の第3節で説明した。さらに、この章の1-1で述べたように、ここで問題にしている「大切さ」は評価者相対的な大切さであるから、ここで言われている要請は、「大切に思う」という心的態度の主体である当人だけに課せられる要請である。

(9)「大切に思う」という心的態度がこのような認知的側面をもっていることはSeidman 2009で指摘されている。

(10) 強迫性障害に関しては、解決しなければならない様ざまな哲学的な問題がある。たとえば、私が戸締りの確認を何度も繰り返すとき、私は「戸が閉まっている」という信念をもっているのであろうか。あるいは、何度確認してもそのような信念をもてないから、確認を繰り返すのであろうか。私の自分に関する観察によれば、私が戸締りの確認に対する強迫行動をとっているとき、私は「戸が閉まっている」という信念をもっているように思われる。そのような信念をもっていながら、その信念にそった欲求や情動を抱くことができないところに、そして、その信念にもとづいた合理的な行動がとれないところに、強迫性障害を負っている辛さがある。

あるいは、強迫性障害の場合に抱く情動は、「大切に思う」という心的態度を構成する情動と質的に同じなのであろうか。どこか質の異なる情動なのではないか（この問題は、弓削隆一によって提示された）。たしかに、質の異なる情動であるのかもしれない。だが、そうであるとしても、強迫性障害の場合に抱く情動と「大切に思う」という心的態度を構成する情動の質の違いは、後者は「大切さ」やその「大切さ」から派生する要請への反応として生ずるのに対して、前者はそのような反応として生ずるのではない、という事情に起因する、と私は考える。

(11) この例は、信原 2017, 65-66をヒントにして作成した。セイドマンは、同様のことをミュラー＝リヤーの錯視を例に挙げて主張している（Seidman 2009, 286）。

(12) セイドマンは、夫から虐待にあったために「夫が困っても、助けるべき理由はない」と信じているにもかかわらず、夫が困って助けを求めてくると、そのことを「夫を助けるべき理由」として感じてしまう妻の例を使って、同様のことを指摘している（Seidman 2009, 286–287）。
(13) このことは、フランクファートによって強調されている（Frankfurt 2004, 21–23）。ただ、この章の第3節で述べるよように、「大切に思う」という心的態度に関するフランクファートの分析は、私がここで提示している分析とは異なる
(14) ここで言われている要請は、あくまで感じ取られるだけであって、判断という形で認識されるわけではない。だから、その要請によって、ケア心情ネットワークに沿った心情を抱くように促されるとき、「そのような心情を抱くべきである」という内容の判断をくだし、その判断にもとづいてそのような心情を抱こうと意図するわけではない。もっと直接的な仕方で、そのような心情を抱くように促されるのである。このような事情を表すために「要請に反応して」という言葉を使っている。
(15) 私がこのような考えをもつようになるうえで、欲求や情動といった心的事象と、それらの心的事象の対象がもっている価値的性質 import に関するヘルムの議論から多くを学んだ（Helm 2001, chap. 3）。ヘルムは、価値的性質を、様ざまな情動や欲求の間に成り立つ整合的（合理的）なパターンによって構成されるものとして説明しようとするが、その説明に対しては疑義も寄せられている（たとえば Seidman 2016）。
(16) フランクファートは、「大切に思う」という心的態度について様ざまなことを多くの著作の中で述べているので、「大切に思う」という心的態度に関する彼の考えを正確に把握することは難しい。以下で述べることは、Frankfurt 1982, 1987, 1992, 1993, 1999, 2004, 2006 から私が読み取ったものを簡潔に整理したものである。
(17) じつは、「大切に思う」という心的態度の構成要素としてフランクファートが念頭においている一階の欲求は、正確には、このような欲求ではなく、大切に思っている対象そのものに対する欲求である。すなわち彼は、「Xを大切に思う」という心的態度の構成要素になる一階の欲求は、Xへの欲求 a desire for x である、と考えている。しかし、Xへの欲求とは、文字どおりにとれば、「Xを欲する」とか「Xがほしい」という欲求であるが、たしかに、Xが事態の場合にはこれでもいいかもしれないが、Xが個物の場合（とくに人物の場合）には、必ずしもしっくりこない。Xが個物の場合には、「Xを大切に思う」という心的態度を構成する一階の欲求は「Xにとって良いことが生じてほしい」という欲求である、と考えた方がしっくりくる。私には家族がいる。そして私は、私の家族を大切に思っている。さらに、「私の家族が健康である」という事態も大切に思っている。さて、「私の家族が健康である」という事態を大切に思う、という私の気持ちを構成している一階の欲求は「私の家族が健康であってほしい」という欲求である、と言われても納得できるが、「私の家族」という個物を大切に思う、という私の気持ちを構成している一階の欲求は「私の家族を欲する」とか「私の家族がほしい」という欲求である、と言われるとおかしく感じる。

「私の家族」という個物を大切に思う、という私の気持ちを構成している一階の欲求としてふさわしいのは、「私の家族にとって良いことが生じてほしい」という欲求であろう。

それに、ここでは、この章の1-3で述べたように、大切に思っている対象が事態の場合には、その事態の実現に役だつ事柄ばかりでなく、その事態の実現そのものも「その事態にとって良いこと」とみなす、という具合に「良いこと」という言葉を使うことにしているので、Xが事態の場合にも、「Xを大切に思う」という心的態度を構成する一階の欲求は「Xにとって良いことが生じてほしい」という欲求である、ということにしておいても問題はない。この言葉づかいによれば、Xが事態の場合には、Xの実現への欲求も、「Xにとって良いことが生じてほしい」という欲求であることになり、そして、そのような欲求が「Xを大切に思う」という心的態度を構成する要素である、と言ってもおかしくはない。この言葉づかいによれば、「私の家族が健康である」という事態の実現そのものも、「私の家族の健康にとって良いこと」になるわけで、そして、「私の家族が健康であってほしい」という欲求が「私の家族が健康であることを大切に思う」という私の気持ちの構成要素のひとつである、と言ってもおかしくはない。

以上のような理由により、「大切に思う」という心的態度を構成する一階の欲求としてフランクファートが念頭においている欲求は「大切に思っている対象にとって良いことが生じてほしい」という欲求である、と解釈することにする。

(18) 繰り返し述べているように、ここでは、大切に思っている対象が事態の場合には、その事態の実現に役だつ事柄ばかりでなく、その事態の実現そのものも「その事態にとって良いこと」とみなすことにしている。だからこの場合、「私が哲学の勉強をする」という事態の実現（すなわち、私が哲学の勉強をすること）は、「私が哲学の勉強をする」という事態にとって良いことになる。したがって、私の「哲学の勉強をしたい」という欲求は、(1)で言われている要素に相当する。

(19) 次の二つの例は、ジャワースカが Jaworska 2007 で挙げている例に少し手を加えたものである。

(20) このひとつめの仕方は、セイドマンが Seidman 2009, 299-301 で展開している議論を読んで思いついた。

(21) バーナード・ウィリアムズ Bernard Williams は「性格上できないこと incapacities of character」と彼が名づけた事柄に言及している（Williams 1981）。「性格上できないこと」とは、「行うことなど考えられない unthinkable」行為のことである。フランクファートは、「行うことなど考えられない」行為の反転形である「行わないことなど考えられない」行為があることを指摘して、そのような行為が備えている必然性を「意欲的必然性 volitional necessity」と呼び、「意欲的必然性」の背後には「大切に思う care about」という心的態度があることを指摘した（Frankfurt 1982, 1993）。さらにセイドマンは、「大切に思う」という心的態度に関する、フランクファートとは異なる分析を提示し、それにもとづいて、「行うことなど考えられない」行為や「行わないことなど考えられない」行為がどのように生じるのか、その仕組みを解明しようした（Seidman 2010）。「大切に思う」という心的態度の「深さ」に関する以下の説明は、セイドマンがその解明の中で提示しているアイデアを利用している。

(22)「対象にとって悪いことを招く行為」の「悪いこと」とは、この章の1－3で説明した意味の「悪いこと」である。またここでは、「招く行為」という言葉を、悪いことを引き起こす行為ばかりでなく、悪いことが生ずるのを（防がずに）放置しておく行為をも意味するものとして使う。

また、ここで言われている「対象にとって悪いことを招く行為」とは、正確に言えば、「対象にとって悪いことを招く行為であると当人がみなしている行為」のことである。ただ、このように書くと叙述が煩瑣になるので、これ以降も「対象にとって悪いことを招く行為」という表現を用いることにする。

(23)「行わないことなど考えられない」行為は、ある意味で「行わざるをえない」行為である。この章の注21でも触れたように、フランクファートは、この「行わざるをえない」という事態を「意欲的必然性」と呼ぶ。彼がこの必然性を「意欲的」とみなすのは、その必然性が「大切に思う」という心的態度を構成する欲求を通じて発揮される主体的関与によって成立する、と考えるからである。だが私は、その必然性は、本文で示したように（セイドマンの考え方にならって）、「大切に思う」という心的態度が実践的思慮に課す制約に由来する、と考える。

第八章

(1) このような変化は「ケンブリッジ変化Cambridge change」と呼ばれる変化の一種である。ケンブリッジ変化に関して私はScarre 2007, 105–110やLuper 2009, 130から学んだ。

(2) 第五章の注12でも書いたように、ここでは言われている「大学教員になる」とは、「大学教員として就職が決まる」ことではなく「大学教員という職に就いて、それで生計をたて、生活していく」ことを意味する。

(3) 時点t_1において、ある事態Xが実現していたが、その時点では、PはXのことを大切に思っていなかった。しかし、それより後の時点t_2において、PはXを大切に思うようになった。しかしt_2においては、もはやXは実現していない。このような場合に、Pの幸福は増すのであろうか。（CV1－1）によれば、増さないことになる。しかし、t_2においてPが大切に思っている事態が（それより以前のt_1においてであるにせよ）何しろ実現しているのであるから、Pの幸福は増す、と言えるかもしれない（このことは、弓削隆一によって指摘された）。そして、もし言えるとすれば、それに対処できるように（CV1－1）を修正する必要がある。たとえば、次のように修正すればよいのかもしれない。

（CV1-1＊）ただし、（CV1）が成立するのは、「大切に思う」という心的態度が生じている時間と、その心的態度の対象である事態が実現する時間が重なっている場合か、あるいは、「大切に思う」という心的態度が生じている時間が、その心的態度の対象である事態が実現する時間よりも後である場合にかぎる。

（4）「冬子は自分のことを友達として大切に思っている」という信念が間違っていることに春彦が気づいても、冬子と一緒にすごすことを大切に思うという春彦の気持ちが変わらなかったら、春彦のその気持ちは、その信念にもとづいてはいないことになる。

（5）サムナーは、「幸福 happiness」と「福利 welfare」を区別する。（サムナーが「福利」と呼んでいるものは、私の言う「幸福」に相当する。）サムナーは、人の幸福とは「その人が自分の人生に満足している」という状態である、と主張する。そして、その幸福が福利になるためには、「自分の人生に満足している」という気持ちが、その人の「本当の authentic」気持ちでなければならない、と論じる。さらに、その気持ちが間違った信念にもとづいている場合には、その気持ちがその人の本当の気持ちであるかどうかが疑わしくなる、と主張する（Sumner 1996, chap. 6）。私がここで述べている「本当」という概念は、サムナーのこの考え方を参考にしている。

サムナーが提案している以上のような説は、「真正人生満足説 authentic life satisfaction theory」と呼ばれている。ここでは、この説を検討しないが、私は成田 2012 でこの説に好意的に言及した。また、フェルドマンが Feldman 2010, chap. 5で詳しく検討している。さらに、江口聡は江口 2014 で、最近の心理学の成果が真正人生満足説の評価に対してもちうる意味を論じている。

（6）以下で述べる迷いは、水野俊誠による指摘によって生じた。

（7）このような思索を進めていくうえで、欲求の「自律 autonomy」の問題をめぐって展開されている論争は、とても参考になる。欲求の自律の問題とは、「人が自分の欲求に関して自律的であるためには、どのような条件を満たさなければならないのか」という問題である。

私の知るかぎり、欲求の自律の問題を丹念に論じている論者としては、まずは、ジェラルド・ドゥオーキン Gerald Dworkin を挙げることができる（Dworkin 1976, 1981）。ドゥオーキンによれば、人が自分の欲求に関して自律的であるためには、次の二つの条件を満たさなければならない。

(1)その欲求が（二階の欲求を通じて）同化 identify されて（自分の欲求とみなされて）いる。
(2)その同化は、その同化過程を当人にとって外的 alien なものにするような影響のもとで行われてはいない。

ジョン・クリストマン John Christman は、このドゥオーキンの見解を批判的に吟味して、「欲求の自律は、欲求そのものに対する（二階の欲求などの）肯定的な心的態度の有無によって左右されるのではなく、その欲求の獲得過程に対する肯定的な心的態度の有無によって左右される」という主旨の考え方を提示した（Christman 1991, 1993）。私が以下で展開する議論は、このクリストマンの考え方を「大切に思う」という心的態度の獲得過程に応用して組み立てたものである。なお、クリストマンの考え方は、アルフレッド・メレ Alfred Mele などによって批判され（Mele 1993）、欲求の自律をめぐる議論は、複雑な様相を呈しながら、さらなる展開を見せている。その事情を知るためには Taylor 2005 が役に立つ。

（8）「適応的選好（欲求）形成 adaptive preference formation」と呼ばれている現象がある。適応的選好形成とは、ごく大ざっぱに言えば、獲得可能なものだけを望み、獲得不可能なものは望まなくなるような無意識の心理現象のことである。ところで、欲求充足説を採用する功利主義に対して、「適応的選好形成によって欲求が形成された場合には、その欲求が充足されても幸福にはならない」という主旨の批判が展開されてきた（たとえば Sen 1987, 45-46）。この批判にならって、「「大切に思う」という心的態度も適応的に形成されることがあり、その場合には、その心的態度の対象である事態が実現しても幸福は増さないから、適応的な形成による「大切に思う」という心的態度の獲得過程も非増進型である」と主張されるかもしれない。しかし私は、この主張が正しいかどうか、疑問に思っている。というのも私は成田 2003 で、欲求が適応的に形成されても、その欲求の充足によって幸福が増すことがある、と論じたのであるが、それと同じように、「大切に思う」という心的態度が適応的に形成されても、その対象となる事態の実現によって幸福が増すことがあるのではないか、と思っているからである。

（9）欲求充足説が抱えるこの問題に関しては、多くの議論がなされている。たとえば Bradley 2009, 19-30; Baber 2010 などがある。私も成田 2015 で、この問題について論じた。

（10）私は今のところ、「大切に思う」という心的態度と自己同一性との間にこのような関係があることを論証することはできない。その論証は、私がこれから取り組もうとしている課題のひとつである。

あとがき

大学に入って、哲学を学び始めたころは、斜に構えていたせいもあって、「幸福」について考えることなど、かなり気恥ずかしいことであるように感じられた。そして浅はかにも、幸福などというものは、哲学的に見れば、底の浅い面白みのない問題である、と何の根拠もなく思っていた。大学院の博士課程に入って、小泉仰先生のもとで、J・S・ミルを学んだ。とくにミルに興味をもっていたわけではない。先生に背中を押されて、なんとなくミルを読み始めたわけである。しかし、読み進めていくうちに、ミルの描く「幸福」がとても複雑な構造をもっていることがわかってきて、読むのが楽しくなった。そして少しは、「幸福」という問題の奥深さと面白さがわかるようになった。このように、小泉先生のおかげで私は、「幸福」という問題に目を向けるようになった。その先生も、昨年の秋にこの世を去られた。残念ながら私は未だに、先生から受けた学恩に報いることはできないでいる。

このように私は、ミルを読むことを通じて、「幸福」という問題に興味をもち始めたわけであるが、その問題が私の関心の中心になるには、かなりの時間がかかった。五十代のなかばも過ぎて、生きてきた過去を振り返ることが多くなり、同時に、死ぬまでの残された時間が気になるようになってから、なぜか「幸福」という問題が、とても身近に感じられるようになった。また、それ以前から私は、価値には、評価者中立的（すなわち、価値評価しているかどうかにかかわらず、あらゆる人に要請を課すような）価値ばかりではなく、評価者相対的な（すなわち、価値評価している人だけに要請を課すような）価値が存在するのではないか、と思っていて、それを研究会などで話すと「そんな価値は存在しない」という反応が返ってくることが多かったのであるが、にもかかわらず、そのような価値がきっと存在するにちがいない、という気がずっとしていた。ちょうどそのころ、「大切に思う」ことによって生まれる「大切さ」という価値がある、というハリー・フランクファートの主張に触れ、興味を覚えて彼の論考を読むようになったのであるが、その「大切さ」は、まさしく私が考えていた評価者相対的な価値なのではないか、と思うようになった。さらに私は、その「大切さ」と人の幸福とは密接に関係しているのではないか、と考えるようになった。このような具合に、私の頭の中で、「幸福」と「大切に思う」ということが結びついたわけである。そしてそれをきっかけに、幸福についてきちんと勉強をしようと思うようになって、幸福に関する様ざまな説を学び始めた。その勉強の成果をまとめたのが、この本である。ただ、書き終わってみると、全体としてもっとすっきりとした議論が展開できたらよかったのではあるが、という思いは残る。

私が曲りなりにも哲学の勉強を続けてこられたのは、多くの人びとのおかげである。その中でも、とくに、泉谷周三郎先生、大庭健さん、深貝保則さん、弓削隆一さんには、長年にわたって支えていただいた。ここで改めてお礼を申し上げたい。泉谷先生には、私が大学院生であったころから大変にお世話になり、その深くて幅の広い学識にもとづいて、私の書いたものや口頭で発表したもの対して丁寧な助言やコメントをいただいた。大庭さんは、私が大学院生のときに初めて行った学会発表の司会者であった縁もあって、その後もずっと、折あるごとに、私の研究に対して有益な助言や意見を寄せてくれた。私にとってはそれが、研究を続けていくうえで、何よりも大きな励みになった。その大庭さんも、三年前の秋に逝かれた。私にとっては、何か大きな支えを失ったように感じられる。深貝さんは、知り合ってから三十年ほどになるが、彼が主催する学際的で国際的な研究プロジェクトに、たびたび私を誘ってくれた。私はそれを通じて内外の多くの研究者と交流をもつことができ、そのおかげで、近視眼的になりがちな私の視野を広げることができた。弓削さんは、私の慶應大学の同僚で、かれこれ三十年以上の付き合いになる。彼には、ずいぶんと議論の相手になってもらった。学期中は、毎週のように授業の終わった後に三田の喫茶店で議論に付き合ってもらった。また、休み中でも、考えに行き詰まると、成城学園前の喫茶店に呼び出して、話を聞いてもらった。彼による適切な応答はいつでも、私が自分の考えを整理して前に進むための貴重なヒントになった。

この本で書いたことの元になった知識や考えは、様ざまな学会や研究会で、また、いくつかの大学での授業で、あるいは、個人的な会話の中で語ってきた。そしてそれに対して、多くの人びとから貴重な質問やコメントをいただいた。また、何人かの人には草稿の一部を読んでもらって、有益なコメントを頂戴した。それらの人びとのお名前を思い出せるかぎり記しておきたい。池田誠さん、石原諒太さん、泉谷周三郎先生、江口聡さん、大庭健さん、荻原理さん、ロジャー・クリスプ Roger Crisp さん、小林靖典さん、佐々木拓さん、佐藤広大さん、佐藤岳詩さん、杉本俊介さん、鈴木生郎さん、高橋久一郎さん、ノーマン・ダール Norman Dahl 先生、蝶名林亮さん、祖旭華さん、冨田絢矢さん、中根杏樹さん、許漢さん、クリス・ヒースウッド Chris Heathwood さん、ベン・ブラッドリー Ben Bradley さん、深貝保則さん、法野谷俊哉さん、松江康紘さん、真船えりさん、水野俊誠さん、森庸さん、弓削隆一さん、吉沢文武さん、米倉悠平さん、米村幸太郎さん、以上の方々には心より感謝を申し上げたい。

それから、この本の元になる研究を行ううえで、以下の研究助成金から援助を受けた。

科学研究費補助金「幸福、存続、ウェル‐ビーイングの思想基盤：功利主義の射程と損失をめぐる国際研究」
（二〇一五年度〜二〇一八年度、研究分担者）

慶應義塾大学学事振興資金（個人研究補助）「現代英語圏における幸福論の研究」（二〇一四年度）

科学研究費補助金「心と行為の哲学的分析による倫理的諸概念の解明——モラル・サイコロジーからの接近」
（二〇〇九年度〜二〇一一年度、研究代表者）

また、この本では、議論を進めていくうえで様ざまな例を使っているが、その多くは、私自身の体験や、私の友人や知人が私に話してくれた実話をヒントにして作成している。これらの話をしてくれた友人や知人にも、お礼を言いたい。

最後になるが、編集を担当してくださった土井美智子さんにお礼を申し上げたい。私の筆がとても遅いために、ずいぶんとご迷惑をおかけしたが、最後まで忍耐強く見守りかつ助けていただいた。

二〇二一年三月

成田和信

人名索引

事項索引

＊項目となっている語が登場するページのうち，内容的に重要と思われるページのみを記している．

参照文献

Baber, H. E. 2010. "Ex Ante Desire and Post Hoc Satisfaction," in Campbell, Joseph Keim and Michael O'Rourke, and Harry S. Silverstein (eds.), *Time and Identity*, MIT Press, 2010.

Bradford, Gwen. 2016. "Perfectionism," in Guy Fletcher (ed.), *The Routledge Handbook of Philosophy of Well-being*, Routledge, 2016.

Bradley, Ben. 2006. "Two Concepts of Intrinsic Value," *Ethical Theory and Moral Practice* 9: 111–130.

——. 2009. *Well-being & Death*, Oxford University Press.

——. 2014. "Objective Theories of Well-being," in Ben Eggleston & Dale E. Miller (eds.), *The Cambridge Companion to Utilitarianism*, Cambridge University Press, 2014.

——. 2015. *Well-being*, Polity Press.

Brandt, Richard B. 1979. *A Theory of the Good and the Right*, Oxford University Press.

Christman, John. 1991. "Autonomy and Personal History," *Canadian Journal of Philosophy* 21: 1–24.

——. 1993. "Defending Historical Autonomy: A Reply to Professor Mele," *Canadian Journal of Philosophy* 23: 281–290.

Crisp, Roger. 1997. *Mill on Utilitarianism*, Routledge.

——. 1998. *J. S. Mill Utilitarianism* (ed. by Roger Crisp), Oxford University Press.

——. 2006a. *Reasons & the Good*, Oxford University Press.

——. 2006b. "Review of Pleasure and the Good Life;" *Philosophical Quarterly* 56: 152–154.

Darwall, Stephen. 2002. *Welfare and Rational Care*, Princeton University Press.

——. 2006a. "Précis of "*Welfare and Rational Care*"," *Philosophical Studies* 130: 579–584.

——. 2006b. "Reply to Feldman, Hurka, and Rosati," *Philosophical Studies* 130: 637–658.

——. 2006c. *The Second-person Standpoint*, Harvard University Press.（寺田俊郎監訳，会澤久仁子訳『二人称的観点の倫理学』法政大学出版局，2017）

Dorsey, Dale. 2010. "Three Arguments for Perfectionism," *Noûs* 44: 59–79.

Dworkin, Gerald. 1976. "Autonomy and Behavior Control," *Hastings Center Report* 6: 23–28.

——. 1981. "The Concept of Autonomy," in John Christman (ed.), *The Inner Citadel*, Oxford University Press, 1989.

Feldman, Fred. 1997. *Utilitarianism, Hedonism and Desert*, Cambridge University

Press.
——. 2004. *Pleasure and the Good Life*, Oxford University Press.
——. 2006. "What Is the Rational Care Theory of Welfare?" *Philosophical Studies* 130: 585–601.
——. 2010. *What is This Thing Called Happiness?* Oxford University Press.
Finnis, John. 2011. *Natural Law & Natural Rights*, Oxford University Press.
Fletcher, Guy. 2008. "The Consistency of Qualitative Hedonism and the Value of (at Least Some) Malicious Pleasures," *Utilitas* 20: 462–471.
——. 2013. "A Fresh Start for the Objective-List Theory of Well-being," *Utilitas* 25: 206–220.
——. 2016a. *The Philosophy of Well-being*, Routledge.
——. 2016b. "Objective List Theories," in *The Routledge Handbook of Philosophy of Well-being*, Routledge, 2016.
Foot, Philippa. 2001. *Natural Goodness*, Oxford University Press.（高橋久一郎監訳『人間にとって善とは何か』筑摩書房, 2014）
Frankfurt, Harry G. 1982. "The Importance of What We Care about," in his *The Importance of What We Care about*, Cambridge University Press, 1988.
——. 1987. "Identification and Wholeheartedness," in his *The Importance of What We Care about*, Cambridge University Press, 1988.
——. 1992. "The Faintest Passion," in his *Necessity, Volition, and Love*, Cambridge University Press, 1999.
——. 1993. "Of the Necessity of Ideals," in his *Necessity, Volition, and Love*, Cambridge University Press, 1999.
——. 1999. "On Caring," in his *Necessity, Volition, and Love*, Cambridge University Press, 1999.
——. 2004. *The Reasons of Love*, Princeton University Press.
——. 2006. "Taking Ourselves Seriously," in his *Taking Ourselves Seriously & Getting It Right*, Stanford University Press, 2006.
Gosling, J. C. B. 1969. *Pleasure and Desire*, Oxford University Press.
Griffin, James. 1986. *Well-being*, Oxford University Press.
Heathwood, Chris. 2005. "The Problem of Defective Desires," *Australasian Journal of Philosophy* 83: 487–504.
——. 2007. "The Reduction of Sensory Pleasure to Desire," *Philosophical Studies* 133: 23–44.
——. 2016. "Desire-fulfillment Theory," in Guy Fletcher (ed.), *The Routledge Handbook of Philosophy of Well-being*, Routledge, 2016.
Helm, Bennett W. 2001. *Emotional Reason*, Cambridge University Press.
——. 2010. *Love, Friendship, and the Self*, Oxford University Press.
Hurka, Thomas. 1993. *Perfectionism*, Oxford University Press.

Jaworska, Agnieszka. 2007. "Caring and Internality," *Philosophy and Phenomenological Research* 74: 529–568.

Kagan, Shelly, 1992. "The Limits of Well-being," *Social Philosophy & Policy* 9: 169–189.

——. 1998. "Rethinking Intrinsic Value," *The Journal of Ethics* 2: 277–297.

Korsgaard, Christine M. 1983. "Two Distinctions in Goodness," in her *Creating the Kingdom of Ends*, Cambridge University Press, 1996.

Kraut, Richard. 2007. *What is Good and Why*. Harvard University Press.

Luper, Steven. 2009. *The Philosophy of Death*, Cambridge University Press.

McDaniel, Kris and Ben Bradley. 2008. "Desires," *Mind* 117: 267–302.

Mele, Alfred. 1993. "History and Personal Autonomy," *Canadian Journal of Philosophy* 21: 271–280.

Mill, John Stuart. 1861. *Utilitarianism, in Collected Works* Vol. X, J. M. Robson (ed.), Routledge 1969.（関口正司訳『功利主義』岩波文庫，2021）

Moore, G. E. 1903. *Principia Ethica*, Cambridge University Press.（泉谷周三郎・寺中平治・星野勉訳『倫理学原理』三和書籍，2010）

——. 1922. "The Conception of Intrinsic Value," in his *Philosophical Studies*, Routledge and Kegan Paul, 1922.（「内在的価値の概念」泉谷周三郎・寺中平治・星野勉訳『倫理学原理』三和書籍，2010 所収）

Nagel, Thomas. 1986. *The View from Nowhere*, Oxford University Press.（中村昇他訳『どこでもないところからの眺め』春秋社，2009）

Noggle, Robert. 1999. "Integrity, the Self, and Desire-based Accounts of the Good," *Philosophical Studies* 96: 303–331.

Nozick, Robert. 1974. *Anarchy, State, and Utopia*, Basic Books.（嶋津格訳『アナーキー・国家・ユートピア』木鐸社，1998）

Parfit, Derek. 1984. *Reasons and Persons*, Oxford University Press.（森村進訳『理由と人格』勁草書房，1998）

Railton, Peter 1986. "Facts and Values," in his *Facts, Values, and Norms*, Cambridge University Press, 2003.

Regan, Donald H. 2004. "Why am I My brother's Keeper?" in Wallace R. Jay, Phillip Pettit, Samuel Scheffler, and Michael Smith (eds.), *Reason and Value*, Oxford University Press, 2004.

Rønnow-Rasmussen, Toni. 2011. *Personal Value*, Oxford University Press.

Rosati, Connie S. 1996. "Internalism and the Good for a Person," *Ethics* 106: 297–326.

——. 2006. "Darwall on *Welfare and Rational Care*," *Philosophical Studies* 130: 619–635.

——. 2008. "Objectivism and Relational Good," *Social Philosophy & Policy* 25: 314–349.

——. 2009. "Relational Good and the Multiplicity Problem," *Philosophical Issues* 19: 205–234.

Scarre, Geoffrey. 2007. *Death*, Acumen.

Searle, John. 1967. "Determinables and Determinates," in Paul Edwards (ed.), *The En-*

cyclopedia of Philosophy, Vol. 2, Macmillan, 1967.
Seidman, Jeffrey. 2009. "Valuing and Caring," *Theoria* 75: 272–303.
——. 2010. "Caring and Incapacity," *Philosophical Studies* 147: 301–322.
——. 2016. "The Unity of Caring and the Rationality of Emotion," *Philosophical Studies* 173: 2785–2801.
Sen, Amartya. 1987. *On Ethics & Economics*, Blackwell.
Sidgwick, Henry. 1907. *Methods of Ethics* (7th edition), Macmillan, 1962.
Sumner, L. W. 1996. *Welfare, Happiness, and Ethics*, Oxford University Press.
Taylor, James Stacy. 2005. "Introduction," in James Stacy Taylor (ed.), *Personal Autonomy*, Cambridge University Press, 2005.
Taylor, Timothy E. 2012. *Knowing What Is Good for You*, Palgrave Macmillan.
Velleman, David J. 1999a. "A Right of Self-termination?" *Ethics* 109: 606–628.
——. 1999b. "Love as a Moral Emotion," in his *Self to Self*, Cambridge University Press, 2006.
——. 2006. "A Brief Introduction to Kantian Ethics," in his *Self to Self*, Cambridge University Press, 2006.
——. 2008. "Beyond Price," *Ethics* 118: 191–212.
Williams, Bernard. 1981. "Practical Necessity," in his *Moral Luck*, Cambridge University Press, 1981.（「実践的必然性」伊勢田哲治監訳『道徳的な運』勁草書房，2019所収）
Zimmerman, Michael J. 2007. "Feldman on the Nature and Value of Pleasure," *Philosophical Studies* 136: 425–437.
江口聡．2014.「幸福の心理学研究に対して倫理学者はどう反応すべきか」『現代社会研究科論集』（京都女子大学大学院現代社会研究科紀要）第 8 号：75–89.
荻原理．2018.「浮気されれば気付かなくてもその分不幸になるか——という問いをきめこまかくする」『思索』51 号：33–55.
成田和信．2003.「適応的選好形成と功利主義」『慶應義塾大学日吉紀要・人文科学』第 18 号：87–107.
——．2007.「夢と経験機械と幸福」『慶應義塾大学商学部創立 50 周年記念日吉論文集』：613–623.
——．2008.「快さについて」『慶應義塾大学日吉紀要・人文科学』第 23 号：1–21.
——．2010.「快さと楽しさ」『慶應義塾大学日吉紀要・人文科学』第 25 号：1–29.
——．2012.「快楽主義の新たな試みと人生満足説」『倫理学年報』（日本倫理学会）第 61 号：16–25.
——．2013.「「〜にとっての良さ」について」『哲学の探究』（哲学若手研究者フォーラム）第 40 号：27–42.
——．2015. "Past Desires and Well-being,"『慶應義塾大学日吉紀要・人文科学』第 30 号：39–57.
——．2018.「欲求充足と幸福——虚しさと僥倖をめぐって」『イギリス哲学研究』（日

本イギリス哲学会）第41号：5-16.
信原幸弘. 2017.『情動の哲学入門』勁草書房 .
水野俊誠. 2014.『J・S・ミルの幸福論』梓出版社.
森村進. 2018.『幸福とは何か』ちくまプリマー新書.
米村幸太郎. 2017.「欲求か快楽か、快楽だとしてもどのような快楽か？」若松良樹編『功利主義の逆襲』ナカニシヤ出版, 2017所収.

著者略歴

1956年に東京で生まれる。慶應義塾大学大学院博士課程で学んだのち、ミネソタ大学哲学科の博士課程に進み、博士号（Ph.D）取得。慶應義塾大学教授を経て、2020 年より創価大学大学院教授。著書に『責任と自由』（勁草書房、2004 年）などがある。

幸福をめぐる哲学
「大切に思う」ことへと向かって

2021年 8 月20日　第 1 版第 1 刷発行

著　者　成《なり》　田《た》　和《かず》　信《のぶ》

発行者　井　村　寿　人

発行所　株式会社　勁《けい》　草《そう》　書　房

112-0005 東京都文京区水道2-1-1　振替　00150-2-175253
（編集）電話　03-3815-5277／FAX　03-3814-6968
（営業）電話　03-3814-6861／FAX　03-3814-6854
本文組版 プログレス・大日本法令印刷・中永製本

ISBN978-4-326-10297-6　　Printed in Japan

https://www.keisoshobo.co.jp